영적인 스승들과 연결하기 (상)

일러두기 / 이 책은 우리의 상위자아, 그리고 영적 스승인 상승 마스터들과 연결되는 데 필요한 지식과 실용적인 도구를 제공합니다. 영적인 성장을 위해서는 상승 영역에서 제공되는 참조틀이 반드시 필요하며, 상승 영역의 스승들이 이 책을 통해 제공하는 지식과 도구가 안전한 참조틀이 되고 있습니다.

영적인 스승들과 연결하기 (상)
ⓒ2024~, Kim Michaels

킴 마이클즈를 통해 전해진, 한국의 미래를 위한 상승 마스터들의 메시지를 '그리스도 의식을 추구하며' 카페에서 공부하는 상승 마스터 학생들이 번역하고 디자인 및 편집을 해서 직접 이 책을 펴냈습니다. 이 책의 한국어판 저작권은 저작권자인 킴 마이클즈와 계약을 한 '그리스도 의식을 추구하며' 카페에 있습니다.

아이앰 출판사(http://cafe.naver.com/iampublish)는 '그리스도 의식을 추구하며' 카페에 의해 상승 마스터의 가르침들을 널리 알리기 위한 목적으로 설립되었으며, 2015년 9월 4일(제 2015-000075호)에 등록되었습니다. 주소는 서울시 송파구 장지동 송파파인타운 11단지 내에 있으며, 인터넷 카페는 http://cafe.naver.com/christhood입니다.

2024년 2월 20일 펴낸 책(초판 제1쇄)

번역 및 디자인, 편집, 출판: 아이앰 편집팀
이 책은 최대한 내용의 명확한 전달에 초점을 맞추어 번역되었음을 알려드립니다.

ISBN 979-11-92409-10-8

이 도서의 국립중앙도서관 출판시도서목록(CIP)은 서지정보유통지원시스템 홈페이지 (http://seoji.nl.go.kr)와 국가자료공동목록시스템 (http://seoji.nl.go.kr/kolisnet)에서 이용하실 수 있습니다.

영적인 스승들과 연결하기 (상)

Connecting with Your Spiritual Teachers

킴 마이클즈

I AM

킴 마이클즈(Kim Michaels)

1957년 덴마크 출생. 킴 마이클즈는 60여 권의 책을 펴낸 저자이자 이 시대의 가장 탁월한 메신저 중의 한 사람입니다. 15개국에서 영적인 컨퍼런스와 워크숍을 이끌면서 많은 영적인 탐구자들의 상담자 역할을 해왔으며, 영적인 주제를 다루는 다수의 라디오 프로그램에 출연하기도 했습니다. 그는 다양한 영적 가르침을 광범위하게 연구해 왔으며, 의식을 고양하는 다양한 실천 기법들을 수행했습니다. 2002년 이래로 그는 예수를 비롯한 여러 상승 마스터들의 메신저로 봉사하고 있습니다. 그는 신비주의 여정에 관한 광범위한 가르침을 전해주었으며, 그 가르침은 그의 웹사이트에서 무료로 제공되고 있습니다.

공식 한국어 번역 사이트 (네이버 카페)

cafe.naver.com/christhood

비영리 단체인 '그리스도 의식을 추구하며' 네이버 카페에서는 킴 마이클즈가 지난 10년 이상 웹사이트에 공개한 상승 마스터들의 메시지 및 기원문을 번역해서 제공합니다. 누구나 가입해서 자유롭게 내용을 볼 수 있으며, 상승 마스터들의 가르침을 따라 스스로 내면의 여정을 걸어갈 수 있는 환경을 만들려고 노력하고 있습니다. 카페에서는 정기적인 온라인/오프라인 모임과 상승 마스터 컨퍼런스, 자아통달의 수행 과정을 진행하고 있습니다. (상세 내용은 책 끝부분 참조)

차례

소개

이 책은 상승 마스터들이 제공한 수행서로서, 우리가 상승 마스터들과 우리의 상위자아와 연결되는 데 필요한 지식과 실용적인 도구를 제공해줍니다. 이 책에는 상승 마스터들과 그 가르침에 대한 기본적인 지식은 포함되어 있지 않으므로 이 책을 효율적으로 활용하려면 상승 마스터들에 대한 일반적인 지식이 필요합니다. 이를 위해 "영원한 나를 찾아가는 여정[1]" 책을 읽어보기를 권합니다.

이 책을 활용하는 방법

이 책의 가르침과 도구를 사용하는 방법이 한 가지로 정해져 있는 것은 아니지만 다음의 프로그램을 따르면서 시작하기를 권합니다.

주제에 대한 이해를 높이기 위해 책의 한 장(chapter)을 전부 읽습니다.

---

[1] 자아통달 과정의 첫 번째 책

같은 장을 반복해서 공부하면서, 그 장과 관련된 기원문을 하루에 한 번씩 9일 동안 낭송합니다.

이 프로그램은 책의 각 장들을 읽으며 진전을 이룰 수 있도록 구성되어 있습니다. 각 장에 있는 기원문을 낭송하면서 여러분의 의식에서 특정한 에너지와 환영들을 정화해가는 작업을 해야 합니다. 이 작업은 다음 장의 가르침을 더 쉽게 흡수하고 활용할 수 있게 해줍니다.

물론 이 책을 전부 다 읽고 나서, 하나 혹은 그 이상의 기원문을 몇 번씩 낭송하는 것을 선택할 수도 있습니다. 하지만 하나의 기원문을 9일이나 33일 동안 하루에 한 번씩 낭송하는 것이 항상 더 강력합니다. 한 기원문을 낭송하는 데 약 20분 정도 걸릴 것입니다.

참고: 이 책에 수록된 담화들은 2023년 6월, 대한민국 서울에서 4일간 열린 컨퍼런스에서 전해진 것입니다.

1
자신을 형상을 초월한 존재로서 경험하기

나는(I AM) 상승 마스터 관음입니다.

내가 왜 이렇게 천천히 말하고 있을까요?

여러분의 반응을 확인하세요.

동요나 짜증, 조바심을 느끼나요?

그러면 이런 감각이 어디에서 오는지 숙고해 보세요.

그런 감각은 자극에 중독된 마음에서 오는 것이 아닐까요? 이 시대에 얼마나 많은 사람이 수많은 출처에서 끊임없이 오고 있는 자극에 익숙해져 있는지 생각해 보세요. 여러분의 마음은 계속 외부에서 오는 무언가에 반응하고 있습니다. 하지만 상승 마스터인 내가 외부의 출처일까요? 이 컨퍼런스가 여러분에게 단지 또 다른 외부의 자극에 불과할까요? 아니면 그 이상일까요? 자, 그 이상일 수도 있지만, 어느 정도로 그 이상이 될지는 여러분에게 달려 있습니다.

여러분 내면의 고요한 목소리

여러분은 이렇게 말할지도 모릅니다. "지금 내가 듣고 있는 것이 내 밖에서 들리는 인간의 음성이 아닌가요? 그 음성은 상승 마스터로부터 오는 메시지를 전하고 있습니다. 그렇다면 내 마음을 끌어당기는 다른 모든 것처럼 그 메시지 역시 외부에서 오는 것이 아닌가요?" 하지만, 상승 마스터인 내가 정말 외부의 출처일까요? 분명히 말하지만, 상승 마스터로서 나는 시간과 공간의 속박을 받지 않습니다. 나는(I AM) 신 의식 안에서 모든 곳에 존재하고 있습니다. 이는 내가 물질 층의 모든 곳에 편재한다는 의미입니다. 즉 나는 시간과 공간의 특정한 지점에 있는 것이 아니라, 여러분 내면에도 있고 외면에도 있으며, 여러분 주위의 모든 곳에 있습니다.

따라서 나를 인간의 음성으로 말하는 외부의 출처로 여길지, 아니면 내면에서 오는 고요한 음성으로 여길지는 여러분에게 달려 있습니다. 여러분은 동시에 두 가지를 다 듣습니다. 또는 마음이 중독된 방식대로 할 수 있습니다. 그래서 외부의 음성에만 집중하고 내면의 음성은 차단할지도 모릅니다. 상승 마스터 학생들인 여러분은 이 세상의 지배자인 마라의 데몬들이 여러분의 주의를 계속 여러분 밖으로, 외부의 뭔가를 향해서 끌어내기 위해 온갖 일을 다하고 있다는 것을 알아채지 못하나요? 여러분의 주의력이 밖으로 쏠려 있는 한, 마라의 데몬들은 여러분이 어디에 집중하든 신경 쓰지 않습니다. 여러분이 외면의 어느 대상에 주의를 두든, 그것은 여러분의 주의력을 내면에 있는 것(what is inside)으로부터 멀리 끌어내 버리기 때문입니다. 여러분의 내면에 있는 것이란 바로 여러분의 상위자아, 영적인 스승들, 상승 마스터들입니다. 그리고 외면의 마음이 아닌 진정한 자신에 대한 경험, 더 나은 표현으로, 순수의식인 자신, 의식하는 자아[2]로서의 자신에 대한 경험입니다. 의식하는 자아는 스스로를 순수의식으로 경험하고 있습니다.

---

[2] Conscious You: 우리의 상위자아인 아이앰 현존이 물질영역을 경험하기 위해 내려보낸 확장체로서 그 본질은 순수의식이다. 컨셔스 유는 자신을 지구에서 만든 어떤 자아와도 동일시할 수 있지만, 이 자아들을 벗어나서 다시 아이앰 현존과 합쳐질 수 있는 잠재력을 가지고 있다.

인류를 위한 영적인 스승들

여러분은 이 모임의 주제를 '자신의 상위자아 및 영적인 스승들과 연결하기'로 선택했습니다. 우리는 이 행성과 인류의 영적인 스승인 상승 마스터들과 여러분이 연결되도록 돕는 일부터 시작하려 합니다. 사람들이 우리를 알든 모르든, 그 이름을 알든 모르든, 우리는 모든 사람을 위한 영적인 스승입니다. 왜냐하면 우리는 우주의 하이어라키에 의해 지구와 함께 일하도록 지정된 상승 영역, 영적인 영역의 존재들이기 때문입니다. 우리는 연합되어 있습니다. 우리는 하나됨을 이루고 있습니다.

물론 우리의 이름을 사용하면서 자신을 영적인 스승으로 내세우는 사칭자들이 있습니다. 그들은 흔히 멘탈층에 거주하고 있으며, 일부는 낮은 정체성층에, 일부는 감정층에 속하기도 합니다. 물론 물리적인 몸으로 육화해 있는 사칭자들도 있습니다. 그들은 갖가지 종류의 구루로 자처하면서, 자신들이 여러 형태의 권위나 우월한 의식 상태를 가지고 있다고 주장합니다. 그러나 우리는 상승 마스터이며, 지구에 배정된 영적인 스승들입니다. 물론 여러분은 현재 자신의 의식 수준에서 마음에 끌리는 그 어떤 스승이든 찾아갈 수 있습니다. 그리고 어떤 스승을 따르는 그 어떤 경험이든 필요로 하는 사람들이 많이 있습니다.

영적인 반짝임으로 끌어당기는 사칭자들을 넘어서기

그렇지만 상승 마스터에 대해 알고 있는 여러분은 당연히 우리와 연결되려고 노력함으로써 가장 큰 진보를 이룰 것입니다. 어떻게 하면 그 연결이 이루어질까요? 항상 밖으로 끌려가고 이리저리 이끌리며 그 무엇에도 몇 초 이상 안주하지 못하는 분주한 마음을 통해 여러분이 어떻게 우리와 연결될 수 있을까요? 그 마음을 통해 우리와 연결될 수 있을까요? 아닙니다. 그렇지 않을 것입니다. 아마 여러분은 온갖 종류의 반짝임으로 여러분을 자극할 멘탈층의 존재들과 연결되겠지요. 많은 사람이 여러 비전(秘傳)적인 주제에 관해 이야기하거나 난해한 방식으로 이야기하는 존재들에게 매력을 느끼고 이끌립니다. 하지만 그들이 (상승 마스터들로 이루어진) 우주의 하이어라키와 연결되어 있을까요?

상승 마스터들에 대해 알고 있는 여러분, 이 모든 영적인 반짝임이 왜 필요한가요? 여러분에게 그런 것이 왜 필요한가요? 영적인 여정은 그렇게 복잡하지 않습니다. 이것은 많은 세상 사람의 판단 기준에서는 별로 영광스러운 것이 아닙니다. 사람들은 뭔가 흥미로운 것을 원합니다. 끊임없이 그들의 주의를 끌어당기는 뭔가를 원합니다. 왜냐하면 외면의 마음은 끊임없이 주의를 끌어당기는 바로 그것에 중독되어 있기 때문입니다.

영화나 TV 쇼를 보세요. 그 속도가 얼마나 빨라지고, 줄거리는 얼마나 빈약한지, 모든 액션과 특수 효과가 어떻게 끊임없이 주의력을 끌어당기는지 보세요. 정말 고요히 있을 시간이 없습니다. 그래서 스스로를 영적인 존재로 여기는 사람들이 있다고 해도, 그들의 마음은 끊임없이 외부로 끌려가며, 결코 내면을 들여다보지 않습니다. 하지만 영적인 여정이란 무엇에 관한 것일까요? 결코 만족을 모르는 마음의 끊임없는 자극에 관한 것인가요? 아니면 내면으로 들어가 세상에서는 찾을 수 없는 무언가를 찾는 것인가요? 그것이 확실히 세상에서 찾을 수 있는 것이었다면, 항상 돈을 벌 기회를 찾고 있는 사람들에 의해 이미 방송되었을 것입니다.

내면으로 주의력을 돌리기

우리가 가르치는 영적인 여정은 수천 년 전까지 거슬러 올라갑니다. 우리가 현대사회에 맞게 변형된 용어를 사용하기는 하지만, 이것은 본질적으로 동일한 여정입니다. 여러분이 외면을 본다면 자신이 원하는 것을 찾지 못할 것입니다. 여러분이 주의력을 내면으로 향하기 시작해야만 원하는 것을 찾게 될 것입니다. 물론 이것은 쉬운 일이 아닙니다. 우리는 이 점을 충분히 이해합니다. 여러분이 주의를 내면으로 돌리는 것이 얼마나 어려운지 잘 알고 있습니다. 그 이유 중 하나는 지구의 집단의식이 가진 밀도가 항상 여러분을 끌어당기고 있기 때문입니다. 또한 여러분이 이 어려운 행성에서 수많은 생애를 살면서 불가피하게 여러 종류의 극심한 트라우마에 노출되어 왔기 때문입니다. 따라서 여러분이 내면을 들여다보기 시작할 때, 감정적인 에너지나 깊은 트라우마, 신념과 마주하는 일이 고통스럽고 어려울 수 있습니다.

세상의 많은 사람이 명상이나 마음 챙김 수련 등의 수행을 시작하면서 과거 생들의 트라우마를 만나게 됩니다. 어떤 사람들은 겁을 먹고, 이것이 감당할 수 없고 심지어 위험한 일이라고 판단하기도 합니다. 그래서 사람들은 자신의 내면을 들여다볼 필요 없이 누군가가 그들 대신 뭔가를 해주는, 외적인 구원을 약속하는 구루들이나 종교에 끌리기 쉽습니다. 그들은 이렇게 말합니다. "그냥 외적인 길을 따르세요. 이런 영적인 수행을 하고, 이 구루를 따르세요." 그곳에서 무슨 유혹을 하고 무슨 약속을 해주든, 무슨 권위를 주장하고 무슨 우월성을 광고하든, 외적인 길은 지금까지 효과가 있었던 유일한 여정인 내면을 들여다보는 일에서 사람들을 멀리 끌어내 버립니다.

지구에 배정된 우리 상승 마스터 중 많은 수가 지구에 육화했었습니다. 그래서 지구의 밀도가 얼마나 높은지 알고 있습니다. 우리는 자신의 네 하위체로 직접 그 밀도를 경험했습니다. 하지만 극복할 수 있다는 것도 역시 경험했습니다. 따라서 우리는 이 여정이 효과가 있으며 여러분도 극복할 수 있다는 것을 알고 있습니다. 물론 우리는 자신의 힘만으로는 극복할 수 없다는 것을 경험했습니다. 우리가 상승한 그 당시에 지구에서 일하고 있던 상승 마스터들의 도움이 필요했습니다. 이것이 바로, 우리가 지금 도움을 받고자 하는 모든 사람에게 도움을 주고 있는 이유입니다. 우리 그룹은 함께 모여, 여러분이 이 행사를 위해 선택한 '연결'이라는 목표를 달성하는 데 우리가 어떻게 도움을 줄 수 있을지 숙고했습니다.

상승 마스터들과의 연결을 확장하기

지금 여러분 중 많은 사람이 이미 어느 정도 우리와 연결되고 상위 자아와 연결되어 있습니다. 일부 여러분은 아직 원하는 연결을 이루지 못했다고 느끼고 있습니다. 그러나 한동안 이 가르침을 따랐던 많은 사람이, 특히 우주적 출생 트라우마와 원초적 자아, 분리된 자아와 잠재의식적인 자아들을 극복하도록 아바타들에게 주어진 가르침을 수행해온 많은 사람이, 스스로 의식하는 것보다 더 큰 진전을 이루었습니다. 그럼에도 여전히 우리는 여러분에게 그 연결을 확장할 수 있는 기회를 제공하기로 결정했습니다.

왜 내가 연결의 확립이 아니라 확장이라고 말할까요? 상승 마스터를 인식할 수 있는 사람들은 모두 우리와 어느 정도 연결되어 있기 때문입니다. 학생이 준비되었을 때만 스승이 나타날 수 있습니다. 이것은 스승이 학생을 피해 숨어 있기 때문이 아닙니다. 우리는 항상 여기에 있습니다. 우리는 모든 사람을 위해 항상 여기에 있습니다. 하지만 학생이 준비되기 전까지 학생은 우리의 현존을 감지할 수 없습니다.

여러분이 이 행사에 온 이유는 무엇인가요?

내가 이 오프닝 담화를 주는 목적은, 늘 분주한 외면의 마음을 통해서는 상승 마스터들과 연결될 수 없다는 사실을 깨닫도록 혹은 적어도 주의를 기울이도록 해주는 것입니다. 물론 대부분이 깨닫고 있겠지만 말입니다.

여러분이 이 행사에 온 이유는 무엇인가요? 이곳에 오게 된 동기가 무엇이었나요? 이곳에 참석해서 무엇을 얻고자 하나요? 나는 왜 내가 여기에 있는지 압니다. 여러분은 자신이 이곳에 있는 이유를 알고 있나요? 많은 사람이 여러 가지 이유를 들겠지요. 하지만 자신이 정말 이곳에 왜 왔는지 깊이 생각해 보았나요? 여러분 동기의 일부가 무언가를 얻고자 하는 어떤 잠재의식적 자아일 수도 있다는 점을 숙고해 보았나요? 자신이 어떤 동기를 가지고 있는지 숙고해 보았나요? 여러분이 가지고 있을지도 모르는 기대는 무엇일까요?

많은 사람이 어떤 극적인 경험을 기대하며 영적인 행사에 옵니다. 심지어 어떤 사람들은 어떤 물리적인 현현이나 증거를 바라며 오기도 합니다. 어떤 사람들은 자신이 특별하다고 느끼거나, 자신이 특별하다는 느낌을 얻기를 기대합니다. 다양한 기대가 있겠지만, 이 행사를 위해 선택한 제목, 이 행사의 주제인 '연결'에 관해 숙고해 보세요. 여러분이나 잠재의식적 자아들은, 여러분이 상승 마스터와 연결될 때 무슨 일이 일어날 것으로 생각할까요? 여기에 혹시 영광스러운 사건, 극적인 사건이 일어나기를 바라는 기대가 있을까요?

극적인 사건에 대한 기대

지금 나는 잘못을 찾거나 비판하려는 것이 아닙니다. 단지 여러분이 어떤 기대를 가지고 있는지 더 잘 인식하게 해주려는 것뿐입니다. 왜냐하면 많은 사람이 기대를 품고 오는데, 기대는 실제로 상승 마스터와 연결되는 것을 막아버리기 때문입니다. 많은 사람이 어떤 극적인 사건이나 영광스러운 사건을 기대하며 찾아옵니다. 그리고 이런 기대는 이전의 상승 마스터 가르침으로 인해 얼마간 더 커졌다고 말할 수 있습니다. 이전 가르침에서는 사람들이 산속을 걷다가 물리적인 모습으로 현현한 성 저메인을 만나거나, 상징의 동굴로 안내되어 성 저메인이나 다른 상승 마스터들과 함께 극적인 경험을 한 이야기들이 전해지고 있습니다.

많은 상승 마스터 학생들이 이런 옛 가르침에 근거한 기대를 품고 왔습니다. 이 시대로 들어서면서 우리는 새로운 가르침과 함께 지금의 우리가 누구이고 오늘날 학생들과 어떻게 일하는지에 대해 다른 조망을 제시해 주었습니다. 이러한 초기 가르침 중 일부는 물고기자리 시혜에서 오래전에 주어진 것입니다. 그때는 지금보다 집단의식의 밀도가 훨씬 더 높았습니다. 당시 사람들에게는 더 많은 드라마와 극적인 사건에 대한 약속이 필요했습니다. 하지만 이것이 이전에 설명한 한 예임을, 즉 우리가 접근하려 했던 사람들의 의식에 맞춰 가르침과 표현 방식을 조정해야 한다는 것을 보여주는 예임을 볼 수 있나요? 우리가 무엇을 하든, 여기에는 특정한 효과도 있고 특정한 부작용도 있습니다. 따라서 이 초기 가르침을 돌아보면, 많은 사람이 이런 극적인 이야기들, 자신을 특별하다고 느끼게 해줄 상승 마스터와의 극적인 만남에 대한 희망 때문에 가르침에 이끌렸음을 알 수 있습니다.

하지만 상승 마스터의 가르침에 매료되었던 거의 모든 사람이 그런 극적인 만남을 경험하지 못했다는 사실도 알고 있나요? 그 결과는 무엇이었을까요? 그들은 실망했습니다. 그리고 의문에 빠졌습니다. "나한테 무슨 문제가 있어서 성 저메인이 내 앞에 나타나지 않는 걸까요? 왜 나를 상징의 동굴로 데려가 내 임무가 얼마나 특별한지 말해주지 않는 걸까요? 그리고 어떻게 내 힘으로 지구를 구하고 황금시대를 가져올지 왜 말해주지 않는 걸까요?" 여러분이 알다시피, 사람들을 끌어들이고 관심을 끄는 것과, 부풀려진 기대치를 충족시키지 못했을 때 실망할 위험을 감수하는 것 사이에는 항상 미묘한 균형이 존재합니다.

여러분 내면에서 연결을 막아버리는 것
여러분은 이 시대의 우리 학생들이며, 이 메신저를 통해 주어진 가르침을 기꺼이 받아들였습니다. 여러분은 자신을 들여다보면서 아직도 극적인 만남에 대한 기대를 하고 있는지 살펴보아야 합니다. 아직 그런 기대가 남아 있다면, 그 기대는 여러분이 우리와 연결되는 것을 막아버리게 될 것입니다. 왜 그럴까요? 자, 많은 이유가 있습니다. 무엇보다도, 우리는 진정한 영적인 스승들이기 때문입니다. 이것이 무슨 의미일까요? 우리는, 여러분이 에고와 잠재의식적 자아들로부터 자유로워지기를 바란다는 의미입니다. 만일 여러분의 에고가 상승 마스터를 만나면 특별한 느낌을 받게 될 것이란 기대를 하고 있고, 우리가 정말 그 기대를 충족시켜 준다면 어떤 일이 일어날까요? 우리가 정확히 여러분이 기대한 대로 나타나서 여러분이 매우 특별한 느낌을 받게 되었다면 어떤 일이 일어날까요? 아마 여러분은 평생 에고의 그 요소에 갇혀 있을 것입니다.

그래서 여러분이 어떤 기대를 품고 있을 때, 진정한 영적인 스승으로서 우리는 한발 물러서야 합니다. 우리가 성장의 반대 방향으로 여러분을 밀어붙이는 위험을 감수할 수는 없기 때문입니다. 그러나 물론 내면적인 이유도 있습니다. 여러분이 어떤 극적인 만남을 기대할 때 마음은 다시 투사를 하니까요. 하지만 여러분은 우리를 발견하지 못할 것이며, 외부에서 우리와 연결되지도 못할 것입니다. 여러분의 마음이 연결이 어떻게 이루어져야 하는지에 대한 이미지를 투사하고 있다면, 저 밖에서 우리와 연결되고 싶다는 투사를 하는 것이 아닐까요? 그렇다면 여러분은 그런 기대로 인해 연결을 스스로 밀어내고 있는 것이 아닐까요? 이것이 우리가 직면한 딜레마입니다. 우리에게는 그것이 딜레마가 아니지만, 여러분에게는 딜레마이기 때문입니다.

우리는 육화한 상태로 있는 것이 어떤 것인지 충분히 알고 있습니다. 영적인 스승과의 연결이 평범한 일상에서 얻지 못하는 무언가를 주지 않는다면 여러분이 왜 영적인 스승과 연결되기를 원하겠습니까? 예, 여러분에게 가르침을 공부하고, 디크리들과 기원문들을 수행하려는 동기가 있어야 한다는 것을 우리는 이해합니다. 하지만 여러분이 연결감을 갖지 못하는 대부분의 경우, 연결을 막고 있는 것은 여러분의 기대라는 것도 알고 있습니다. 우리가 연결을 막고 있는 것이 아닙니다.

마스터와 직접적인 내면의 연결을 구축하기

여러분이 주목하고 귀 기울여 주었으면 하는 한 가지가 있습니다. 우리 상승 마스터들은 여러분이 우리와 이룰 수 있는 연결에 제한을 두지 않습니다. 다시 말하지만, 지금 비판하려는 것이 아닙니다. 단지 우리가 지구상의 그 누구든 그들의 현 의식 수준에 맞춰 기꺼이 연결하려 한다고 말하고 있습니다. 왜냐하면 그런 것이 바로 진정한 그리스도 의식이기 때문입니다. 그리스도 마음은 사람들이 어떤 의식 수준에 있든 그들을 만날 수 있으며, 다음 단계의 의식으로 올라가는 데 도움이 되는 참조틀을 제시해 줄 수 있는 마음입니다. 우리가 그리스도 마음에 기반해서 기꺼이 연결하지 않을 사람은 지구상에 아무도 없습니다. 그리고 우리의 직계 학생인 여러분이, 우리가 기꺼이 여러분과 연결하고자 한다는 것을 인식할 수 있도록 지금 이 말을 하고 있습니다. 여러분 모두에게 바라는 것은, 여러분이 우리와 직접 연결되는 것입니다. 그럼으로써 개인적인 통찰을 얻고 의식을 전환하며, 다른 외부의 출처를 통해서가 아니라 우리에게서 오는 도움을 받을 수 있게 되는 것입니다.

여러분은 이 특별한 메신저를 통해 주어진 가르침을 공부하고 수행하고 있습니다. 하지만 이 메신저를 후원하는 우리 상승 마스터도, 이 메신저 자신도, 여러분이 메신저나 그를 통해 주어진 가르침으로만 우리와 연결되기를 바라는 마음이 전혀 없습니다. 우리는 여러분이 메신저가 필요 없는 지점에 도달할 수 있도록 우리와 직접적인 내면의 연결을 구축하기를 바랍니다. 여러분은 외면의 가르침이 필요하지 않을 수도 있고, 외면의 수행이 필요하지 않을 수도 있습니다. 우리에게는 여러분을 제한하고, 메신저나 가르침이나 수행에 대한 상호 의존 상태에 머물게 하려는 바람이 없습니다. 그렇다고 해서 가르침이나 수행을 떠나야 한다는 뜻은 아닙니다. 우리는 여러분 모두가 직접적인 연결을 이루기를 바랍니다.

세상으로부터 물러나기

이제 진실로 여러분을 위한 질문은, "여러분 마음 안에서 직접적인 연결을 방해하는 요소는 무엇일까요?"라는 것입니다. 물론 이 점이, 이번 행사에서 여러분이 보고 극복할 수 있도록 우리가 도와줄 부분입니다. 많은 사람이 이 행사를 컨퍼런스[3]라고 보겠지만, 피정[4]이라고 볼 수도 있습니다. 내가 왜 피정이라는 단어를 사용할까요? 피정에 참석해서 여러분은 무슨 일을 하나요? 세상으로부터 물러납니다. 따라서 여러분에게 앞으로 며칠 동안은 평소에 관심을 두던 일상의 삶에서 최대한 물러나라고 요청합니다. 이것은 여러분이 지고 있는 책임을 놓아버리는 문제가 아닙니다. 여러분 마음 안에서 주의를 끌어당기는 이 모든 것에서 물러나라는 것입니다. 이제 원한다면 휴대폰과 인터넷 연결을 끌 수 있다는 뜻입니다. 사랑하는 이들이여, 분명 여러분이 이 나흘 동안 세상에 관심을 두지 않더라도 세상은 여전히 그 자리에 있을 것입니다. 확언하건대, 아무도 보고 있지 않아도, 인간들이 보고 있지 않아도, 세상은 여전히 존재합니다. 왜냐하면 우리 상승 마스터들은 항상 보고 있기 때문입니다.

---

[3] 상승 마스터들이 전해주는 가르침을 함께 듣는 모임(conference)은 매년 여러 나라에서 정기적으로 개최되고 있습니다

[4] retreat, 일상에서 물러나 휴식하며 성찰하는 모임

행함이 없어도 이루지 못한 일이 없습니다

원래 도가(道家)에서 유래한 개념인데, 심지어 내 디크리에도 나오는 한 구절이 있습니다. 그것은 "행함이 없어도 이루지 못한 일이 없습니다[5]"라는 구절입니다. 여러분 다수가 세계와 한국이 변화하는 것을 보려는 열망을 품고 있습니다. 우리는 이해합니다. 하지만 세상과 세상의 변화에 집중하는 일상의 초점에서 물러나 우리와 직접 연결됨으로써 여러분은 세상의 변화에 더 큰 영향을 줄 수 있습니다. 평소에 하던 일을 하지 않고 일상의 관심사에서 물러난다면, 아마 여러분은 세상을 위해 더 많은 일을 할 수 있을 것입니다.

그러므로 이 피정에서 최상의 결과를 얻고 싶다면 일상적인 걱정에서 물러나라고 요청합니다. 여러분은 자신의 상위자아와, 영적인 스승들과 연결하기를 원하기 때문에 이곳에 왔습니다. 그러니 세상과의 연결은 잊어버리세요. 여러분이 항상 밖으로 투사를 하는 외면의 마음을 통해 우리와 연결될 수 있었다면 분명 연결되었을 수도 있지만, 그러기에는 마음이 너무 분주합니다. 뭔가 다른 일을 하거나, 아니면 아무 일도 하지 않는 것을 고려해보세요. 행하지 않는 것(無爲)을 고려해보세요!

우리도 물리적인 몸으로 육화했었기 때문에, 이해합니다. 지구 행성이 많은 수수께끼와 미스터리와 모순처럼 보이는 것을 제시한다는 사실을 알고 있습니다. 여러 시대 동안 수많은 영적인 사람들이 왜 세상에서 물러나 내면으로 들어갔을까요? 세상과 집단의식은 항상 여러분의 주의를 밖으로 끌어당기기 때문입니다. 그래서 여러분이 상위자아나 영적인 스승들과의 연결을 구축하기 위해서는, 아래로 끌어당기는 대중의식의 중력을 넘어서야 한다는 것을 우리는 잘 알고 있습니다. 그러기 위해서는 노력이 필요합니다.

---

[5] 무위이무불위(無爲而無不爲)

여러분 다수가 많은 해 동안 디크리, 기원문 등 여러 영적인 수행을 하며 큰 노력을 기울여 왔습니다. 그리고 이렇게 함으로써 자신을 일정 수준까지, 즉 현재의 수준까지 끌어올렸습니다. 이 메신저가 많은 세월 동안 해온 것처럼, 여러분 다수가 자신의 의식을 높이고 세상을 변화시키기 위해 영적인 작업과 수행에 집중해 왔음을 알고 있습니다. 우리는 여러분이 해온 모든 일을 이해하고 존중합니다. 전 세계의 우리 학생들, 특히 한국의 우리 학생들은 수년 동안 많은 일을 해냈으며, 그룹 안에서 책을 내고, 디크리와 기원문을 수행하는 데 노력을 기울여 왔습니다. 우리는 여러분이 해온 모든 일을 존중합니다.

하지만 이 피정에서 우리와 관계를 구축하기 위해서는 더 열심히 몰아붙이는 것이 관건이 아님을 이해하기를 바랍니다. 여러분은 어떻게 열심히 노력해야 하는지를 알고 있습니다. 그렇게 해서 이미 대중 의식을 크게 뛰어넘는 수준으로 자신을 끌어올렸습니다. 이제는 다른 무언가가 필요합니다! 이 연결을 확립하거나 확장하기 위해서는 다른 방식이 필요합니다. 그러므로 여러분은 기대와 일상적인 영적인 수행과 심지어 평소에 활동하는 마음가짐과 행동양식을 내려놓을 준비를 하세요. 지금 내가 하는 말에 귀를 기울여 주세요. 영적인 작업이나 수행에 무슨 잘못이 있다고 말하는 것이 아닙니다. 나는 단지, 모든 일에는 때가 있다고 말하고 있습니다. 그리고 이제는 뭔가 다른 일을 하거나, 오히려 하지 않아야 할 때입니다. 여러분은 외면의 마음으로 행하지 않음으로써 그런 연결을 성취할 수 있습니다. 그리고 이 연결 안에서는 외면의 마음으로 아무것도 행하지 않았을지라도 이루지 못한 것이 없게 됩니다.

연결을 돕는 도구

그러므로 우리는 여러분에게 다양한 가르침을 제공하려 하며, 각 담화를 통해 여러분이 특정한 마스터와 연결될 수 있도록 돕겠습니다.

나와 연결을 이룰 사람도 있고, 그렇지 않은 사람도 있을 것입니다. 나 또는 다른 상승 마스터들과 강하게 연결되지 않았다고 해도 잘못된 것은 전혀 없습니다. 자신과 연결된 마스터를 찾아서 그 마스터에게 집중하는 것이 중요합니다. 우리가 제공하는 이 담화들은 도구에 불과합니다. 여러분은 우리가 평소와 같은 말을 한다고 여길 수도 있습니다. 우리는 마음으로 파악하고 이해할 수 있는 가르침을 줍니다. 하지만, 실제 목적은 가르침을 주는 것이 아니라, 여러분이 우리와 연결되도록 돕는 것입니다. 이것이 우리의 목표입니다. 또한 내가 해준 기본 설명들을 통해 연결을 이루고 그 연결을 체험하는 것이 여러분의 목표가 되기를 바랍니다. 당나귀가 코앞의 막대기에 매달린 당근을 밀어내듯이 여러분 앞에 있는 연결을 밀어내지 마세요. 이제, 함께 챈팅을 해보겠습니다. 여러분에게 나의 현존에 집중해달라고 요청합니다. 왜냐하면 언어를 넘어서고, 구술과 챈팅에서 발언된 말을 넘어서야만 내 현존과 연결될 수 있기 때문입니다. 그러나 여전히 그 말들은 현존을 정박시키는 성배입니다. 따라서 여러분이 말이나 단어의 의미에 집착하지 않는다면 현존을 경험하는 데 도움이 될 수 있습니다.

그러므로 보통은 담화를 조용히 듣지만, 이번에는 여러분을 나와 함께하는 낭송에 초대합니다.

옴 (5번)
옴 마니 파드메 훔[6] (48번)
옴 관음 옴[7] (14번)
옴 (13번)

---

[6] OM MANI PADME HUM
[7] OM Kuan Yin OM

나는(I AM) 상승 마스터 관음입니다. 하지만 내 현존을 이름 안에 잡아 둘 수 있을까요? 나를 어떤 형상 안에 잡아 둘 수 있을까요? 다시 말하지만, 우리가 지구에서 마주친 딜레마 중의 하나가 무엇일까요? 수백, 수천 년 동안 우리 상승 마스터들은 모든 문화권의 모든 사람에게 다가가려고 했습니다. 이때 직면한 가장 큰 한계는 무엇일까요? 그것은 형상에 대해 사람들이 가지고 있는 집착, 형상과의 동일시입니다. 사람들이 형상이 없는 것을 파악할 수 있을까요? 사람들이 형상이 없는 무언가와 연결되기를 원할까요? 아니면 그들은 형상 세계에서 우리가 그들을 위해 해줄 수 있는 것에 너무 집중한 나머지, 우리와 연결되는 것에는 진정 마음을 열지 않을까요?

소원을 들어주는 신

세상의 많은 문화권에서 다양한 형상의 신과 여신을 어떻게 만들어 왔는지 살펴보세요. 사람들이 흔히 신들과 여신들에게 투사한 형상은 조금씩 다르기는 하지만, 그중 많은 형상이 '소원을 들어주는 신'이라는 공통된 주제에 바탕을 두고 있습니다. 사람들이 신들과 여신들에게서 원하는 것이 무엇일까요? 그들은, 신들이 형상 세계에서 사람들을 위해 무언가 해주기를 원합니다. "그것이 나에게 무슨 이득이 될까요? 내가 그것에서 무엇을 얻을 수 있을까요? 형상 세계에서 무언가를 얻지 못한다면, 내가 왜 신을 숭배하고, 여신에게 제물을 바치고, 챈팅을 해야 하나요?"

하지만 상승 마스터들의 역할은 무엇일까요? 우리는 형상 세계 안에 있지 않습니다. 적어도 여러분이 거주하는, 상승하지 않은 형상 세계 안에는 없습니다. 우리는 소원을 들어주는 신과 여신들이 아닙니다. 우리는 원래 여러분에게 형상을 띤 뭔가를 해주기 위해 이곳에 있는 것이 아닙니다. 우리는 형상 세계 너머에, 적어도 이 미상승 구체에서 육신의 감각을 통해 보는 형상 세계 너머에 무언가가 있음을 보여주기 위해 여기에 있습니다! 우리는 여러분에게 참조틀을 주기 위해 여기에 있습니다. 형상을 초월하는 영역이 존재합니다. 여러분은 형상을 초월한 그 이상의 존재입니다!

형상 너머의 무언가를 경험하는 것

그렇다면 이 컨퍼런스, 이 피정에서 얻을 수 있는 가장 큰 성과는 무엇일까요? 그것은 형상 세계 안에 있는 것일까요? 아니면 형상 너머의 무언가와 연결되고 그것을 체험하는 것일까요? 나는 형상을 초월해서 존재합니다. 이 시혜에서 이미지나 동상을 사용하지 않는 이유가 뭐라고 생각하나요? 우리는 여러분이 주위의 형상을 초월해서 우리와 연결되기를 바라고 있기 때문입니다. 형상은 여러분의 주의력을 끌어당겨 형상에 집중하게 만들며, 마라의 데몬처럼, 여러분이 자신을 형상과 동일시하도록 유혹하고 있습니다. 우리는 여러분이 형상과 동일시하는 것을 멈추도록 돕기 위해 이곳에 있습니다.

하지만 그렇게 하려면, 여러분은 형상을 초월해서 실재하는 무언가와 연결되어 그것을 경험해야 합니다. 궁극적으로, 형상을 초월한 것만이 실재합니다. 그러나 마음이 형상에 초점을 두도록 허용하면, 어떤 형상은 실재이고 다른 어떤 형상은 비실재라고 말하는 오래된 게임에 빠져들게 됩니다. 즉, 한 형상은 진리이고 다른 형상은 거짓이라고 여깁니다. 한 형상은 선하고 다른 형상은 악하다고 여깁니다. 이렇게 다시 이원성에 갇히게 됩니다. 우리는 여러분을 이런 형상과의 동일시 너머로 끌어올리기를 원합니다.

자 이제, 천천히 방출되는 이 담화를 견뎌준 여러분에게 감사의 마음을 전합니다. 나는 방출의 속도를 늦추는 것을 통해, 항상 뭔가가 일어나기를 바라고 과거보다 더 극적인 일이 일어나기를 바라는 분주한 마음을 늦춰보려고 했습니다. 하지만 아마 일어날 수 있는 가장 극적인 일은, 형상을 띤 아무 일도 일어나지 않는 것입니다. 왜냐하면 아무 일도 일어나지 않았다면, 여러분이 무형의 실재인 내 현존을 경험한 것인지도 모르기 때문입니다. 나는 관음입니다. 나는 그 이상의 존재입니다. 나는 형상을 초월한 존재입니다. 여러분도 형상을 초월한 존재입니다. 하지만 여러분은 여전히 형상 세계 안에 있습니다. 따라서 여러분이 자신을 형상을 초월한 존재로 받아들이는 것이 얼마나 어려운지 이해합니다. 그럼에도 불구하고 우리는, 여러분이 자신을 형상을 초월한 존재로 경험하도록 도울 것입니다.

1-1
형상을 초월한 경험을 기원합니다

I AM THAT I AM, 예수 그리스도의 이름으로 나는 관음을 부르며, 형상과 자신을 동일시하고 형상에 모든 주의력을 집중하게 만드는 마음을 넘어서서 볼 수 있도록 도와달라고 요청합니다...
(여기에 개인적인 요청을 추가하세요)

파트 1

1. 관음이시여, 나는 마음이 자극에 중독되어 있고 끊임없는 자극에 익숙해져서 계속 외부에서 오는 무언가에 반응하고 있음을 압니다.

오 관음, 성스러운 이름이시여,
나를 자비의 불꽃으로 채워주소서.
자비를 베풀며 나는 자유로워지고,
모두를 용서함은 마법의 열쇠입니다.

관음의 감미로운 선율 안에서,
나는 진아의 자유를 얻고.
관음의 생명력 안에서,
내 불멸을 선언합니다.

2. 관음이시여, 상승 마스터인 당신이, 내 외부에 있는 존재가 아님을 압니다. 나는 당신과의 연결이 단지 또 다른 외적인 자극이 아니기를 원합니다. 나는 그런 자극을 훨씬 넘어선 그 이상의 연결을 원합니다.

오 관음이시여, 나는 이곳 지상에서의,
모든 집착을 보내버립니다.
갇혀 있던 느낌들을 모두 놓아주고,
감정의 질병에서 해방됩니다.

관음의 감미로운 선율 안에서,
나는 진아의 자유를 얻고.
관음의 생명력 안에서,
내 불멸을 선언합니다.

3. 관음이시여, 상승 마스터의 메시지는 내 마음을 끌어당기는 다른 모든 것처럼 외부의 출처에서 오는 것이 아님을 압니다. 당신은 내 안에 그리고 내 주위의 모든 곳에 계십니다.

오 관음이시여, 왜 삶이 내 이상(理想)에,
미치지 못한다고 느껴야 합니까?
나는 모든 기대를 던져버렸고,
이제 내 마음은 비워진 잔입니다

관음의 감미로운 선율 안에서,
나는 진아의 자유를 얻고.
관음의 생명력 안에서,
내 불멸을 선언합니다.

4. 관음이시여, 나는 내면에서 고요하게 말하는 당신의 목소리를 듣고자 하며, 외부에서 오는 목소리는 무시하겠습니다.

오 관음이시여, 과거를 초월하니,
마침내 모든 원한은 사라집니다.
나는 미래의 어느 것도 기대하지 않고,
영원한 현재를 거부하지 않습니다.

관음의 감미로운 선율 안에서,
나는 진아의 자유를 얻고.
관음의 생명력 안에서,
내 불멸을 선언합니다.

5. 관음이시여, 나는 이 세상의 지배자인 마라의 데몬들이 내 주의력
을 계속 내 밖으로, 외부의 뭔가로 끌어내기 위해 온갖 일을 다하고
있음을 봅니다.

오 관음이시여, 윤회의 거친 바다 위로,
나를 들어올려 주소서.
당신의 반야의 배 안에선 모두가 안전하니,
이제는 피안이 멀지 않았습니다.

관음의 감미로운 선율 안에서,
나는 진아의 자유를 얻고.
관음의 생명력 안에서,
내 불멸을 선언합니다.

6. 관음이시여, 내 주의가 밖으로 쏠려 있는 한, 마라의 데몬들은 내
가 어디에 집중하든 신경 쓰지 않습니다. 하지만 내 상위자아와 상승
마스터들은 내 안에 있으며, 나는 바로 이들에게 집중하기를 원합니
다.

오 관음이시여, 당신의 연금술은,

기적과 함께 나를 해방합니다.
나는 용서함으로써 용서를 받으며,
더 이상 죄책감에 끌려가지 않습니다.

관음의 감미로운 선율 안에서,
나는 진아의 자유를 얻고.
관음의 생명력 안에서,
내 불멸을 선언합니다.

7. 관음이시여, 나는 자신을 외면의 마음이 아닌 순수의식으로서, 의식하는 자아(Conscious You)로서 경험하기를 원합니다. 의식하는 자아는 자신을 순수의식으로 경험하고 있습니다.

오 관음이시여, 모든 근심이 사라지며,
행함이 없어도 이루지 못한 일이 없습니다.
내가 분리된 자아를 통해 행하지 않으니,
당신과 온전히 하나되어 휴식합니다.

관음의 감미로운 선율 안에서,
나는 진아의 자유를 얻고.
관음의 생명력 안에서,
내 불멸을 선언합니다.

8. 관음이시여, 영적인 스승으로 자처하지만, 사실은 멘탈층, 낮은 정체성층, 감정층에 속한 사칭자들, 물리적인 몸으로 육화한 거짓 교사들을 분별하고 알아볼 수 있기를 원합니다.

오 관음이시여, 당신의 지혜는,
이제 나를 허상에서 자유롭게 합니다.
진정 이 모든 것이 나에게 무엇이리까,

나는 다 놓아버리고 당신을 따릅니다.

**관음의 감미로운 선율 안에서,
나는 진아의 자유를 얻고.
관음의 생명력 안에서,
내 불멸을 선언합니다.**

9. 관음이시여, 항상 밖으로 끌려가는 분주한 마음으로는 당신과 연결되지 못함을 압니다. 아마 외면의 마음은 온갖 종류의 반짝임으로 자극하는 멘탈층의 존재들과 연결될 것입니다. 나는 그 존재들이 아닌 우주의 하이어라키와 연결되기를 원합니다.

오 관음이시여, 신성한 영역에서 울려 나오는,
너무나 감미로운 음류여.
내가 에고의 작업을 놓아버리니,
피안의 기슭에서 나 자신을 발견합니다.

**관음의 감미로운 선율 안에서,
나는 진아의 자유를 얻고.
관음의 생명력 안에서,
내 불멸을 선언합니다.**

파트 2

1. 관음이시여, 영적인 여정은 그렇게 복잡한 것이 아님을 압니다. 이것은 많은 세상 사람의 판단 기준에서는 별로 영광스러운 것이 아닙니다. 이 여정은 내면으로 들어가 세상에서는 찾을 수 없는 내면의 무언가를 찾는 여정입니다.

오 관음, 성스러운 이름이시여,

나를 자비의 불꽃으로 채워주소서.
자비를 베풀며 나는 자유로워지고,
모두를 용서함은 마법의 열쇠입니다.

관음의 감미로운 선율 안에서,
나는 진아의 자유를 얻고.
관음의 생명력 안에서,
내 불멸을 선언합니다.

2. 관음이시여, 내 바깥을 바라본다면 내가 찾는 것을 발견할 수 없음을 압니다. 오직 주의력을 내면으로 향하기 시작해야만 내가 찾는 것을 발견하게 됩니다.

오 관음이시여, 나는 이곳 지상에서의,
모든 집착을 보내버립니다.
갇혀 있던 느낌들을 모두 놓아주고,
감정의 질병에서 해방됩니다.

관음의 감미로운 선율 안에서,
나는 진아의 자유를 얻고.
관음의 생명력 안에서,
내 불멸을 선언합니다.

3. 관음이시여, 많은 상승 마스터들이 지구에 육화했었고, 당신들은 그 밀도를 극복했습니다. 따라서 나는 이 여정이 효과가 있고, 나 역시 극복할 수 있음을 압니다.

오 관음이시여, 왜 삶이 내 이상(理想)에,
미치지 못한다고 느껴야 합니까?
나는 모든 기대를 던져버렸고,

이제 내 마음은 비워진 잔입니다

관음의 감미로운 선율 안에서,
나는 진아의 자유를 얻고.
관음의 생명력 안에서,
내 불멸을 선언합니다.

4. 관음이시여, 내 힘만으로는 (지구의 밀도를) 극복할 수 없음을 압니다. 나는 상승 마스터들의 도움이 필요하며, 기꺼이 그 도움을 받겠습니다.

오 관음이시여, 과거를 초월하니,
마침내 모든 원한은 사라집니다.
나는 미래의 어느 것도 기대하지 않고,
영원한 현재를 거부하지 않습니다.

관음의 감미로운 선율 안에서,
나는 진아의 자유를 얻고.
관음의 생명력 안에서,
내 불멸을 선언합니다.

5. 관음이시여, 나는 상승 마스터들을 인식할 수 있으므로 당신과 어느 정도 연결되어 있음을 압니다. 나는 상승 마스터와의 더 깊은 연결을 방해하는 기대들을 살펴봄으로써 이 연결을 확장하겠습니다.

오 관음이시여, 윤회의 거친 바다 위로,
나를 들어올려 주소서.
당신의 반야의 배 안에선 모두가 안전하니,
이제는 피안이 멀지 않았습니다.

관음의 감미로운 선율 안에서,
나는 진아의 자유를 얻고.
관음의 생명력 안에서,
내 불멸을 선언합니다.

6. 관음이시여, 나는 상승 마스터들이 극적인 방식으로 나에게 나타나기를 바라는 모든 드라마를 놓아버립니다. 나는 당신들이 진정한 영적인 스승임을 알며, 따라서 당신들은 내가 에고와 잠재의식적인 자아들로부터 자유로워지기를 원합니다.

오 관음이시여, 당신의 연금술은,
기적과 함께 나를 해방합니다.
나는 용서함으로써 용서를 받으며,
더 이상 죄책감에 끌려가지 않습니다.

관음의 감미로운 선율 안에서,
나는 진아의 자유를 얻고.
관음의 생명력 안에서,
내 불멸을 선언합니다.

7. 관음이시여, 나는 특별하다고 느끼고 싶은 에고의 욕망에 기반한 모든 기대를 살펴보겠습니다. 마스터들이 그 기대를 충족시켜 준다면, 나는 에고의 그 요소에 평생 갇혀 있게 될 것입니다.

오 관음이시여, 모든 근심이 사라지며,
행함이 없어도 이루지 못한 일이 없습니다.
내가 분리된 자아를 통해 행하지 않으니,
당신과 온전히 하나되어 휴식합니다.

관음의 감미로운 선율 안에서,

나는 진아의 자유를 얻고.
관음의 생명력 안에서,
내 불멸을 선언합니다.

8. 관음이시여, 내가 그런 기대를 품고 있다면 당신은 물러날 수밖에
없습니다. 당신은 성장의 반대 방향으로 나를 밀어붙이는 위험을 감
수할 수 없기 때문입니다.

오 관음이시여, 당신의 지혜는,
이제 나를 허상에서 자유롭게 합니다.
진정 이 모든 것이 나에게 무엇이리까,
나는 다 놓아버리고 당신을 따릅니다.

관음의 감미로운 선율 안에서,
나는 진아의 자유를 얻고.
관음의 생명력 안에서,
내 불멸을 선언합니다.

9. 관음이시여, 내가 극적인 만남을 기대하고 있다면, 그것은 밖으로
투사하고 있는 마음의 기대입니다. 그러나 내가 저 밖에서 당신과 연
결되지는 않을 것입니다.

오 관음이시여, 신성한 영역에서 울려 나오는,
너무나 감미로운 음류여.
내가 에고의 작업을 놓아버리니,
피안의 기슭에서 나 자신을 발견합니다.

관음의 감미로운 선율 안에서,
나는 진아의 자유를 얻고.
관음의 생명력 안에서,

내 불멸을 선언합니다.

파트 3

1. 관음이시여, 내가 마음속으로 당신과 어떤 식으로 연결되어야 하는지에 대한 이미지를 투사하고 있다면, 그 기대로 인해 나는 연결을 멀리 밀어내게 됩니다.

오 관음, 성스러운 이름이시여,
나를 자비의 불꽃으로 채워주소서.
자비를 베풀며 나는 자유로워지고,
모두를 용서함은 마법의 열쇠입니다.

관음의 감미로운 선율 안에서,
나는 진아의 자유를 얻고.
관음의 생명력 안에서,
내 불멸을 선언합니다.

2. 관음이시여, 상승 마스터들은 내가 마스터들과 이룰 수 있는 연결에 제한을 두지 않음을 압니다. 당신들은 지구상의 누구든 그 사람의 현 의식 수준에서 기꺼이 연결하려 합니다.

오 관음이시여, 나는 이곳 지상에서의,
모든 집착을 보내버립니다.
갇혀 있던 느낌들을 모두 놓아주고,
감정의 질병에서 해방됩니다.

관음의 감미로운 선율 안에서,
나는 진아의 자유를 얻고.
관음의 생명력 안에서,

내 불멸을 선언합니다.

3. 관음이시여, 그리스도 마음은 내가 어떤 의식 수준에 있든 나를 만날 수 있으며, 다음 단계의 의식으로 올라가는 데 도움이 되는 참조틀을 줄 수 있습니다.

오 관음이시여, 왜 삶이 내 이상(理想)에,
미치지 못한다고 느껴야 합니까?
나는 모든 기대를 던져버렸고,
이제 내 마음은 비워진 잔입니다

**관음의 감미로운 선율 안에서,
나는 진아의 자유를 얻고.
관음의 생명력 안에서,
내 불멸을 선언합니다.**

4. 관음이시여, 당신이 기꺼이 나와 연결해주실 것을 압니다. 나는 당신과 직접적인 연결을 이루기를 원하며, 이로써 나는 개인적인 통찰과, 의식의 전환과 외부의 출처에서 오는 것이 아닌 도움을 얻을 수 있습니다.

오 관음이시여, 과거를 초월하니,
마침내 모든 원한은 사라집니다.
나는 미래의 어느 것도 기대하지 않고,
영원한 현재를 거부하지 않습니다.

**관음의 감미로운 선율 안에서,
나는 진아의 자유를 얻고.
관음의 생명력 안에서,
내 불멸을 선언합니다.**

5. 관음이시여, 내 마음 안에서 이런 직접적인 연결을 방해하는 요소가 무엇인지 살펴보겠습니다. 나는 세상에 초점을 두는 것에서 기꺼이 물러나, "행함이 없어도 이루지 못한 일이 없습니다."라는 구절의 의미를 파악하겠습니다.

오 관음이시여, 윤회의 거친 바다 위로,
나를 들어올려 주소서.
당신의 반야의 배 안에선 모두가 안전하니,
이제는 피안이 멀지 않았습니다.

관음의 감미로운 선율 안에서,
나는 진아의 자유를 얻고.
관음의 생명력 안에서,
내 불멸을 선언합니다.

6. 관음이시여, 내가 세상과 세상을 변화시키는 데 집중하는 일상의 초점에서 물러나 당신과 직접 연결됨으로써 세상의 변화에 더 큰 영향을 줄 수 있음을 압니다.

오 관음이시여, 당신의 연금술은,
기적과 함께 나를 해방합니다.
나는 용서함으로써 용서를 받으며,
더 이상 죄책감에 끌려가지 않습니다.

관음의 감미로운 선율 안에서,
나는 진아의 자유를 얻고.
관음의 생명력 안에서,
내 불멸을 선언합니다.

7. 관음이시여, 항상 외부로 투사하고 있는 외면의 마음을 통해 내가

당신과 연결되는 것이 가능했다면 분명 그렇게 되었겠지만, 그러기에는 마음이 너무나 분주합니다. 나는 다른 뭔가를 해보거나, 아무것도 하지 않아야 합니다.

오 관음이시여, 모든 근심이 사라지며,
행함이 없어도 이루지 못한 일이 없습니다.
내가 분리된 자아를 통해 행하지 않으니,
당신과 온전히 하나되어 휴식합니다.

관음의 감미로운 선율 안에서,
나는 진아의 자유를 얻고.
관음의 생명력 안에서,
내 불멸을 선언합니다.

8. 관음이시여, 내가 상위자아나 영적인 스승들과의 연결을 구축하기 위해서는 대중의식 위로 나 자신을 끌어올려야 합니다.

오 관음이시여, 당신의 지혜는,
이제 나를 허상에서 자유롭게 합니다.
진정 이 모든 것이 나에게 무엇이리까,
나는 다 놓아버리고 당신을 따릅니다.

관음의 감미로운 선율 안에서,
나는 진아의 자유를 얻고.
관음의 생명력 안에서,
내 불멸을 선언합니다.

9. 관음이시여, 내가 이 연결을 확장하려면 뭔가 다른 방식이 필요합니다. 따라서 나는 기대와, 내 평소의 영적인 수행과, 심지어 행동양식까지도 내려놓을 것입니다.

오 관음이시여, 신성한 영역에서 울려 나오는,
너무나 감미로운 음류여.
내가 에고의 작업을 놓아버리니,
피안의 기슭에서 나 자신을 발견합니다.

관음의 감미로운 선율 안에서,
나는 진아의 자유를 얻고.
관음의 생명력 안에서,
내 불멸을 선언합니다.

파트 4

1. 관음이시여, 나는 나 자신과 연결되어 있는 마스터를 찾겠습니다. 이 연결을 체험하는 것이 내 목표입니다. 당나귀가 코앞의 막대기에 매달린 당근을 밀어내듯이 내 앞에 있는 연결을 밀어내는 것은 내 목표가 아닙니다.

오 관음, 성스러운 이름이시여,
나를 자비의 불꽃으로 채워주소서.
자비를 베풀며 나는 자유로워지고,
모두를 용서함은 마법의 열쇠입니다.

관음의 감미로운 선율 안에서,
나는 진아의 자유를 얻고.
관음의 생명력 안에서,
내 불멸을 선언합니다.

2. 관음이시여, 내가 당신의 현존과 연결될 수 있음을 압니다. 당신의 현존은 구술과 챈팅에서 발언된 말 너머에 있습니다. 하지만 그 말들은 여전히 현존을 정박시키는 성배입니다.

오 관음이시여, 나는 이곳 지상에서의,
모든 집착을 보내버립니다.
갇혀 있던 느낌들을 모두 놓아주고,
감정의 질병에서 해방됩니다.

관음의 감미로운 선율 안에서,
나는 진아의 자유를 얻고.
관음의 생명력 안에서,
내 불멸을 선언합니다.

3. 관음이시여, 당신이 어떤 이름이나 형상 안에 갇힐 수 있는 존재가
아님을 압니다. 나는 형상에 대한 집착, 형상과의 동일시를 초월하겠
습니다. 나는 형상을 초월해 있는 존재와 연결되고자 합니다.

오 관음이시여, 왜 삶이 내 이상(理想)에,
미치지 못한다고 느껴야 합니까?
나는 모든 기대를 던져버렸고,
이제 내 마음은 비워진 잔입니다

관음의 감미로운 선율 안에서,
나는 진아의 자유를 얻고.
관음의 생명력 안에서,
내 불멸을 선언합니다.

4. 관음이시여, 나는 소원을 성취해주는 신의 이미지를 놓아버리겠습
니다. 상승 마스터들은 소원을 들어주는 신이나 여신이 아님을 압니
다. 당신은 나에게 형상을 띤 무언가를 해주기 위해 이곳에 있는 것
이 아닙니다. 당신은 형상 세계 너머에 무언가가 있음을 보여주기 위
해 이곳에 있습니다!

오 관음이시여, 과거를 초월하니,
마침내 모든 원한은 사라집니다.
나는 미래의 어느 것도 기대하지 않고,
영원한 현재를 거부하지 않습니다.

관음의 감미로운 선율 안에서,
나는 진아의 자유를 얻고.
관음의 생명력 안에서,
내 불멸을 선언합니다.

5. 관음이시여, 당신이 나에게, 형상을 초월하는 것이 있다는 참조들,
내가 형상을 넘어선 존재라는 참조들을 주시기를 원합니다!

오 관음이시여, 윤회의 거친 바다 위로,
나를 들어올려 주소서.
당신의 반야의 배 안에선 모두가 안전하니,
이제는 피안이 멀지 않았습니다.

관음의 감미로운 선율 안에서,
나는 진아의 자유를 얻고.
관음의 생명력 안에서,
내 불멸을 선언합니다.

6. 관음이시여, 나는 형상을 초월한 무언가와 연결되고 그것을 경험하
고 싶습니다. 나를 둘러싸고 있는 형상, 내 주의력을 끌어당기는 형상
너머에 있는 당신과 연결되기를 원합니다. 내가 형상과 동일시하는
것을 멈추도록 돕기 위해 당신이 이곳에 있음을 압니다.

오 관음이시여, 당신의 연금술은,
기적과 함께 나를 해방합니다.

나는 용서함으로써 용서를 받으며,
더 이상 죄책감에 끌려가지 않습니다.

관음의 감미로운 선율 안에서,
나는 진아의 자유를 얻고.
관음의 생명력 안에서,
내 불멸을 선언합니다.

7. 관음이시여, 나는 형상을 초월해서 실재하는 무언가와 연결되고 그
것을 경험하고 싶습니다. 궁극적으로, 형상을 초월한 것만이 실재합니
다. 나는, 한 형상은 실재이고 다른 형상은 비실재라고 말하는 오래된
게임을 놓아버립니다.

오 관음이시여, 모든 근심이 사라지며,
행함이 없어도 이루지 못한 일이 없습니다.
내가 분리된 자아를 통해 행하지 않으니,
당신과 온전히 하나되어 휴식합니다.

관음의 감미로운 선율 안에서,
나는 진아의 자유를 얻고.
관음의 생명력 안에서,
내 불멸을 선언합니다.

8. 관음이시여, 나에게 어떤 극적인 일이 일어나기를 바라는 욕망을
모두 놓아버립니다. 일어날 수 있는 가장 극적인 일은, 형상을 띤 아
무 일도 일어나지 않는 것입니다.

오 관음이시여, 당신의 지혜는,
이제 나를 허상에서 자유롭게 합니다.
진정 이 모든 것이 나에게 무엇이리까,

나는 다 놓아버리고 당신을 따릅니다.

관음의 감미로운 선율 안에서,
나는 진아의 자유를 얻고.
관음의 생명력 안에서,
내 불멸을 선언합니다.

9. 관음이시여, 아무 일도 일어나지 않는다면, 무형의 실재인 당신을 경험한 것일지도 모릅니다. 관음이시여, 당신은 그 이상(MORE)이며, 형상을 초월한 존재입니다. 나 역시 형상을 초월한 존재임을, 나는 기꺼이 경험하겠습니다.

오 관음이시여, 신성한 영역에서 울려 나오는,
너무나 감미로운 음류여.
내가 에고의 작업을 놓아버리니,
피안의 기슭에서 나 자신을 발견합니다.

관음의 감미로운 선율 안에서,
나는 진아의 자유를 얻고.
관음의 생명력 안에서,
내 불멸을 선언합니다.

옴 (3번)
옴 마니 파드메 훔 (9번)
옴 관음 옴 (9번)
옴 (3번)

봉인
신성한 어머니의 이름으로, 나는 대천사 미카엘과 아스트레아와 쉬바께 나의 영적인 스승들과 아이앰 현존과 나와의 연결을 봉인해 주시기를 요청합니다. I AM THAT I AM의 이름으로, 이것이 이루어졌습니다! 아멘.

2

여러분이 몸을 지니고도
영적일 수 있음을 보여주세요

나는 상승 마스터 성모 마리아입니다. 나는 지구의 모든 사람을 위한 신성한 어머니의 대리자입니다. 나는 지구를 위한 신성한 어머니 사무국을 유지하고 있으며, 성모 마리아라는 명칭이 그리스도교 전통과 관련된 것에 상관없이 나는 지구의 모든 사람을 위한 신성한 어머니입니다. 내 현존, 내 존재는 보편적입니다. 내 현존은 그리스도교를 초월하고, 다른 모든 명칭을 초월합니다. 내 현존은 모든 형상을 초월해 있습니다.

신의 양육하는 측면

신성한 어머니의 사무국이 지구 사람들을 위해 하는 일이 무엇일까요? 이 사무국은 많은 일을 맡고 있지만, 무엇보다 먼저 신의 어머니 측면, 양육하는 측면을 대표하고 있습니다.

양육. 양육. 양육을 받고 있다고 느끼지 못하는 많은 이들에게 이것은 낯선 개념일 것입니다. 그들은 빈곤 속에서 항상 이것과 저것, 또 다른 것들이 결핍된 채로 살아왔기에, 어머니 영역인 물질 영역이 자신을 양육해준다고 느껴본 적이 없기 때문입니다. 우리가 설명했듯이,

부분적으로 이런 결핍은 파워 엘리트에 의해, 자신들이 더 많이 가질 수 있도록 대다수를 결핍 속에서 살게 만드는 사람들에 의해 조작된 것입니다. 그러나 이 결핍의 상당 부분은, 자신이 양육 받을 가치가 없다는 이미지를 지니고, 양육을 받을 수 있다는 기대조차 하지 못하는 사람들에 의해 생겨났습니다.

내가 모든 사람에게 진실로 주고자 하는 것이 무엇일까요? 자신들이 신성한 어머니의 양육을 받을 가치가 있음을 수용하는 것 (acceptance)입니다. 이 양육은 특히 육체의 양육을 뜻합니다. 육체는 무엇으로 만들어졌나요? 살과 피인가요? 아닙니다. 육체는 신성한 어머니의 몸으로부터 만들어졌습니다. 신성한 어머니의 몸이란 곧 신성한 어머니의 빛이며, 우리가 마터 빛[8]이라 불러온 것입니다.

여러분이 상위자아와 영적인 스승들에게 연결되도록 도와주기 위한 행사에서 내가 왜 육체에 대해 말하고 있을까요? 그것은 여러분을 내면의 연결에서 끌어내는 원초적인 것이 바로 육체와 그것의 통증, 고통, 욕망, 요구이기 때문이 아닐까요? 그것들은 끊임없이 "나한테 이것을 주세요. 저것을 주세요. 이것이 부족해요. 저것이 부족해요."라고 하면서 여러분을 끌어당기고 있습니다. 여기가 아프고, 저기에 이상이 있다는 감각을 주며 늘 여러분의 주의력을 끌어당깁니다.

신성한 어머니에 대한 증오

많은 시대를 통해 수많은 영적인 사람들에게 육체는 명상에서 주의력을 앗아가는 큰 방해물이었습니다. 오랜 세월 동안 그들은 육체를 영적인 성장의 적으로, 정복해야 할 대상으로, 무시하고 통제하고 차단해야 할 대상으로 여겨왔습니다. 많은 사람이 전체 물리적 옥타브,

---

[8] Ma-ter light, 신의 어머니 측면으로서, 전체 창조계의 바탕을 이루고 있는 기본적인 실재. 마터 빛은 창조주와 공동창조자들이 투사하는 멘탈 이미지를 그대로 구현한다.

물질 영역, 어머니 영역을 영적인 성장의 적으로 보았습니다. 사랑하는 자매인 관음이 설명했듯이, 이것이 바로 우리가 지구에서 직면하는 딜레마입니다. 상승한 마스터로서 우리는 어머니 영역에서 사람들이 겪고 있는 극심하고도 엄청난 고통을 잘 알고 있습니다.

나는 지구를 위한 신성한 어머니의 사무국을 맡고 있습니다. 이것이 무슨 의미일까요? 내가 사람들의 경험과 불만과 적대감, 불의에 대한 감각, 어머니에 대한 증오심에 관한 모든 것을 듣고 있다는 의미입니다. 이 모든 것이 내 사무국을 통해 들어옵니다. 나는 지구에서 일어나는 모든 일과 고통에 대해 잘 알고 있으며, 어머니 영역을 신뢰하기 어려운 이유를 완전히 이해합니다. 왜냐하면, 여러분이 무슨 일이 일어날지를 어떻게 알 수 있겠습니까? 갑자기 삶 전체가 바뀌거나, 파괴되거나, 목숨을 잃거나, 고통을 주는 병에 걸릴지를 어떻게 알 수 있겠습니까? 나는 충분히 이해합니다. 내가 이 사무국을 맡고 있는 수많은 세월 동안, 하루 24시간, 주 7일, 1년 365일, 매일 내 가슴 안에서 그것을 경험하고 있습니다.

그러나 영적인 사람들이 수천 년 동안 육체에 대해 가져온 접근 방식은 가장 건설적인 접근 방식은 아닙니다. 여러분의 몸이 정말 영적인 성장의 적일까요? 그렇게 생각할 때만 그렇습니다. 여러분이 몸 안에 있는 동안 몸을 벗어나려 하고, 몸을 정복하려 하고, 몸을 통제하려 하고 몸을 비하하고, 몸을 차단하려 할 때만, 몸은 적이 될 것입니다.

하나의 기회로서의 육화

여러 해 전에 이 메신저는 육체에서 이탈하는 체험을 했습니다. 그는 몸에서 빠져나와 빛 속으로 보내졌다가, 이후에 큰 힘에 의해 다시 몸으로 되돌아왔습니다. 그때 그는 "나는 영적인 체험을 하기 위해 육화한 것이 아니다. 나는 물리적인 영역에서 무언가를 하고, 물리적인 영역을 경험하고, 물리적인 영역을 변화시키기 위해 육화해 있다.”라는 것을 깨달았습니다. 여러분의 육체는 상위자아나 상승 마스터와 연결되는 것을 방해하는 적일까요? 여러분이 그렇게 생각할 때만 그렇습니다. 왜냐하면, 육체란 무엇이겠습니까? 그것은 놀라운 기회입니다. 여러분이 내면에서 물리적인 영역을 경험하고 공동창조 과정의 일부가 되어볼 놀라운 기회입니다.

예, 나는 이 말에 대해 집단의식이 제기하는 모든 불평과 반론을 듣고 있습니다. 나는 그것들을 수백 년 동안 들어왔습니다. 여태까지 나온 그리고 앞으로 나올 불평과 반론도 다 알고 있습니다. 하지만 내가 누구인가요? 불평을 그저 수동적으로 듣고만 있는 존재인가요? 아니면 때로 준엄한 어머니로서 “불평은 이제 충분히 했습니다. 그 기회를 보세요. 몸을 하나의 기회로 보세요. 육화해 있는 것을 기회로 보세요.”라고 말해주기 위해 이곳에 있는 신성한 어머니의 대리자인가요?

다시 말하지만, 나는 그 고통을 듣고 있습니다. 그 고통에 공감하고 있습니다. 그러나 지구상의 고통은 집단의식 안에서 점점 강화되는 나선이 되었습니다. 누군가는 그 나선을 깨뜨려야 합니다. 여러분 중 많은 사람이 이 나선을 깨뜨리는 것을, 즉 육체에 대해 불평하거나 영적인 사람들처럼 육체를 통제하려 애쓰는 태도를 깨뜨리는 것을 신성한 계획의 일부로 가지고 있습니다. 영적인 사람인 여러분 모두가 육체와의 관계에서 어느 정도 갈등을 겪고 있음을 이해합니다. 나도 육체 안에 있을 때 그런 갈등을 겪었습니다. 예수도 그랬습니다. 내가 십자가에 매달린 예수를 바라보고 서 있을 때도 분명히 그랬습니다.

그럼에도 불구하고 여러분 중 많은 사람이 이번 육화에서 집단의식이 지닌 육체에 대한 접근 방식을 더 높이 끌어올리겠다고 맹세했습니다. 더 높은 접근 방식이란 육체를 기회로 보는 것입니다. 하나의 기회로 말입니다. 여러분이 몸 안에 있는 동안에 왜 육체를 거부해야 하나요? 왜 육체를 벗어나려고 애써야 하나요?

더 높은 접근 방식은 육체를 현실적으로 바라보며 "내가 왜 물리적인 몸으로 육화해 있을까?"라는 질문을 해보는 것입니다. 그러면 육화가 자신의 선택이었음을 깨닫게 됩니다. 혹은 그것이 자신의 선택이 아니라고 느낄 수도 있습니다. 여러분은 자신의 삶을 바라보며 이렇게 말합니다. "나라면 이런 삶을 선택하지 않았을 거야. 그 누구도 내 삶처럼 힘든 삶을 선택하지 않았을 거야." 하지만 여러분이 선택했습니다. 아니면 여러분은 이곳에 있지 않았을 겁니다. 바로 여러분이 선택했습니다. 아마 여러분이 과거 생에 만든 패턴으로 인해 제한된 선택권만을 갖고 있었을지도 모르지만, 이런 패턴도 여러분의 선택으로 만들어진 것입니다.

그리고 영적인 사람이며 상승 마스터 학생인 여러분은 성 저메인이 황금시대를 열도록 돕고 전환을 촉진하기 위해 이 시대에 육화하는 것을 선택했음이 분명합니다. 성 저메인의 황금시대에도 오늘날의 대다수 사람들이나 물고기자리나 그 이전 시대 사람들과 똑같은 태도로 육체를 대할 것으로 생각하나요?

다른 방식으로 육체를 대하는 전환이 일어날 것으로 생각하지 않나요? 그렇다면 여러분이 이러한 전환을 가져오도록 돕기 위해 이곳에 있다는 것이 이치에 맞지 않나요? 하지만 여러분의 마음에서 먼저 전환이 일어나지 않는다면 어떻게 집단의식이 바뀌도록 도울 수 있겠습니까? 지금 나는 물리적인 몸 안에서 큰 고통을 겪으며 여러 종류의 병을 앓고 있는 사람들에게 무감각해지려고 하는 것이 아닙니다. 나는 여러분이 육화하기 전에 한 선택, 특히 육체와 관련된 선택을 일깨워주려 애쓰고 있습니다.

자신이 이 몸이라는 것을 받아들이세요

여러분은 영적인 사람으로서 육체 이상의 존재입니다. 어떤 사람들은 "나는 육체가 아니다."라고 말할 것입니다. 수천 년 전부터 내려오는 인도의 오랜 전통에 이런 말이 있습니다. "나는 이것이 아니다. 나는 그것(브라만[9])이다." 여기서 '그것'이란 영적인 세계의 뭔가를 가리킵니다. 많은 사람이 자신의 몸을 거부합니다. 많은 사람이 몸을 무시하고 몸에서 벗어나려고 애씁니다. 그러나 내가 여러분에게 일깨워주려는 더 높은 접근 방식은 몸을 포용하는 것입니다. 육화해 있는 그 상태를 포용하세요. 더 나아가 이렇게 말할 수 있는 지점에 도달하세요: "나는 이 몸이다."

이 선언에 대한 자신의 반응을 성찰해보세요. 가슴에 중심을 두고 "나는 이 몸이다."라고 말할 때 평화를 느낄 수 있나요? 아니면 어떤 반응이 일어나나요? 그렇다면 그 반응은 아마도 전생에 창조된 잠재의식적인 자아들의 집합체에서 나온 것입니다. 아바타인 여러분 다수가 출생 트라우마를 지니고 있기 때문입니다. 여러분은 지구에 처음 육화해서, 여러분의 육체를 이용해서 심리적으로, 영적으로 여러분을 파괴하려는 타락한 존재들에게 공격을 받았습니다.

그러나 우리는 여러분에게 출생 트라우마를 다룰 수 있는 도구, 이러한 자아들을 보고 죽게 할 수 있는 도구를 주었습니다. 일부 여러분이, 전생에 육체와 관련되어 만든 자아, 육체 안에 있는 여러분과 관련된 자아, 육체 안에 있을 뿐만 아니라 그 육체를 포용하는 여러분과 관련된 자아를 집중적으로 다루는 시간을 가진다면 매우 유익할 것입니다. 자신이 육체 안에 있다고 보는 대신, 자신이 육체임을 받아들이세요.

이런 구별이 왜 중요할까요? 여러분이 몸이라는 것을 완전히 받아

---

[9] Brahman, 힌두 전통에서 궁극적인 실재를 가리키는 개념. 힌두 전통에서는 브라만만이 영원하고 불변하는 실재이며, 브라만에서 나온 이 세계는 마야, 즉 환영이라고 말한다.

들일 때만, 여러분의 아이앰 현존이 정체성, 멘탈, 감정 마음에 지닌 '몸의 청사진'이 온전히 물리적으로 구현되기 때문입니다. 수많은 영적인 사람들이 자신이 몸이라는 것을 받아들이지 않았기 때문에 그 청사진을 물리층으로 가져올 수 없었습니다. 그것은 물리층으로 내려오기 전에 멈춰버리게 되며, 따라서 사람들은 영적인 성장에 집중하기 위해 필요한 치유를 받을 수 없었습니다.

물론, 신성한 어머니인 나는 신성한 계획의 한도 안에서 가능한 한 여러분 모두가 치유되는 것을 보고 싶습니다. 내가 바라는 것은 분명 여러분 모두가 육체로 인한 고통을 최소한으로 겪는 것입니다. 그리고 관음께서 말했듯이, 만일 여러분이 밖으로 투사하는 마음에 계속 갇혀 있다면 여러분은 (현존과 상승 마스터들에게) 연결되지 않을 것입니다.

그러므로 이제 다른 뭔가를 시도할 때가 되었습니다. 많은 시대를 통해 너무나 많은 영적인 사람들이 육체를 거부하고, 회피하고, 멀리 밀어내려 했습니다. 이제는 다른 방식을 시도할 시간이 아닐까요? 이것은 바로 육체를 포용하고 받아들이는 것입니다. 여러분 자신을 그 몸으로 여기면서, 몸을 위해 가능한 최상의 매트릭스를 구현하는 것입니다.

몸을 포용하기 위한 실제적인 도구

여러분이 우리와 연결되는 것을 돕기 위한 노력의 일환으로, 몸이 주의력을 밖으로 끌어당기지 않게 되어, 여러분이 상승 마스터와 상위자아와 연결되는 데 방해를 받지 않는 마음 상태에 이를 수 있도록 실용적인 도구를 주려고 합니다. 여러분은 몸 안에서 평화의 순간들을 누리며 내면으로 들어갈 수 있을 것입니다. 이것이 내 바람이므로, 나는 여러분에게 몸에 대한 접근 방식을 바꾸고 실제로 몸을 치유하는 데 도움이 될 몇 가지 수행법을 나와 함께 해보자고 요청합니다.

우리는 이전에 여러분의 몸이 마터 빛으로 만들어졌다고 말했습니다. 마터 빛은 형상을 이루는 바탕이지만, 그 자체로는 형태를 띨 수 없습니다. 형태를 갖추려면 매트릭스, 즉 사념의 매트릭스가 마터 빛에 투사되어야 합니다. 그 매트릭스가 여러분의 정체성, 멘탈, 감정체의 마음을 통해 마터 빛에 투사되어야 육체가 형성됩니다. 이것은 육체가 밀도가 높아 보이지만 사실은 전혀 그렇지 않다는 의미입니다. 몸은 유동적입니다. 몸은 성형할 수 있는 플라스틱이나 점토와도 같지만, 생각이나 정체성, 감정에 의해 형태를 갖게 됩니다. 따라서 순식간에 바뀔 수 있는 잠재력을 가지고 있습니다. 순식간에 말입니다.

이제 여러분은 몸이 세포로 이루어져 있음을 알고 있습니다. 세포에 대해 공부해 본 적이 있다면 세포가 믿을 수 없을 만큼 복잡하다는 것을 알 겁니다. 과학자들이 세포를 발견하기는 했지만, 원자를 나눌 수 없다고 본 옛날과 비슷하게 생각했던 시절이 있었습니다. 세포는 몸을 이루는 기본 구성 요소에 불과하며 세포 안에서는 별다른 일이 일어나지 않는다고 생각했습니다. 그러나 세포를 연구할 수 있는 도구를 개발하면서 그들은 자신들의 생각이 틀렸고 세포가 얼마나 복잡한 것인지를 깨달았습니다. 일부 의사들이 발견한 것처럼, 세포는 여러분의 마음 상태에 매우 민감하게 조율되어 있습니다. 어떤 의미에서 세포는 신호를 수신하는 라디오입니다. 세포는 여러분의 환경과 집단의식으로부터 신호를 받습니다. 하지만 여러분의 감정체, 멘탈체, 정체성체의 마음으로부터도 신호를 받습니다.

물론 여러분은 우리가 준 도구인 기원문과 디크리를 사용해서, 여러분의 육체를 집단의식과 환경으로부터 봉인하여 보호해달라고 기원할 수 있습니다. 그러나 나는 지금 여러분에게 아주 단순한 도구를 주려고 하며, 그것은 내 디크리의 한 구절에 기반하고 있습니다. 그 구절은 다음과 같습니다. "모든 세포의 소리굽쇠는 이제 어머니의 종에 맞춰 조율되었습니다."

여러분의 세포는 소리굽쇠와도 같으며, 더 낮은 매트릭스인 세상에 조율될 수도 있고 더 높은 매트릭스에 조율될 수도 있다는 뜻이 담겨 있습니다. 가장 높은 매트릭스는 여러분의 육체를 위해 신성한 어머니가 품고 있는 비전입니다. 그 비전은 어떤 소리로, 어떤 진동으로, 어떤 종소리로 감지될 수도 있습니다. 바로 이 구절이 내가 여러분에게 주고 싶은 도구입니다.

이것으로 우리가 여러분에게 준 다른 도구인 힐링 기원들을 대체하려는 것은 아닙니다. 하지만 이 도구는 여러분이 혼자서 연습해도 되고, 또는 이 담화를 반복해서 들으면서 내용을 소화할 수도 있습니다. 이제 나와 함께 이 구절을 낭송해주세요. "모든 세포의 소리굽쇠는 이제 어머니의 종에 맞춰 조율되었습니다." 함께 낭송하세요.

모든 세포의 소리굽쇠는 이제 어머니의 종에 맞춰 조율되었습니다 (9번)

[반복할 때마다 종소리가 한 번씩 울림]

이것은 여러분 혼자서도 활용할 수 있는 도구입니다. 만일 종이 없다면, 내면에서 종소리에 조율하세요. 여러분의 모국어로 이 구절을 낭송하면서 내 현존에 조율하고, 몸과 몸의 특정한 상태에 조율하세요. 그리고 여러분 자신이 내 현존에 흡수되도록 두세요. 이제 나와 함께 디크리를 반복하는 대신, 메신저의 음성에 귀를 기울이라고 요청합니다. 그 음성을 넘어서, 인간의 음성을 넘어서, 여러분 내면에서 내 음성을 들으세요.

모든 세포의 소리굽쇠는 이제 어머니의 종에 맞춰 조율되었습니다

모든 세포의 소리굽쇠는 이제 어머니의 종에 맞춰 조율되었습니다. 이 소리는 죽음과 지옥에서 나오는 주문을 깨뜨립니다.

내 사랑하는 이들이여, 이 구절을 활용하세요. 또는 내 디크리의 다음 구절을 사용해도 됩니다.

모든 세포의 소리굽쇠는 이제 어머니의 종에 맞춰 조율되었습니다. 이제 나는 죽음의 저주에서 해방되어, 내 불멸을 선언합니다.

이 도구를 사용하고 특히 이 담화를 듣는다면, 시간이 흐름에 따라 육체에 대한 여러분의 접근 방식이 바뀌게 될 것입니다. 그리고 내 바람은, 여러분이 "나는 이 몸이다."라는 만트라를 하면서 아무런 반응 없이 평화를 느끼고, 자신이 몸이며 이 몸은 육화한 시간 동안 가지는 하나의 기회임을 받아들이는 지점에 도달하는 것입니다. 더 나아가 여러분은 "나는 신성한 어머니의 몸이다. 나는 지구 어머니의 몸이다."라는 것을 받아들일 수 있습니다.

몸을 가진 영적인 사람으로 존재하기

그리고 이것을 자신의 신성한 계획으로 가지고 있는 사람들은 이를 통해 행성체(planetary body)와 인류의 육체를 치유하는 엄청난 봉사를 할 수 있습니다. 진실로, 성 저메인의 황금시대로 나아가며 제공할 수 있는 큰 봉사 중 하나는, 사람들이 육체의 질병이 자연스러운 일이 아님을 받아들이는 것입니다. 육체의 질병은 자연스러운 일이 아

---

10 The tuning fork in every cell, is now attuned to Mother's bell.

닙니다. 육체가 병드는 것은 필연적인 일이 아닙니다. 그렇다고 해도 물론 현재 환경에서 병을 피하기는 매우 어렵습니다.

그럼에도 불구하고, 여러분이 몸임을 받아들이고 세 상위체에 대해 작업함으로써 몸의 변화가 가능하다는 것을 받아들일 수 있습니다. 심지어 의사나 집단의식이 불가능하다고 말할 때라도 말입니다. 왜냐하면 여러분은 물질 영역(matter realm)에 있기 때문입니다. 이것은 신성한 어머니의 영역입니다. 나는(I AM) 물질 영역입니다. 신성한 어머니에게 물질 안에서 불가능한 것이란 없습니다.

많은 이들이 기적이라고 부르는 것을 막을 수 있는 것은 오직 여러분의 수용 여부입니다. 하지만 그것은 사실 기적이 전혀 아닙니다. 마터 빛이 그 위에 투사되는 어떤 형상이든 구현할 수 있다는 진실의 자연스러운 표현일 뿐입니다. 그러므로 투사 내용을 바꾸세요. 그러면 여러분은 물질적인 조건을 변화시키게 될 것입니다. 영사기 안의 필름을 바꿈으로써 화면에 상영되는 영화를 바꿀 수 있는 것처럼 말입니다.

이것이 바로 내가 풍요 과정에서 말하고 있는 내용입니다. 일부 여러분은 풍요 과정을 다시 공부할 이유를 발견할지도 모르겠습니다. 물론 힐링 매트릭스 책도 여러분이 몸을 받아들일 수 있을 때까지 몸을 대하는 접근 방식을 전환하는 데 도움을 줄 수 있습니다. 이상하게 보일 수도 있고, 모순이나 수수께끼처럼 보일 수도 있겠지만, 많은 경우에 몸의 어떤 상태를 받아들이기 위해서는, 그것을 초월하기 전에 그 상태를 완전히 받아들이는 것이 필요합니다.

하지만 여러분이 그 조건을 밀어내고, 그런 상태를 마주하도록 강요하는 육체를 밀어내고 있는 한 어떻게 변화를 받아들일 수 있을까요? 이런 말을 들어보았을 겁니다. "자신이 이 세상에서 보고 싶은 그 변화가 되라." 그러나 이렇게 말할 수도 있지 않을까요? "자신이 몸에서 보고 싶은 그 변화가 되라." 하지만 여러분이 몸이 될 수 없다면 어떻게 몸을 변화시킬 수 있을까요? 몸을 비영적이고 영적인 성장의 적이라고 생각하면서 자신의 몸을 거부하고 밀어낸다면, 여러분이 어떻게 몸이 될 수 있을까요?

이 시대에 영적인 사람으로서 육화해서 살고 있는 목적이 무엇일까요? 몸을 밀어내기 위해서일까요? 아니면 몸을 지니고도 영적일 수 있다는 것을 보여주기 위해서일까요? 몸을 가진 영적인 사람이 되세요. 그 외에 어떻게 여러분이 육화 중인 영적인 사람이 될 수 있겠습니까, 육화한 상태로 살아보는 것이야말로 바로 여러분이 원했던 것입니다.

이것으로, 이 시점에서 내가 전해주려 했던 부분을 여러분에게 주었습니다. 나중에 더 해줄 말이 있을지도 모르지만, 분명 다른 마스터들도 해주실 말씀이 많을 것입니다. 그리고 여러분이 몸을 가지고 이곳에 있어 준 것에 대해서도 감사를 전합니다. 또한 여러분이 이곳에서 몸으로서 존재할 수 있기를 희망합니다.

2-1
몸에 대한 영적인 자각을 기원합니다

I AM THAT I AM, 예수 그리스도의 이름으로 나는 성모 마리아를 부르며, 내가 이 육체임을 받아들이는 것을 방해하는 요소들을 볼 수 있도록 도와달라고 요청합니다...
(여기에 개인적인 요청을 추가하세요)

파트 1

1. 성모 마리아시여, 신의 어머니 측면은 양육하는 측면임을 압니다. 나는 모든 결핍의 감각을 놓아버리고 내가 양육을 받을 가치가 있음을 받아들이며, 내가 양육을 받을 것이라고 기대합니다.

오 은혜로우신 마리아의 생명의 노래는,
모든 투쟁의 형상을 소멸합니다.
너무나 매혹적인 음류에 조율하면서,
나는 모든 세포가 건강함을 선언합니다.

오 성모 마리아시여,
더 높이 가속하는 노래를 내어주소서.
내 세포들은 높은 상태로 고양되어,
완벽한 건강 안에서 빛을 냅니다.

2. 성모 마리아시여, 내가 육체의 양육을 받을 가치가 있는 존재임을 받아들입니다. 나는 내 몸이 신성한 어머니의 몸, 즉 신성한 어머니의 빛인 마터 빛(Ma-ter light)으로 만들어졌음을 봅니다.

생명에서 흘러나오는 노래를 항상 들으니,
모든 두려움의 감각이 불타버립니다.
신성한 어머니의 교향악과 화합을 이루니,
모든 질병이 나에게서 사라집니다.

오 성모 마리아시여,
더 높이 가속하는 노래를 내어주소서.
내 세포들은 높은 상태로 고양되어,
완벽한 건강 안에서 빛을 냅니다.

3. 성모 마리아시여, 나를 당신과의 연결감에서 멀어지게 하는 주된 것 중의 하나가, 끊임없이 내 주의를 끌어당기는 육체임을 압니다.

어머니의 사랑 안에서 초월해 나갈 때,
내 모든 투쟁은 끝이 납니다.
내가 성모의 눈으로 볼 때면,
어떤 불완전함도 내게 오지 못합니다.

오 성모 마리아시여,
더 높이 가속하는 노래를 내어주소서.
내 세포들은 높은 상태로 고양되어,
완벽한 건강 안에서 빛을 냅니다.

4. 성모 마리아시여, 나는 육체가 영적인 성장의 적이며, 정복하고, 무시하고, 통제하거나 차단해야 할 대상이라는 환영을 놓아버립니다.

내면에 살아 있는 그리스도를 깨달음으로써
치유가 일어나기 시작합니다.
내가 (그리스도의) 단일한 눈으로 볼 때,
각 세포의 빛이 증가하기 때문입니다.

오 성모 마리아시여,
더 높이 가속하는 노래를 내어주소서.
내 세포들은 높은 상태로 고양되어,
완벽한 건강 안에서 빛을 냅니다.

5. 성모 마리아시여, 나는 전체 물리적 옥타브, 물질 영역, 어머니 영역이 내 영적인 성장의 적이라는 생각을 놓아버립니다.

어머니의 음악 안에서 자유로워지니,
더 작은 나에 대한 기억들은 사라졌습니다.
내 비전이 완전해지니,
내 모든 세포가 소생합니다.

오 성모 마리아시여,
더 높이 가속하는 노래를 내어주소서.
내 세포들은 높은 상태로 고양되어,
완벽한 건강 안에서 빛을 냅니다.

6. 성모 마리아시여, 영적인 사람들이 수천 년 동안 육체에 대해 가져온 접근 방식이 가장 건설적인 접근 방식은 아닙니다. 내 몸이 영적인 성장의 적이 되는 것은 오직 내가 그렇게 생각할 때만 그렇습니다.

오 어머니의 사랑이여, 감미로운 선율이여,
나는(I AM) 모든 불완전함에서 해방되었습니다.
오 성모 마리아시여, 소리 안의 소리여,

내 가슴은 당신의 사랑으로 충만합니다.

오 성모 마리아시여,
더 높이 가속하는 노래를 내어주소서.
내 세포들은 높은 상태로 고양되어,
완벽한 건강 안에서 빛을 냅니다.

7. 성모 마리아시여, 나는 몸 안에 있으면서 그 몸을 벗어나려는 욕망, 몸을 정복하고 통제하고 비하하고, 차단하려는 욕망을 놓아버립니다. 바로 이런 이미지가 몸을 적으로 만들기 때문입니다.

어머니의 숭고한 아름다움을 통해서,
시간과 공간의 속박을 초월합니다.
모든 세포는 필멸의 무덤을 넘어서,
어머니 모태 안에서 완전체가 됩니다.

오 성모 마리아시여,
더 높이 가속하는 노래를 내어주소서.
내 세포들은 높은 상태로 고양되어,
완벽한 건강 안에서 빛을 냅니다.

8. 성모 마리아시여, 내가 영적인 체험을 하기 위해 육화한 것이 아님을 압니다. 나는 물질 영역에서 무언가를 하고, 물질 영역을 경험하고, 물질 영역을 변화시키기 위해 육화해 있습니다.

나는 생명의 노래와 공명하며,
생명의 화성과 조화를 이룹니다.
내 완전한 상태를 담은 신의 설계가
모든 세포를 다시 신성하게 합니다.

오 성모 마리아시여,
더 높이 가속하는 노래를 내어주소서.
내 세포들은 높은 상태로 고양되어,
완벽한 건강 안에서 빛을 냅니다.

9. 성모 마리아시여, 나는 육체가 내 상위자아 및 상승 마스터와의 연결을 막고 있다는 생각을 놓아버립니다. 육체는 내면에서 물질 영역을 경험하고 공동창조 과정의 일부가 되는 경험을 할 수 있는 놀라운 기회임을 받아들입니다.

모든 세포의 소리굽쇠는
이제 어머니의 종에 맞춰 조율되었습니다.
이제 나는(I AM) 죽음의 저주에서 해방되어,
내 불멸을 선언합니다.

오 성모 마리아시여,
더 높이 가속하는 노래를 내어주소서.
내 세포들은 높은 상태로 고양되어,
완벽한 건강 안에서 빛을 냅니다.

파트 2

1. 성모 마리아시여, 나는 몸에 대한 불평을 놓아버립니다. 나는 몸을 기회로 보고, 육화한 상태를 기회로 봅니다.

오 은혜로우신 마리아의 생명의 노래는,
모든 투쟁의 형상을 소멸합니다.
너무나 매혹적인 음류에 조율하면서,
나는 모든 세포가 건강함을 선언합니다.

오 성모 마리아시여,
더 높이 가속하는 노래를 내어주소서.
내 세포들은 높은 상태로 고양되어,
완벽한 건강 안에서 빛을 냅니다.

2. 성모 마리아시여, 나는 지구상의 고통이 집단의식 안에서 점점 강화되는 나선이 되었음을 봅니다. 나는 몸에 대해 불평하거나 몸을 통제하려 애쓰는 그 나선을 깨뜨리겠습니다.

생명에서 흘러나오는 노래를 항상 들으니,
모든 두려움의 감각이 불타버립니다.
신성한 어머니의 교향악과 화합을 이루니,
모든 질병이 나에게서 사라집니다.

오 성모 마리아시여,
더 높이 가속하는 노래를 내어주소서.
내 세포들은 높은 상태로 고양되어,
완벽한 건강 안에서 빛을 냅니다.

3. 성모 마리아시여, 나는 몸을 기회로 보는 더 높은 접근 방식으로 집단의식을 끌어올리도록 돕겠습니다. 내가 몸 안에 있는 동안 나는 몸을 거부하거나 벗어나려고 애쓰지 않겠습니다.

어머니의 사랑 안에서 초월해 나갈 때,
내 모든 투쟁은 끝이 납니다.
내가 성모의 눈으로 볼 때면,
어떤 불완전함도 내게 오지 못합니다.

오 성모 마리아시여,
더 높이 가속하는 노래를 내어주소서.

**내 세포들은 높은 상태로 고양되어,
완벽한 건강 안에서 빛을 냅니다.**

4. 성모 마리아시여, 나는 육화하는 것을 선택했습니다. 그렇지 않았다면 내가 이곳에 있지 않을 것입니다. 나는 성 저메인이 황금시대를 가져오도록 돕고 전환을 촉진하기 위해 이 시대에 육화하는 것을 선택했습니다.

내면에 살아 있는 그리스도를 깨달음으로써
치유가 일어나기 시작합니다.
내가 (그리스도의) 단일한 눈으로 볼 때,
각 세포의 빛이 증가하기 때문입니다.

**오 성모 마리아시여,
더 높이 가속하는 노래를 내어주소서.
내 세포들은 높은 상태로 고양되어,
완벽한 건강 안에서 빛을 냅니다.**

5. 성모 마리아시여, 성 저메인의 황금시대에는 오늘날의 대다수 사람보다 더 높은 접근 방식으로 몸을 대하게 될 것입니다. 나는 몸을 대하는 방식에 전환이 일어나도록 돕기 위해 이곳에 있습니다. 내 마음에서 전환이 일어나지 않는다면 내가 어떻게 집단의식이 변화하도록 도울 수 있겠습니까?

어머니의 음악 안에서 자유로워지니,
더 작은 나에 대한 기억들은 사라졌습니다.
내 비전이 완전해지니,
내 모든 세포가 소생합니다.

오 성모 마리아시여,

더 높이 가속하는 노래를 내어주소서.
내 세포들은 높은 상태로 고양되어,
완벽한 건강 안에서 빛을 냅니다.

6. 성모 마리아시여, 나는 몸을 거부하려는 욕망을 놓아버립니다. 나는 더 높은 접근 방식을 선택하며, 몸을 포용하고, 육화해 있는 상태를 포용합니다. 나는 선언합니다. "나는 이 몸입니다."

오 어머니의 사랑이여, 감미로운 선율이여,
나는(I AM) 모든 불완전함에서 해방되었습니다.
오 성모 마리아시여, 소리 안의 소리여,
내 가슴은 당신의 사랑으로 충만합니다.

오 성모 마리아시여,
더 높이 가속하는 노래를 내어주소서.
내 세포들은 높은 상태로 고양되어,
완벽한 건강 안에서 빛을 냅니다.

7. 성모 마리아시여, 나는 과거 생들에서 창조한, 잠재의식적인 자아들을 모두 놓아버립니다. 이 자아들은 내가 타락한 존재들에게 공격받았던 출생 트라우마로 인해 생겼으며, 그때 타락한 존재들은 내 몸을 이용해서 나를 심리적으로, 그리고 영적으로 파괴하려 했습니다.

어머니의 숭고한 아름다움을 통해서,
시간과 공간의 속박을 초월합니다.
모든 세포는 필멸의 무덤을 넘어서,
어머니 모태 안에서 완전체가 됩니다.

오 성모 마리아시여,
더 높이 가속하는 노래를 내어주소서.

내 세포들은 높은 상태로 고양되어,
완벽한 건강 안에서 빛을 냅니다.

8. 성모 마리아시여, 나는 과거 생들에서 몸과 관련되어 만든 자아들, 몸 안에 있는 나와 관련되어 만든 자아들을 놓아버립니다. 내가 몸 안에 있다는 것을 받아들일 뿐 아니라, 몸도 받아들입니다. 나 자신을 몸 안에 있는 존재로 여기는 대신, 내가 바로 이 몸임을 받아들입니다.

나는 생명의 노래와 공명하며,
생명의 화성과 조화를 이룹니다.
내 완전한 상태를 담은 신의 설계가
모든 세포를 다시 신성하게 합니다.

오 성모 마리아시여,
더 높이 가속하는 노래를 내어주소서.
내 세포들은 높은 상태로 고양되어,
완벽한 건강 안에서 빛을 냅니다.

9. 성모 마리아시여, 나는 내가 몸임을 받아들이며, 아이앰 현존이 내 정체성체와 멘탈체, 감정체에 지닌 내 몸의 청사진이 온전히 물리적으로 구현됨을 받아들입니다. 나는 영적인 성장에 집중하는 데 필요한 치유를 받아들입니다.

모든 세포의 소리굽쇠는
이제 어머니의 종에 맞춰 조율되었습니다.
이제 나는(I AM) 죽음의 저주에서 해방되어,
내 불멸을 선언합니다.

오 성모 마리아시여,

더 높이 가속하는 노래를 내어주소서.
내 세포들은 높은 상태로 고양되어,
완벽한 건강 안에서 빛을 냅니다.

파트 3

1. 성모 마리아시여, 오랜 세월에 걸쳐 수많은 영적인 사람들이 몸을
거부하고, 회피하고, 멀리 밀어내려 했습니다. 나는 다른 방식을 시도
하겠습니다. 나는 몸을 포용하고, 몸을 받아들이고, 자신을 몸으로 여
기면서 몸을 위해 가능한 최상의 매트릭스를 구현하고 있습니다.

오 은혜로우신 마리아의 생명의 노래는,
모든 투쟁의 형상을 소멸합니다.
너무나 매혹적인 음류에 조율하면서,
나는 모든 세포가 건강함을 선언합니다.

오 성모 마리아시여,
더 높이 가속하는 노래를 내어주소서.
내 세포들은 높은 상태로 고양되어,
완벽한 건강 안에서 빛을 냅니다.

2. 성모 마리아시여, 생각의 매트릭스가 형태를 갖추기 위해서는 그것
이 마터 빛 위에 투사되어야 합니다. 그 매트릭스가 내 정체성, 멘탈,
감정체의 마음을 통해 마터 빛에 투사되면, 마터 빛은 물리적인 몸을
형성하게 됩니다.

생명에서 흘러나오는 노래를 항상 들으니,
모든 두려움의 감각이 불타버립니다.
신성한 어머니의 교향악과 화합을 이루니,
모든 질병이 나에게서 사라집니다.

오 성모 마리아시여,
더 높이 가속하는 노래를 내어주소서.
내 세포들은 높은 상태로 고양되어,
완벽한 건강 안에서 빛을 냅니다.

3. 성모 마리아시여, 그러므로 내 몸은 전혀 밀도가 높지 않다는 사실을 받아들입니다. 몸은 유동적입니다. 몸은 성형할 수 있는 플라스틱이나 점토와도 같지만, 생각이나 정체성, 감정에 의해 형태를 갖게 됩니다. 따라서 즉시 바뀔 수 있는 잠재력을 지니고 있습니다.

어머니의 사랑 안에서 초월해 나갈 때,
내 모든 투쟁은 끝이 납니다.
내가 성모의 눈으로 볼 때면,
어떤 불완전함도 내게 오지 못합니다.

오 성모 마리아시여,
더 높이 가속하는 노래를 내어주소서.
내 세포들은 높은 상태로 고양되어,
완벽한 건강 안에서 빛을 냅니다.

4. 성모 마리아시여, 내 세포들은 내 마음 상태에 조율되어 있음을 받아들입니다. 세포는 내 감정, 멘탈, 정체성 마음에서 오는 신호를 수신하는 라디오입니다.

내면에 살아 있는 그리스도를 깨달음으로써
치유가 일어나기 시작합니다.
내가 (그리스도의) 단일한 눈으로 볼 때,
각 세포의 빛이 증가하기 때문입니다.

오 성모 마리아시여,

더 높이 가속하는 노래를 내어주소서.
내 세포들은 높은 상태로 고양되어,
완벽한 건강 안에서 빛을 냅니다.

5. 성모 마리아시여, 모든 세포의 소리굽쇠가 이제 어머니의 종에 맞춰 조율되었음을 받아들입니다. 내 세포들은 소리굽쇠와도 같으며, 이제 세상에 조율하는 대신 내 육체를 위한 신성한 어머니의 비전에 조율하고 있습니다.

어머니의 음악 안에서 자유로워지니,
더 작은 나에 대한 기억들은 사라졌습니다.
내 비전이 완전해지니,
내 모든 세포가 소생합니다.

오 성모 마리아시여,
더 높이 가속하는 노래를 내어주소서.
내 세포들은 높은 상태로 고양되어,
완벽한 건강 안에서 빛을 냅니다.

6. 성모 마리아시여, 신성한 어머니의 비전은 어떤 소리, 어떤 진동, 어떤 종소리로 감지될 수 있음을 받아들입니다. 그러므로 나는 말합니다. 모든 세포의 소리굽쇠는 이제 어머니의 종에 맞춰 조율되었습니다.

오 어머니의 사랑이여, 감미로운 선율이여,
나는(I AM) 모든 불완전함에서 해방되었습니다.
오 성모 마리아시여, 소리 안의 소리여,
내 가슴은 당신의 사랑으로 충만합니다.

오 성모 마리아시여,

더 높이 가속하는 노래를 내어주소서.
내 세포들은 높은 상태로 고양되어,
완벽한 건강 안에서 빛을 냅니다.

7. 성모 마리아시여, 나는 당신의 현존에 조율하고, 몸에 조율합니다.
나는 몸의 특정한 상태를 감지하면서, 내가 당신의 현존으로 흡수되
도록 둡니다. 나는 말합니다. 모든 세포의 소리굽쇠는 이제 어머니의
종에 맞춰 조율되었습니다.

어머니의 숭고한 아름다움을 통해서,
시간과 공간의 속박을 초월합니다.
모든 세포는 필멸의 무덤을 넘어서,
어머니 모태 안에서 완전체가 됩니다.

오 성모 마리아시여,
더 높이 가속하는 노래를 내어주소서.
내 세포들은 높은 상태로 고양되어,
완벽한 건강 안에서 빛을 냅니다.

8. 성모 마리아시여, "나는 이 몸입니다(I am this body)" 나는 이 만트
라를 낭송하며 평화를 느낍니다. 나는 몸이며, 그리고 이 몸은 내가
육화한 시간 동안 가지는 하나의 기회임을 받아들입니다.

나는 생명의 노래와 공명하며,
생명의 화성과 조화를 이룹니다.
내 완전한 상태를 담은 신의 설계가
모든 세포를 다시 신성하게 합니다.

오 성모 마리아시여,
더 높이 가속하는 노래를 내어주소서.

내 세포들은 높은 상태로 고양되어,
완벽한 건강 안에서 빛을 냅니다.

9. 성모 마리아시여, 나는 이 선언을 받아들입니다. "나는 신성한 어머니의 몸입니다. 나는 지구 어머니의 몸입니다."

모든 세포의 소리굽쇠는
이제 어머니의 종에 맞춰 조율되었습니다.
이제 나는(I AM) 죽음의 저주에서 해방되어,
내 불멸을 선언합니다.

오 성모 마리아시여,
더 높이 가속하는 노래를 내어주소서.
내 세포들은 높은 상태로 고양되어,
완벽한 건강 안에서 빛을 냅니다.

파트 4

1. 성모 마리아시여, 나는 육체의 질병이 자연스러운 일이 아님을 받아들입니다. 몸이 병드는 것은 자연스러운 일도 아니고, 필연적인 일도 아닙니다.

오 은혜로우신 마리아의 생명의 노래는,
모든 투쟁의 형상을 소멸합니다.
너무나 매혹적인 음류에 조율하면서,
나는 모든 세포가 건강함을 선언합니다.

오 성모 마리아시여,
더 높이 가속하는 노래를 내어주소서.
내 세포들은 높은 상태로 고양되어,

완벽한 건강 안에서 빛을 냅니다.

2. 성모 마리아시여, 내가 몸임을 받아들입니다. 의사나 집단의식이 불가능하다고 말할 때도 몸의 변화가 가능함을 받아들입니다.

생명에서 흘러나오는 노래를 항상 들으니,
모든 두려움의 감각이 불타버립니다.
신성한 어머니의 교향악과 화합을 이루니,
모든 질병이 나에게서 사라집니다.

오 성모 마리아시여,
더 높이 가속하는 노래를 내어주소서.
내 세포들은 높은 상태로 고양되어,
완벽한 건강 안에서 빛을 냅니다.

3. 성모 마리아시여, 내가 물질 영역에 있음을 받아들입니다. 이것은 신성한 어머니의 영역입니다. 당신은 물질 영역입니다. 신성한 어머니에게 물질 안에서 불가능한 일이란 없음을 받아들입니다.

어머니의 사랑 안에서 초월해 나갈 때,
내 모든 투쟁은 끝이 납니다.
내가 성모의 눈으로 볼 때면,
어떤 불완전함도 내게 오지 못합니다.

오 성모 마리아시여,
더 높이 가속하는 노래를 내어주소서.
내 세포들은 높은 상태로 고양되어,
완벽한 건강 안에서 빛을 냅니다.

4. 성모 마리아시여, 많은 사람이 기적이라 부르는 현상을 막아버릴

수 있는 것은 오직 나의 수용 여부입니다. 사실 그것은 전혀 기적이 아닙니다. 마터 빛이 그 위에 투사되는 어떤 형상이든 구현할 수 있다는 진실의 자연스러운 표현일 뿐입니다.

내면에 살아 있는 그리스도를 깨달음으로써
치유가 일어나기 시작합니다.
내가 (그리스도의) 단일한 눈으로 볼 때,
각 세포의 빛이 증가하기 때문입니다.

오 성모 마리아시여,
더 높이 가속하는 노래를 내어주소서.
내 세포들은 높은 상태로 고양되어,
완벽한 건강 안에서 빛을 냅니다.

5. 성모 마리아시여, 내가 투사하는 내용을 바꾸면, 물질의 상태도 변화시키게 된다는 것을 받아들입니다. 나는 몸을 받아들이며, 몸의 어떤 조건을 초월하기 위해서는 그 전에 그 상태를 받아들이는 일이 필요함을 봅니다.

어머니의 음악 안에서 자유로워지니,
더 작은 나에 대한 기억들은 사라졌습니다.
내 비전이 완전해지니,
내 모든 세포가 소생합니다.

오 성모 마리아시여,
더 높이 가속하는 노래를 내어주소서.
내 세포들은 높은 상태로 고양되어,
완벽한 건강 안에서 빛을 냅니다.

6. 성모 마리아시여, 내가 그 조건을 밀어내고, 그 상태를 마주하도록

강요하는 몸을 밀어내고 있는 한, 변화를 받아들일 수 없을 것입니다. 나는 내 몸에서 보기를 원하는 그 변화가 되겠습니다.

오 어머니의 사랑이여, 감미로운 선율이여,
나는(I AM) 모든 불완전함에서 해방되었습니다.
오 성모 마리아시여, 소리 안의 소리여,
내 가슴은 당신의 사랑으로 충만합니다.

오 성모 마리아시여,
더 높이 가속하는 노래를 내어주소서.
내 세포들은 높은 상태로 고양되어,
완벽한 건강 안에서 빛을 냅니다.

7. 성모 마리아시여, 내가 몸이 될 수 없다면, 몸을 변화시킬 수도 없음을 받아들입니다. 몸을 비영적이고 영적인 성장의 적이라고 여기며 몸을 거부하고 밀어내는 것을 멈출 때만 나는 몸이 될 수 있습니다.

어머니의 숭고한 아름다움을 통해서,
시간과 공간의 속박을 초월합니다.
모든 세포는 필멸의 무덤을 넘어서,
어머니 모태 안에서 완전체가 됩니다.

오 성모 마리아시여,
더 높이 가속하는 노래를 내어주소서.
내 세포들은 높은 상태로 고양되어,
완벽한 건강 안에서 빛을 냅니다.

8. 성모 마리아시여, 이 시대에 영적인 사람으로서 육화해서 살고 있는 목적은, 내가 몸을 지니고도 영적일 수 있다는 것을 보여주기 위해서임을 받아들입니다.

나는 생명의 노래와 공명하며,
생명의 화성과 조화를 이룹니다.
내 완전한 상태를 담은 신의 설계가
모든 세포를 다시 신성하게 합니다.

오 성모 마리아시여,
더 높이 가속하는 노래를 내어주소서.
내 세포들은 높은 상태로 고양되어,
완벽한 건강 안에서 빛을 냅니다.

9. 성모 마리아시여, 내가 몸을 가진 영적인 사람이라는 것을 받아들입니다. 그리고 육화한 상태로 살아보는 것은 바로 내가 원했던 것입니다.

모든 세포의 소리굽쇠는
이제 어머니의 종에 맞춰 조율되었습니다.
이제 나는(I AM) 죽음의 저주에서 해방되어,
내 불멸을 선언합니다.

오 성모 마리아시여,
더 높이 가속하는 노래를 내어주소서.
내 세포들은 높은 상태로 고양되어,
완벽한 건강 안에서 빛을 냅니다.

모든 세포의 소리굽쇠는 이제 어머니의 종에 조율되었습니다. (9번
또는 33번)

모든 세포의 소리굽쇠는
이제 어머니의 종에 맞춰 조율되었습니다.
이 소리는 죽음과 지옥에서 나오는

주문을 깨뜨립니다.

나는 이 몸입니다! (9번 또는 33번)

봉인
신성한 어머니의 이름으로, 나는 대천사 미카엘과 아스트레아와 쉬바께 나의 영적인 스승들과 아이앰 현존과 나와의 연결을 봉인해 주시기를 요청합니다. I AM THAT I AM의 이름으로, 이것이 이루어졌습니다! 아멘.

3
두려움을 놓아버리기를 원하나요?

나는 상승 마스터 대천사 미카엘입니다. 여러분이 내면에 집중하지 못하도록 주의력을 다른 곳으로 끌어가는 한 요소에 대한 담화를 제공하게 되어 기쁩니다. 물론 이것은 육체보다 한 단계 위에 있는 감정체에 관한 것입니다.

두려움과 불확실성

대부분의 사람이 내면에 집중하지 못하도록 방해하는 주된 감정은 무엇일까요? 그것은 물론, 두려움입니다. 두려움에는 여러 형태가 있지만, 항상 두려움은 보호받지 못하고, 빠져나올 수도 없고, 방어할 수도 없는 어떤 일이 일어날 수 있다는 느낌입니다. 여러분이 육화해서 물리적인 몸을 입고 있고 따라서 통제할 수 없는 많은 일이 일어날 수 있음을 고려하면, 이것은 아주 이해할 만한 반응입니다.

하지만 세상의 많은 사람은 모든 것을 통제하려는 마음의 틀로 들어가 두려움에 대처하려 했습니다. 두려움에 사로잡힌 나머지 주위의 모든 사람과 모든 것을 통제하려 애쓰는 타락한 존재들은 이런 시도를 가장 극단적으로 보여주는 예입니다. 많은 사람이 이런 두려움을 가지고 있으며, 권력자나 공격적인 사람이 아닌 많은 사람이 어떤 천상의 존재가 지구의 모든 상황에서 그들을 보호해 줄 것이라는 인상을 주는 종교를 통해 두려움에 대처하려고 합니다.

마법적 사고

그런 측면에서, 과거에 많은 사람이 나에게 또는 다른 상승 마스터들에게 보호를 요청했습니다. 물론 그들이 두려움에 갇혀 있을 때는 항상 마법적 사고에서 비롯된 요청을 하는 경우가 많았으며, 이것은 상승 마스터 학생인 여러분이 인식해야 할 점입니다. 마법적 사고란, 물질 영역에서 일들이 일어나는 방식이 있지만 하늘의 힘들이 그 자연법칙에 개입하거나 그것을 정지시키도록 해줄 수 있고, 자신을 그 법칙에서 예외로 만들어 줄 수 있다는 믿음입니다. 그래서 그 법칙이 자신에게는 다른 사람들에게 영향을 미치는 방식으로 작동하지 않을 것이라고 생각합니다.

오늘날에도 여전히 많은 그리스도교인이나 종교인들이 분명히 다른 사람들이 보호받지 못하는 것을 보면서도, 마법적인 힘을 가진 신이나 영적인 존재들이 개입해서 자신들을 보호해 줄 것이라고 믿습니다. 앞서 말했듯이, 그들은 자연법칙이나 카르마의 법칙을 중지시키고 그들이 두려워하는 결과에서 보호해 줄 수 있는 마법적인 힘이 존재한다고 생각합니다.

타락한 존재들의 조작

그러나 이번 시혜를 통해 여러 번 설명했듯이, 자유의지의 법칙은 지구의 절대적인 법칙입니다. 나는 대천사 미카엘입니다. 나는 지구에서 어떤 일도 할 수 있는 힘을 가지고 있습니다. 나는 모든 것을 바꿀 수 있습니다. 나는 사람들을 모든 것에서 보호할 수 있지만, 자유의지의 법칙에 따라 그럴 권한은 가지고 있지 않으므로 내 능력만으로는 충분하지 않습니다. 지구의 냉혹한 현실은 타락한 존재들이 아주 영리하게 이 마법적 사고를 이용하고 있다는 것입니다. 그들은 일종의 종교적인 믿음이나 교리, 종교적인 문화를 만들어서, 사람들이 자신들은 선택받은 이들이므로 나쁜 일이 일어나면 안 된다고 믿게 만들었습니다. 그런 다음 타락한 존재들은 육화 중인 타락한 존재나 나약한 마음을 가진 사람들을 조종해서 종교적인 사람들에게 다가가 상처를 주게 합니다. 그러면 사람들은 그곳에서 자신들이 생각한 것처럼 보호받지 못했음을 보게 됩니다. 이로 인해 많은 사람이 약속이 깨졌다고 느끼고, 더 깊은 두려움과 불의감과 신에 대한 분노에 사로잡히게 됩니다.

이것이 오늘날 전통 종교를 외면하거나 심지어 모든 종교를 등지고 무신론자가 된 사람들을 많이 볼 수 있는 한 이유입니다. 그들은 신의 힘이라 여긴 것이 자신을 보호하지 못함을 경험했고, 이로 인해 너무 화가 나서 신의 모든 힘을 부정합니다. 신의 존재를 부정하기 때문에 그들 중 일부는 타락한 존재들이 많은 종교에 영리하게 심어 놓은 믿음, 즉 그들을 해치기 위해 풀려난 악마에 대한 믿음까지 부정할 수 있게 되었습니다.

이들 중 일부는 신과 악마를 모두 부정해도 여전히 상처를 입을 수 있다는 것을 경험했지만, 현대 민주국가의 많은 사람은 비교적 평화로운 환경에서 평생을 살아왔습니다. 따라서 그들은 자신이 더 잘 안다고 느끼는 영적인 자만심을 가지게 되었습니다. 그들은 신도, 악마도 존재하지 않는다고 여기며, 이번 생에서 누구에게도 어떤 것에도 상처받지 않았으므로 진정으로 실망한 적이 없습니다.

멀리 있다가 필요할 때 나타나는 신

내가 여러분에게 일깨워주고 싶은 점은, 상승 마스터 학생으로서 여러분은 마법적 사고 자체가 상위자아와 상승 마스터와의 내적 연결을 밀어내기 때문에 이러한 마법적 사고를 버려야 한다는 것입니다.

왜 그럴까요? 마법적 사고라는 개념이 무엇을 의미할까요? 여러분은 이곳 지구에 있습니다. 그리고 이 존재는 저 멀리 하늘에 있습니다. 여러분은 이 존재가 평소에는 이곳에 없지만 필요할 때는 개입할 것이라고 믿습니다. 현대적 표현을 빌자면 주문형 신이라 할 수 있습니다. 또한 멀리 있다가 필요할 때 나타나는 이 신은, 필요하지 않을 때는 존재하지 않는 신이며, 이것은 여러분이 그 신으로부터 숨을 수 있다는 의미입니다. 만일 여러분이 여러분 자신과 나 사이에 거리가 있다고 투사한다면 어떻게 상승한 존재인 나와 연결될 수 있겠습니까? 여러분이 나와 연결될 수 없다면, 내가 어떻게 여러분의 두려움을 초월하도록, 여러분의 감정체를 끌어당기고 있는 그 두려움을 초월하도록 도울 수 있겠습니까?

죽음에 대한 두려움

관음과 성모 마리아께서 말했듯이, 우리는 지구에서 항상 이런 딜레마에 직면합니다. 앞에서 나는 자유의지의 법칙 때문에 내가 여러분을 대신해서 해줄 수 없는 일들이 있다고 말했습니다. 이것은 여러분이 육화해서 몸을 지닌 상태에서는 다른 사람들이 자유의지를 어떻게 행사하는지에 따라 여러분이 보호를 받을 수 없는 상황이 생긴다는 뜻입니다.

동시에 나는 여러분이 두려움을 초월하도록 돕겠다고 말하고 있습니다. 여러분은 그것이 무슨 논리인지 물을 것입니다. 그 논리는 이렇게 단순합니다. 여러분은 육화 중입니다. 여러분은 언젠가 자신의 몸이 죽을 것임을 알지만 그런 앎과 함께 잘 살아갈 수 있는 방법을 찾았습니다. 영적이거나 종교적이지 않은 사람들도 언젠가 자신의 몸이 죽는다는 사실을 알면서도 살아갈 수 있습니다. 대부분의 사람은 죽음을 불확실한 먼 미래의 일로 미뤄두지만, 여러분은 언제든 그 일이 일어날 수 있음을 압니다. 그럼에도 여전히 이런 두려움을 안고 살아갈 방법을 찾았습니다.

요점은, 여러분이 두려워하는 상황과 두려움 그 자체는 별개라는 것입니다. 이것이 바로 여러분이 두려움을 초월할 수 있는 이유인데, 두려움은 여러분 마음 안에 있는 조건이기 때문입니다. 자, 여러분은 지구에는 두려워할 조건들이 너무 많다고 말할 수 있고, 그것은 사실입니다. 여러분은 지구에서 두려워할 수 있는 모든 종류의 조건들을 늘어놓고, 두려움으로 마비되어 기능을 상실한 마음 상태로 들어갈 수도 있습니다.

하지만 내가 말했듯이, 지구상의 궁극적인 두려움은 무엇일까요? 어떤 의미에서 그것은 죽음입니다. 어떤 사람은 이 말에 동의하지 않으면서, 죽음 그 자체보다 어떻게 죽는지가 더 극심한 두려움일 수도 있다고 말할 것입니다. 하지만 여러분이 죽음을 두려워하면서도 살아갈 방법을 찾을 수 있다면, 그리고 당장은 생명의 위협이 없는 상황에서 살아간다면, 다른 두려움도 역시 다룰 수 있다는 것이 당연하지 않을까요?

두려움을 초월하는 방법

내가 주려는 한 가지 도구는 간단한 심리적 메커니즘을 깨닫는 것입니다. 여러분은 타조가 포식자와 마주치면 긴 다리를 이용해 도망가는 대신 긴 목을 이용해 머리를 모래에 파묻는다는 것을 압니다. 이것은 두려움이 압도적이거나 그 상황에서 달아날 수 없다고 느낄 때 그 두려움을 부정하거나 무시해버리는 메커니즘입니다. 실제로 많은 사람이 모래에 머리를 파묻고 주의를 두지 않으면서 보기를 거부하는 것으로 죽음의 두려움에 대처합니다. 이런 접근 방식의 문제점은, 표면적으로 두려움을 무시할 수 있어도 감정체 안의 두려움을 제거하지는 못한다는 것입니다.

만일 여러분이 감정체 안에 어떤 두려움을 갖고 있다면, 이로 인해 여러분은 행성과 집단의식의 감정체에 연결됩니다. 특히 세상에서 사람들을 공황 상태로 몰아가는 일이 일어나면 여러분은 언제든 집단적인 두려움에 압도될 수 있습니다. 물론 이전에 말했듯이, 더 건설적인 방법은 두려움을 다루는 것입니다. 분명히 모든 두려움은 분리된 자아에서 나옵니다. 따라서 두려움을 극복하는 궁극적인 방법은 의식하는 자아(Conscious You)가 그 자아로부터 떨어져 나오는 것이며, 그러면 여러분이 그것을 직시할 수 있게 됩니다. 물론 우리는 이런 자아들을 드러내고 볼 수 있게 하는 효과적인 도구들을 주었습니다. 지금 내가 주려는 도구는 어떤 의미에서는 더 단순한 것입니다. 즉 두려움은 여러분 마음 안에 존재하지만 대체로 여러분이 두려워하는 조건은 마음 안에 있지 않음을 인식하는 것입니다. 그 조건은 여러분의 마음 밖에 존재합니다.

두려움은 감정적인 에너지 볼텍스입니다

여러분 마음속에 있는 두려움은 무엇일까요? 두려움은 물리적인 조건이며, 적어도 여러분이 일상에서 보는 물리적인 뭔가는 아닙니다. 두려움은 에너지적인 상태, 마음의 상태입니다. 에너지는 무엇입니까? 여러 번 말했듯이, 느낌과 감정은 움직이는 에너지이며, 따라서 휘돌고 진동하면서 에너지 소용돌이인 볼텍스를 만들어 낼 수 있습니다. 두려움이 여러분의 감정체에 만들어내는 것이 바로 이런 것입니다. 그것은 내면으로 들어와서 소용돌이치기 시작하고, 더 많은 에너지를 끌어들여 점점 더 빠르게 휘돌다가 흡사 회오리바람(tornado)처럼 되어버립니다.

회오리바람이 무엇인지 잘 알 것입니다. 회오리바람은 단지 빠른 속도로 소용돌이치는 공기일 뿐이며 감정적인 볼텍스도 이와 같습니다. 그 안에는 소용돌이치는 에너지 외엔 아무것도 없습니다. 그 에너지 안에는 아무런 조건도 없으며, 이것이 바로 두려움이 회오리바람이나 볼텍스나 소용돌이와 비슷하다는 것을 알게 되는 이유입니다. 내부에 고요한 눈을 가진 폭풍의 이미지를 예로 드는 것이 더 건설적일 수도 있습니다. 공기가 폭풍의 눈 주위를 돌며 소용돌이쳐도 그 눈 안에는 고요함이 있습니다. 마찬가지로 두려움을 느낄 때도 여러분의 감정체 안은 고요합니다.

대천사 미카엘의 제안

영적이지 않은 대다수 사람은 두려움을 보는 것조차 두려워합니다. 이런 일은 감정체 안에 이런 볼텍스나 폭풍이 만들어지도록 허용했을 때 일어납니다. 여러분이 그것에 주의를 두거나 맞닿게 되면, 그 바람은 감당 못할 정도로 강하고 불쾌해지며, 여러분은 후퇴하면서 두려움을 무시하려고 애쓰게 됩니다.

두려움에 접근하는 다른 방법 중 하나는 소용돌이치는 에너지를 통과해서 그 중심에 있는 고요함 안으로 걸어 들어가는 것입니다. 물론 이렇게 하는 것 자체가 두렵게 여겨질 수 있지만, 그렇기 때문에 내가 여러분을 돕겠다고 제안하는 것입니다. 여러분이 나에게 요청한다면 내 현존을 여러분 위에 드리우겠습니다. 이것은 요청이 있을 때 자유의지의 법칙 안에서 그렇게 할 수 있도록 나에게 허락된 일이기 때문입니다. 그때 여러분은 내 현존에 감싸이게 되고, 우리는 함께 소용돌이치는 두려움의 에너지 폭풍 속으로 걸어 들어가 그 중심에 도달할 것입니다. 자, 폭풍이나 회오리바람을 중단시키기 위해 무엇을 할 수 있을까요? 실제로 여러분은 정확하게 폭풍의 중심에 폭탄을 떨어뜨릴 수 있고, 그 폭발이 충분히 강력하다면 폭풍을 소멸시킬 수도 있을 것입니다.

두려움을 핑계로 이용하는 것

나에게는 여러분이 감정체에 지닌 두려움 기반의 에너지 폭풍을 잠재울 수 있는 충분한 힘이 있으며, 여러분이 허락하기만 한다면 나는 그렇게 할 것입니다. 그렇게 되려면, 여러분이 두려움을 놓아버려야 합니다. 이것이 하기 쉬운 일처럼 보일지도 모릅니다. 어느 누가 두려움을 없애고 싶지 않을까요?

하지만 얼마나 많은 사람이 두려움을 제거하기를 원치 않는지 알면 놀랄 것입니다. 왜냐하면 두려움은 그들이 할 수 없거나, 하면 안 되거나, 피해야 할 일들을 지정하며, 일단 그 두려움을 받아들이면 그런 일들을 하지 않아도 되는 핑계를 제공하기 때문입니다. 많은 종교인은 스스로 생각하는 것과 종교의 교리와 신조를 넘어서 생각하는 것을 두려워하며, 스스로 생각하면 재앙이 일어날 것이라는 두려움을 받아들이게 되었습니다. 그러면 지옥으로 가게 되거나, 자신을 악마나 다른 두려움에 열어주게 된다고 생각합니다. 그들이 두려움을 없애고 싶어 할까요? 아닙니다. 그러면 그들은 생각하지 않아도 되는 핑계를 잃게 되고, 그들 종교의 모순과 자가당착, 종교가 대답해줄 수 없는 질문들에 대해 스스로 생각해야 하므로, 실제로는 두려움을 계속 갖고 있는 편을 선호할 것입니다.

그러므로 상승 마스터 학생인 여러분이 우리와 연결되기가 어렵다고 생각될 때 고려할 일은 자신의 감정체에 두려움이 있는지를 살펴보는 것입니다. 상승 마스터와 연결된다면 어떤 일이 일어날 것 같나요? 여러분의 삶이나 마음 상태에서 무언가를 바꿔야만 할 것 같나요? 그렇다면 여러분은 두려움을 갖고 있을지도 모릅니다. 이제 한 예로, 여러분이 영적이지 않은 어떤 습관을 가지고 있는데 마음속에서 이 습관을 계속 유지할 변명을 만들면서 여전히 영적인 가르침을 공부한다고 해봅시다. 여러분은 정말로 상승 마스터와 연결되면 그 습관을 버려야 한다는 것을 더 이상 부정할 수 없을까 봐 두려워할지도 모릅니다. 그렇다면 여러분이 정말 그 두려움을 없애기를 원하는 것일까요?

관음께서도 말했듯이, 우리는 그 누구도 비난하거나 비판하고 있지 않습니다. 이 피정(retreat)의 목적은 여러분이 우리와 연결되도록 돕는 것이므로, 당연히 우리는 그 연결을 방해하는 장애물에 관해 설명해야 합니다. 가장 큰 장애물 중 하나가 두려움입니다. 나는 두려움을 쉽게 소멸할 수 있지만, 여러분은 두려움을 놓아버리기를 원하나요? 두려움에 초점을 맞추고 있는 잠재의식적인 자아를 보기를 원하나요? 그것을 죽게 할 의향이 있나요? 이 질문들은 나에게 요청하기 전에 여러분이 고려해야 할 중요한 항목들입니다. 왜냐하면 나는 여러분의 자유의지를 침해하지 않을 것이기 때문입니다. 내 디크리에는 다음과 같은 두 문장이 있습니다.

대천사 미카엘이여, 당신은 여기 함께하시며,
당신의 빛은 모든 의심과 두려움을 소멸합니다.

이것은 쉽게 익힐 수 있는 간단한 만트라이며, 여러분이 두려움에 직면할 때마다 쉽게 사용할 수 있습니다. 이것을 큰 소리로 낭독할 필요는 없으며, 단지 마음속에서 집중하면 됩니다. "대천사 미카엘이여, 당신은 여기 함께 하시며, 당신의 빛은 모든 의심과 두려움을 소멸합니다." 여러분이 이 디크리를 낭독할 때 나는 여러분과 함께 있겠습니다. 여러분이 어디에 있든 나는 그곳에 함께 있습니다. 왜냐하면 나는 시간과 공간을 초월해 있기 때문입니다. 여러분이 내가 없는 곳으로 가는 것은 불가능합니다.

신을 피해 숨을 수 있다는 환상
여러분이 내 현존을 느끼지 못하는 마음속 어딘가로 들어갈 수는 있지만, 느끼든 느끼지 못하든 내 현존은 여전히 그곳에 있습니다. 물론 그렇게 하는 것은 여러분의 연결 능력을 제한할 수 있는 또 다른 장애물입니다. 오랫동안 사람들은 신이 그들을 지켜보지 않기를 바랐으며 지금도 그렇습니다. 타락한 존재들이 먼 하늘에 있는 신에 대해 말하는 이런 종교들을 만들어낸 것은 사실이지만, 왜 이런 종교들이 사람들의 마음을 끌었을까요? 왜 지금도 많은 사람의 마음을 끌고 있을까요?

왜냐하면 그 종교들은 사람과 신 사이에 거리가 있다고 묘사하기 때문입니다. 사람들은 이곳에서 육체를 입고 있습니다. 육체적 감각은 영적인 영역을 볼 수 없으므로, 여러분은 마음속에서 하늘나라가 물질 영역과 근본적으로 분리된 저 먼 곳에 있다는 이미지를 투사할 수 있습니다. 이것은 다른 사람들에게 숨길 수 있는 일은 신에게도 숨길 수 있다는 환상을 가지게 합니다. 그리고 이 환상은 신이 알아채지 못할 것이므로 여러분이 어떤 일을 저지르고도 빠져나갈 수 있다는 더 깊은 환상으로 이어질 수도 있습니다.

이것은 지구상의 가장 거대한 환상 중 하나이며, 사람들이 상위자아와의 연결을 잃어버린 데서 비롯됩니다. 여러분이 상위자아와 어느 정도 연결되어 있다면 자신이 상위자아의 확장체임을 알게 됩니다. 그러므로 여러분이 어떻게 상위자아와 분리될 수 있겠습니까? 그것은 마치 파도가 바다와 분리될 수 있다고 생각하는 것과 같습니다. 당연히 그런 일은 일어날 수 없습니다. 왜냐하면 물웅덩이가 바다에서 분리되면 파도를 형성할 수 없기 때문입니다. 파도를 만드는 것은 바다의 움직임인데, 물웅덩이가 바다에서 분리된다면 파도의 힘이 어디서 나오겠습니까?

여러분의 마음이 여러분의 아이앰 현존과 분리될 수 없음을 알 때, 물질 영역이 영적 영역과 분리되어 있지 않음을 비교적 쉽게 깨달을 수 있습니다. 물론 진동의 차이는 존재하며, 우리는 여러분에게 물질층의 진동 스펙트럼이 있고, 그 위에 감정층, 그 위에 멘탈층, 그 위에 정체성층, 그 위에 영적 영역의 진동 스펙트럼이 있다는 통찰을 주었습니다. 물론 여러분의 선형적인 마음은 물질 영역과 영적 영역 사이에 거리가 있고 진동의 분리가 있다는 이미지를 만듭니다.

물질 영역을 만들어내는 진동은 어디에서 생겨날 수 있을까요? 물질 영역이 바다의 파도에 불과하다면, 바다는 무엇일까요? 바로 영적 영역입니다. 물질 영역이 정말로 분리되어 있다면 어떻게 세상이 생겨날 수 있을까요? 물질 영역과 영적 영역 사이에 정말로 분리의 장벽이 존재한다면 어떻게 무언가가 구현될 수 있을까요? 물질 영역을 만드는 파도가 일어나게 만드는 어떤 매개체가 있어야 합니다. 그렇지 않다면 어떤 구현도 없을 것입니다.

물리적인 조건은 진정한 여러분에게 영향을 미칠 수 없습니다

여러분이 이 사실을 깊이 생각해 본다면, 물리적인 조건이 진실로 자신에게 영향을 미칠 수 있는지 성찰할 수 있습니다. 물론 물리적인 조건이 여러분의 육체에 영향을 미칠 수는 있지만, 그것이 진정한 여러분의 존재에 영향을 미칠 수 있을까요? 영적인 사람으로서, 상승 마스터 학생으로서, 여러분은 적어도 자신이 물리적인 몸에 거주하는 영적인 존재임을 깨닫기 시작했습니다. 여러분은 육체의 산물이 아닙니다. 나는 현대 세계의 가장 큰 종교 중 하나가 과학적 물질주의임을 알고 있습니다. 그들은 마음이 두뇌의 산물이라고 주장하지만, 영적인 사람인 여러분은 분명히 이 거짓말 너머를 보고 있습니다.

진정한 질문은 '물질 영역의 어떤 것이 여러분의 아이엠 현존에 영향을 미칠 수 있는가?'라는 것입니다. 그럴 수 없다고 우리는 여러 번 말했습니다. 또한 여러분 존재의 핵심은 순수의식인 '의식하는 자아(Conscious You)'이며, 그것은 물질 영역의 어떤 것에도 영향을 받지 않습니다. 의식하는 자아가 물질 영역의 그 어떤 조건을 두려워할 필요가 있을까요? 아닙니다. 물질 영역의 조건들을 조건을 두려워할 수 있는 것은 단지 분리된 자아뿐입니다. 왜냐하면 분리된 자아들은 물질적인 조건들을 벗어날 수가 없기 때문입니다.

의식하는 자아는 분리된 자아 밖으로 나와서 그 자아를 죽게 함으로써 그 자아들을 벗어날 수 있습니다. 분명, 여러분이 이것을 이해하기가 더 어려울 수도 있지만, 깊이 생각하는 것이 중요합니다. 영적인 성장의 이 단계에 도달한 여러분 다수가 아직도 미묘한 두려움을 갖고 있지만, 나와 함께 그 안으로 들어가서 살펴봄으로써 그 두려움을 극복할 수 있습니다. 예, 여러분은 육화해서 몸을 입고 있습니다. 예, 여러분에게 영향을 미칠 수 있는 물리적인 조건들이 있습니다. 예, 많은 사람에게 영향을 미치는 물리적 조건들은 있지만, 모든 사람에게 영향을 미치는 물리적인 조건은 없습니다. 적어도 여러분이 두려워하는 조건이 모든 사람에게 영향을 미치지는 않습니다.

기꺼이 두려움을 살펴보기

그 차이는 무엇일까요? 왜 어떤 사람들은 조건에 영향을 받고 어떤 사람들은 그렇지 않을까요? 많은 사람이 카르마 때문이라고 말하겠지만, 카르마란 무엇인가요? 그것은 과거 여러 생에서 지니고 온 분리된 자아들입니다. 여러분이 이 분리된 자아를 인식하고 죽게 한다면 어떨까요? 특정한 물리적 조건을 두려워하는 분리된 자아를 인식하고 죽게 한다면 어떨까요? 자, 여러분은 왜 그 조건을 경험해야 할까요? 여러분이 어떤 조건을 경험하는 이유는 대체로 그 조건과 연관된 분리된 자아를 가지고 있기 때문이며, 그 분리된 자아를 보기 위해 그 조건을 경험하는 일이 필요하기 때문입니다.

이것이 이 세상 대부분의 사람에게 적용되는 방식, 즉 고난의 학교입니다. 하지만 여러분이 기꺼이 분리된 자아를 보려고 한다면 왜 그 조건을 경험해야 하겠습니까? 이를 극복할 수 있는 방법이 있음을 안다면 왜 그것을 두려워하겠습니까? 여러분도 알다시피, 그것을 두려워하는 것은 분리된 자아입니다. 그리고 의식하는 자아로서의 여러분이 그 분리된 자아를 보려고 하지 않는다면, 그것을 죽게 할 수 없습니다. 그러면 여러분의 감정체를 끌어당기고 어떤 의미에서는 전체 물질 영역을 끌어당기며 여러분이 두려워하는 것을 여러분에게 끌어들이는 거대한 소용돌이가 여전히 존재하게 될 것입니다.

여러분은 두려움을 무시하는 것으로 두려움을 밀쳐내고 있다고 여기지만, 사실상 두려움이 두려움을 끌어당기고 있으며, 이를 알면 궁극적으로 두려움에서 벗어날 수 있습니다. 영적인 학생의 탈출구는 두려움을 직시하는 것입니다. 이전에 설명했듯이, 두 종류의 두려움에 대해 말할 수 있습니다. 여러분에게 해를 입힐 수 있는 이 세상의 어떤 조건이나 재난에 대한 두려움이 있습니다. 그리고 상승 마스터를 만나는 것에 대한 두려움이 있습니다. 상승 마스터들은 여러분의 분리된 자아와 에고를 드러낼 것이고 여러분은 변화해야만 하기 때문입니다. 나는 기꺼이 여러분이 이 두 가지를 다 극복하도록 돕겠지만, 여러분은 요청할 필요가 있습니다. 그리고 여러분은 두려움이 사라진 삶이 어떠할지를 기꺼이 보려고 해야 하며, 이렇게 결정해야 합니다. "두려움이 없다면 내 삶은 더 나아질 것입니다. 그러므로 나는 대천사 미카엘에게 두려움을 볼 수 있게 도와달라고 요청하겠습니다. 내 감정체 안의 소용돌이에 폭발적인 빛을 방출하여 그 소용돌이를 멈추고 잠잠하게 해달라고 요청하겠습니다."

물론 그런 다음 여러분은 보라색 화염과 다른 디크리와 기원문들을 사용해서 에너지를 변형시키는 정화 작업을 해야 합니다. 폭풍을 흩어버린다 해도 모든 에너지가 제거되는 것은 아니며, 소용돌이를 멈춤으로써 에너지를 변형하기가 더 쉬워지는 것입니다. 여러분이 자유로워지려면 정화 작업을 해야 하며, 그렇지 않으면 또 다른 회오리바람이 형성되어 결국 폭풍으로 커질 수 있습니다. 이런 정화 작업은 여러분 모두가 할 수 있는 일입니다.

어떤 사람은 이렇게 생각할지도 모릅니다. "나는 이것을 넘어섰고,

이런 작업을 할 필요가 없다." 하지만 여러분에게 두려움이 없다면, 나에게 여러분의 감정체로 들어와서, 살펴볼 것이 있는지 보여달라고 요청하는 데 문제가 없을 것입니다. 여기서 여러분의 반응을 잘 살펴보세요. "나는 이것을 넘어섰고, 나에겐 두려움이 없다."라고 느끼나요? 그렇다면 살펴보는 것을 두려워해선 안 됩니다. 내가 여러분의 감정체로 들어가서 무언가가 있음을 지적하는 것을 두려워해서는 안 됩니다. 아무것도 없는데, 보는 것이 뭐가 두렵습니까? 만약 보기가 꺼려진다면, 여러분이 의식적으로 보지 못한 어떤 것이 있기 때문입니다. 그렇지 않다면 왜 저항이 있겠습니까?

여러분은 자신을 관찰하면서 감정체 안에서 보기가 꺼려지는 무언가가 있는지 찾아볼 수 있습니다. 다시 말하지만, 나는 여러분의 자유의지를 존중합니다. 나는 여러분에게 전혀 강요하지 않습니다. 나는 단지, 여러분의 목표가 상승 마스터들과 더 강한 연결을 구축하는 것이라면, 두려움은 극복해야 할 장애물이며, 그것은 내가 제공하는 도움을 받으며 해낼 수 있는 작업임을 알려줄 뿐입니다.

두려움을 놓아버리겠다고 결정하기

이제 나는 한 가지를 제외하고는 내가 주고자 했던 내용을 전해주었습니다. 두려움은 어떤 감정입니다. 궁극적으로 두려움의 볼텍스를 생겨나게 한 것은 결정이며 의지의 행사입니다. 결국 두려움을 극복하는 유일한 방법은 두려움을 놓아버리겠다는 또 다른 결정을 하는 것, 여러분이 두려워하는 조건이 여전히 있든 없든 상관없이 두려움을 놓아버리겠다는 결정을 하는 것입니다. 이것은 "나는 두려움으로부터 자유로워지겠다."라는 의지의 행사입니다. 이것은 내가 여러분을 대신해서 해줄 수 없는 일입니다. 왜냐하면 자유의지의 법칙은 여러분이 의지를 낼 것을 요구하기 때문입니다. 그때 나는 힘을 제공할 수 있습니다. 여러분의 의지가 없다면, 힘은 방출될 수 없습니다.

자 이제, 여러분이 이 모임에 참석하고 주의 깊게 경청해준 것에 감사를 드립니다. 많은 사람이 함께 모여 이곳에 있으면서 그 이상의 존재가 되려는 의지를 집중해 주었습니다. 분명 여러분은 이미 상향의 에너지 볼텍스를 만들어내기 시작했고 이곳에 있는 사흘 동안, 계속해서 발전할 수 있는 모멘텀을 구축했습니다. 이 점에 대해 우리는 여러분을 축하하며, 이곳에 온 노력과 이 상향나선을 만든 노력 자체가 보상임을 여러분 모두가 느끼기를 바랍니다. 이것으로, 나의 의지와 나의 힘 안에 여러분을 봉인합니다.

3-1
두려움에서 벗어나기를 기원합니다

I AM THAT I AM, 예수 그리스도의 이름으로 나는 대천사 미카엘을 부르며, 내가 두려움을 직시할 수 있도록, 상승 마스터들과 연결되는 것을 두려워하는 분리된 자아들을 볼 수 있도록 도와달라고 요청합니다...
(여기에 개인적인 요청을 추가하세요)

파트 1

1. 대천사 미카엘이여, 내가 내면에 집중하지 못하게 하는 주된 감정이 두려움임을 압니다. 두려움은, 보호받지 못하고 빠져나올 수도 없는 어떤 일이 일어날 수 있다는 감각입니다.

대천사 미카엘이여, 찬란한 푸른빛이시여,
내 가슴은 오직 당신을 위해 열려 있습니다.
내 마음은 이제 둘이 아닌 하나가 되었고,
나에 대한 당신의 사랑은 언제나 진실합니다.

대천사 미카엘이여, 당신은 여기 함께하시며,
당신의 빛은 모든 의심과 두려움을 소멸합니다.
당신의 현존은 영원히 내 가까이 있으며,

당신은 나에게 너무나 소중합니다.

2. 대천사 미카엘이여, 나는 모든 것을 통제하려는 마음의 틀을 가지고 두려움에 대처하겠다는 욕망을 놓아버립니다.

대천사 미카엘이여, 나는 당신의 현존과,
온전히 하나되겠습니다.
내게 보이는 어떤 두려움도 나를 막지 못하며,
이 세상은 나를 지배할 힘이 없습니다.

대천사 미카엘이여, 당신은 여기 함께하시며,
당신의 빛은 모든 의심과 두려움을 소멸합니다.
당신의 현존은 영원히 내 가까이 있으며,
당신은 나에게 너무나 소중합니다.

3. 대천사 미카엘이여, 나는 어떤 천상의 존재가 지구의 모든 상황에서 나를 보호해 줄 것이라는 인상을 주는 종교나 영적인 철학을 통해 두려움에 대처하려는 경향을 놓아버립니다.

대천사 미카엘이여, 나를 굳게 잡아주시고,
이제 가장 어두운 밤을 산산조각 내소서.
당신의 빛으로 내 차크라들을 정화하고,
나의 내면의 시야를 복원해 주소서.

대천사 미카엘이여, 당신은 여기 함께하시며,
당신의 빛은 모든 의심과 두려움을 소멸합니다.
당신의 현존은 영원히 내 가까이 있으며,
당신은 나에게 너무나 소중합니다.

4. 대천사 미카엘이여, 물질 영역에서 일들이 작동하는 방식이 있더라

도, 어떤 하늘의 힘이 개입해서 나를 위해 자연법칙이 정지되도록 허용할 것이라는 마법적인 사고나 믿음을 놓아버립니다.

대천사 미카엘이여, 나는 이제 일어나서,
당신의 빛과 함께 명령합니다.
내가 가장 높은 진리를 이해할 때까지,
영원히 내 가슴을 확장해 나가겠습니다.

대천사 미카엘이여, 당신은 여기 함께하시며,
당신의 빛은 모든 의심과 두려움을 소멸합니다.
당신의 현존은 영원히 내 가까이 있으며,
당신은 나에게 너무나 소중합니다.

5. 대천사 미카엘이여, 자유의지의 법칙이 지구의 절대적인 법칙임을 압니다. 당신은 모든 것으로부터 나를 보호할 수 있지만 자유의지의 법칙에 따라 그럴 권한이 없으므로, 당신의 능력만으로는 충분하지 않습니다.

대천사 미카엘이여, 내 가슴 안에 계신 존재시여,
당신은 결코 나를 떠나지 않습니다.
나는 우주적 위계의 일원이 되어,
신선한 새 출발을 받아들입니다.

대천사 미카엘이여, 당신은 여기 함께하시며,
당신의 빛은 모든 의심과 두려움을 소멸합니다.
당신의 현존은 영원히 내 가까이 있으며,
당신은 나에게 너무나 소중합니다.

6. 대천사 미카엘이여, 나는 선택받은 사람이므로 나에게 나쁜 일이 일어나선 안 된다고 믿게 하는 모든 종교적 믿음과 교리와 문화를 놓

아버립니다.

대천사 미카엘이여, 당신의 푸른빛 검은,
모든 어둠을 갈라버립니다.
나는 이제 나의 그리스도 의식을 추구하며,
무엇이 진실인지를 분별합니다.

대천사 미카엘이여, 당신은 여기 함께하시며,
당신의 빛은 모든 의심과 두려움을 소멸합니다.
당신의 현존은 영원히 내 가까이 있으며,
당신은 나에게 너무나 소중합니다.

7. 대천사 미카엘이여, 나는 신에 대한 모든 두려움과 신이 정의롭지 않다는 감각과 분노를 놓아버립니다. 타락한 존재들이 나에게 어떤 짓을 했으므로 신의 약속이 지켜지지 않은 것이라는 느낌을 놓아버립니다.

대천사 미카엘이여, 당신의 날개 안에서,
지금 더 이하의 것들을 놓아버립니다.
집으로 돌아오라는 신의 부름이 울리면,
내 가슴은 당신과 함께 영원히 노래합니다.

대천사 미카엘이여, 당신은 여기 함께하시며,
당신의 빛은 모든 의심과 두려움을 소멸합니다.
당신의 현존은 영원히 내 가까이 있으며,
당신은 나에게 너무나 소중합니다.

8. 대천사 미카엘이여, 나는 모든 마법적인 사고를 놓아버립니다. 마법적인 사고는 내가 상위자아나 상승 마스터들과 내면에서 연결되는 것을 방해한다는 것을 압니다.

대천사 미카엘이여, 나를 집으로 데려가소서.
나는 상위 구체에서 거닐고 싶습니다.
나는 우주의 거품에서 재탄생하고,
내 삶은 이제 신성한 시(詩)가 됩니다.

대천사 미카엘이여, 당신은 여기 함께하시며,
당신의 빛은 모든 의심과 두려움을 소멸합니다.
당신의 현존은 영원히 내 가까이 있으며,
당신은 나에게 너무나 소중합니다.

9. 대천사 미카엘이여, 나는 저 멀리 하늘에 있는 존재, 평소에는 존재하지 않다가 내가 필요할 때 개입하는 존재에 대한 믿음을 놓아버립니다. 나는 이런 "주문형 신"을 놓아버립니다. 나 자신과 당신 사이에 거리가 있다고 생각한다면 내가 어떻게 상승한 존재인 당신과 연결될 수 있겠습니까?

대천사 미카엘이여, 당신은 가장 푸른 별처럼,
찬란하게 빛나고 있습니다.
당신은 우주의 아바타이며,
나는 당신과 함께 아주 멀리 갈 것입니다.

대천사 미카엘이여, 당신은 여기 함께하시며,
당신의 빛은 모든 의심과 두려움을 소멸합니다.
당신의 현존은 영원히 내 가까이 있으며,
당신은 나에게 너무나 소중합니다.

파트 2

1. 대천사 미카엘이여, 자유의지의 법칙에 따라 당신이 나를 대신해서 해줄 수 없는 일들이 있음을 압니다. 다른 사람들이 자유의지를 어떻

게 사용하는지에 따라 당신이 나를 보호해 줄 수 없는 상황이 있음을 받아들입니다.

대천사 미카엘이여, 찬란한 푸른빛이시여,
내 가슴은 오직 당신을 위해 열려 있습니다.
내 마음은 이제 둘이 아닌 하나가 되었고,
나에 대한 당신의 사랑은 언제나 진실합니다.

대천사 미카엘이여, 당신은 여기 함께하시며,
당신의 빛은 모든 의심과 두려움을 소멸합니다.
당신의 현존은 영원히 내 가까이 있으며,
당신은 나에게 너무나 소중합니다.

2. 대천사 미카엘이여, 내가 두려워하는 조건과 두려움 그 자체는 별개임을 압니다. 두려움은 내 마음속의 조건이므로 나는 두려움을 초월할 수 있습니다.

대천사 미카엘이여, 나는 당신의 현존과,
온전히 하나되겠습니다.
내게 보이는 어떤 두려움도 나를 막지 못하며,
이 세상은 나를 지배할 힘이 없습니다.

대천사 미카엘이여, 당신은 여기 함께하시며,
당신의 빛은 모든 의심과 두려움을 소멸합니다.
당신의 현존은 영원히 내 가까이 있으며,
당신은 나에게 너무나 소중합니다.

3. 대천사 미카엘이여, 지구에서 궁극적인 두려움은 죽음에 대한 두려움임을 압니다. 나는 이 두려움과 함께 살 방법을 찾았으므로, 다른 두려움들도 다룰 수 있습니다.

대천사 미카엘이여, 나를 굳게 잡아주시고,
이제 가장 어두운 밤을 산산조각 내소서.
당신의 빛으로 내 차크라들을 정화하고,
나의 내면의 시야를 복원해 주소서.

대천사 미카엘이여, 당신은 여기 함께하시며,
당신의 빛은 모든 의심과 두려움을 소멸합니다.
당신의 현존은 영원히 내 가까이 있으며,
당신은 나에게 너무나 소중합니다.

4. 대천사 미카엘이여, 두려움이 압도적으로 여겨지거나 그 상황에서
벗어날 수 없다고 느껴지면 나는 그 두려움을 부정하거나 무시해버립
니다. 모든 두려움은 분리된 자아에서 나오고, 분리된 자아는 두려움
너머를 볼 수 없기 때문입니다.

대천사 미카엘이여, 나는 이제 일어나서,
당신의 빛과 함께 명령합니다.
내가 가장 높은 진리를 이해할 때까지,
영원히 내 가슴을 확장해 나가겠습니다.

대천사 미카엘이여, 당신은 여기 함께하시며,
당신의 빛은 모든 의심과 두려움을 소멸합니다.
당신의 현존은 영원히 내 가까이 있으며,
당신은 나에게 너무나 소중합니다.

5. 대천사 미카엘이여, 두려움을 극복하는 궁극적인 방법은, 의식하는
자아(Conscious You)가 그 자아로부터 떨어져 나오는 것임을 압니다.
두려움은 내 마음속에 있지만 내가 두려워하는 조건은 내 마음속에
있지 않음을 압니다. 그 조건은 내 마음 밖에 있습니다.

대천사 미카엘이여, 내 가슴 안에 계신 존재시여,
당신은 결코 나를 떠나지 않습니다.
나는 우주적 위계의 일원이 되어,
신선한 새 출발을 받아들입니다.

대천사 미카엘이여, 당신은 여기 함께하시며,
당신의 빛은 모든 의심과 두려움을 소멸합니다.
당신의 현존은 영원히 내 가까이 있으며,
당신은 나에게 너무나 소중합니다.

6. 대천사 미카엘이여, 내 마음속의 두려움은 물리적인 조건이 아니라 에너지적인 조건임을 압니다. 두려움은 내 감정체 안에서 소용돌이치며 진동하는 볼텍스입니다.

대천사 미카엘이여, 당신의 푸른빛 검은,
모든 어둠을 갈라버립니다.
나는 이제 나의 그리스도 의식을 추구하며,
무엇이 진실인지를 분별합니다.

대천사 미카엘이여, 당신은 여기 함께하시며,
당신의 빛은 모든 의심과 두려움을 소멸합니다.
당신의 현존은 영원히 내 가까이 있으며,
당신은 나에게 너무나 소중합니다.

7. 대천사 미카엘이여, 두려움 안에는 소용돌이치는 에너지 외에 아무 것도 없음을 압니다. 그 에너지 안에는 어떤 조건도 없으며, 두려움은 마치 폭풍과 같습니다. 소용돌이치는 폭풍 안에는 고요한 눈이 있습니다.

대천사 미카엘이여, 당신의 날개 안에서,

지금 더 이하의 것들을 놓아버립니다.
집으로 돌아오라는 신의 부름이 울리면,
내 가슴은 당신과 함께 영원히 노래합니다.

대천사 미카엘이여, 당신은 여기 함께하시며,
당신의 빛은 모든 의심과 두려움을 소멸합니다.
당신의 현존은 영원히 내 가까이 있으며,
당신은 나에게 너무나 소중합니다.

8. 대천사 미카엘이여, 나는 두려움을 지켜보는 것이 두렵지 않습니다. 나는 기꺼이 두려움 속으로 걸어 들어가, 소용돌이치는 에너지를 통과해서 그 고요한 중심에 도달하겠습니다.

대천사 미카엘이여, 나를 집으로 데려가소서.
나는 상위 구체에서 거닐고 싶습니다.
나는 우주의 거품에서 재탄생하고,
내 삶은 이제 신성한 시(詩)가 됩니다.

대천사 미카엘이여, 당신은 여기 함께하시며,
당신의 빛은 모든 의심과 두려움을 소멸합니다.
당신의 현존은 영원히 내 가까이 있으며,
당신은 나에게 너무나 소중합니다.

9. 대천사 미카엘이여, 나는 당신의 도움을 받아들입니다. 당신의 현존을 나에게 드리우시어, 우리가 함께 소용돌이치는 두려움의 에너지 폭풍 속으로 걸어 들어가 그 중심에 이르게 하소서.

대천사 미카엘이여, 당신은 가장 푸른 별처럼,
찬란하게 빛나고 있습니다.
당신은 우주의 아바타이며,

나는 당신과 함께 아주 멀리 갈 것입니다.

대천사 미카엘이여, 당신은 여기 함께하시며,
당신의 빛은 모든 의심과 두려움을 소멸합니다.
당신의 현존은 영원히 내 가까이 있으며,
당신은 나에게 너무나 소중합니다.

파트 3

1. 대천사 미카엘이여, 나는 내 두려움을 놓아버립니다. 이로써 당신은 내 감정체에 있는 두려움의 에너지 폭풍을 소멸시키는 데 당신의 힘을 행사할 수 있습니다.

대천사 미카엘이여, 찬란한 푸른빛이시여,
내 가슴은 오직 당신을 위해 열려 있습니다.
내 마음은 이제 둘이 아닌 하나가 되었고,
나에 대한 당신의 사랑은 언제나 진실합니다.

대천사 미카엘이여, 당신은 여기 함께하시며,
당신의 빛은 모든 의심과 두려움을 소멸합니다.
당신의 현존은 영원히 내 가까이 있으며,
당신은 나에게 너무나 소중합니다.

2. 대천사 미카엘이여, 나의 분리된 자아들은 두려움을 없애고 싶어 하지 않음을 압니다. 두려움은 내가 할 수 없는 것, 해서는 안 되는 것을 지정합니다. 내가 두려움을 받아들이면, 두려움은 그것을 하지 않아도 되는 핑계를 제공합니다.

대천사 미카엘이여, 나는 당신의 현존과,
온전히 하나되겠습니다.

내게 보이는 어떤 두려움도 나를 막지 못하며,
이 세상은 나를 지배할 힘이 없습니다.

대천사 미카엘이여, 당신은 여기 함께하시며,
당신의 빛은 모든 의심과 두려움을 소멸합니다.
당신의 현존은 영원히 내 가까이 있으며,
당신은 나에게 너무나 소중합니다.

3. 대천사 미카엘이여, 나는 내 안에 있는 두려움을 제거하겠습니다.
왜냐하면 나에게는 상승 마스터를 생각하지 않아도 되는 변명, 연결
하지 않아도 되는 핑계가 필요 없기 때문입니다.

대천사 미카엘이여, 나를 굳게 잡아주시고,
이제 가장 어두운 밤을 산산조각 내소서.
당신의 빛으로 내 차크라들을 정화하고,
나의 내면의 시야를 복원해 주소서.

대천사 미카엘이여, 당신은 여기 함께하시며,
당신의 빛은 모든 의심과 두려움을 소멸합니다.
당신의 현존은 영원히 내 가까이 있으며,
당신은 나에게 너무나 소중합니다.

4. 대천사 미카엘이여, 내가 상승 마스터와 연결되면 무슨 일이 일어
날 것이라 생각하는지 기꺼이 살펴보겠습니다. 어쩌면 내 삶의 방식
과 마음 상태를 바꿔야 할 것이라 생각하지는 않는지 살펴보겠습니다.

대천사 미카엘이여, 나는 이제 일어나서,
당신의 빛과 함께 명령합니다.
내가 가장 높은 진리를 이해할 때까지,
영원히 내 가슴을 확장해 나가겠습니다.

대천사 미카엘이여, 당신은 여기 함께하시며,
당신의 빛은 모든 의심과 두려움을 소멸합니다.
당신의 현존은 영원히 내 가까이 있으며,
당신은 나에게 너무나 소중합니다.

5. 대천사 미카엘이여, 내가 영적이지 않은 어떤 습관을 계속 유지할
변명을 만들면서도 여전히 영적인 가르침들을 공부하고 있는 것은 아
닌지, 기꺼이 살펴보겠습니다.

대천사 미카엘이여, 내 가슴 안에 계신 존재시여,
당신은 결코 나를 떠나지 않습니다.
나는 우주적 위계의 일원이 되어,
신선한 새 출발을 받아들입니다.

대천사 미카엘이여, 당신은 여기 함께하시며,
당신의 빛은 모든 의심과 두려움을 소멸합니다.
당신의 현존은 영원히 내 가까이 있으며,
당신은 나에게 너무나 소중합니다.

6. 대천사 미카엘이여, 나는 진정으로 두려움을 놓아버리기를 원합
니다. 나는 두려움에 초점을 맞추고 있는 잠재의식적 자아를 보기를
원합니다. 그리고 그 자아가 죽도록 내버려두겠습니다. 대천사 미카
엘이여, 당신은 여기 함께 하시며, 당신의 빛은 모든 의심과 두려움
을 소멸합니다.

대천사 미카엘이여, 당신의 푸른빛 검은,
모든 어둠을 갈라버립니다.
나는 이제 나의 그리스도 의식을 추구하며,
무엇이 진실인지를 분별합니다.

대천사 미카엘이여, 당신은 여기 함께하시며,
당신의 빛은 모든 의심과 두려움을 소멸합니다.
당신의 현존은 영원히 내 가까이 있으며,
당신은 나에게 너무나 소중합니다.

7. 대천사 미카엘이여, 나는 신을 피해 숨으려는 욕망을 놓아버립니다.
나와 신 사이에 거리가 있다는 환상을 놓아버립니다. 나는 다른 사람
들에게 숨길 수 있는 일은 신에게도 숨길 수 있고, 신이 알아채지 못
할 것이므로 그 일에서 빠져나올 수 있다는 환상을 놓아버립니다.

대천사 미카엘이여, 당신의 날개 안에서,
지금 더 이하의 것들을 놓아버립니다.
집으로 돌아오라는 신의 부름이 울리면,
내 가슴은 당신과 함께 영원히 노래합니다.

대천사 미카엘이여, 당신은 여기 함께하시며,
당신의 빛은 모든 의심과 두려움을 소멸합니다.
당신의 현존은 영원히 내 가까이 있으며,
당신은 나에게 너무나 소중합니다.

8. 대천사 미카엘이여, 나는 이것이 지구에서 가장 거대한 환상 중 하
나이며, 사람들이 상위자아와의 연결을 잃어버린 데 기인한 것임을
압니다.

대천사 미카엘이여, 나를 집으로 데려가소서.
나는 상위 구체에서 거닐고 싶습니다.
나는 우주의 거품에서 재탄생하고,
내 삶은 이제 신성한 시(詩)가 됩니다.

대천사 미카엘이여, 당신은 여기 함께하시며,

당신의 빛은 모든 의심과 두려움을 소멸합니다.
당신의 현존은 영원히 내 가까이 있으며,
당신은 나에게 너무나 소중합니다.

9. 대천사 미카엘이여, 내가 상위자아와 어느 정도 연결되어 있다면 나 자신이 그 상위자아의 확장체임을 알게 됩니다. 그렇다면 내가 어떻게 상위자아에서 분리될 수 있겠습니까? 그것은 마치 파도가 바다와 분리될 수 있다고 생각하는 것과 같습니다.

대천사 미카엘이여, 당신은 가장 푸른 별처럼,
찬란하게 빛나고 있습니다.
당신은 우주의 아바타이며,
나는 당신과 함께 아주 멀리 갈 것입니다.

대천사 미카엘이여, 당신은 여기 함께하시며,
당신의 빛은 모든 의심과 두려움을 소멸합니다.
당신의 현존은 영원히 내 가까이 있으며,
당신은 나에게 너무나 소중합니다.

파트 4

1. 대천사 미카엘이여, 내 마음은 아이앰 현존에서 분리될 수 없음을 압니다. 따라서 물리적인 조건은 실제로 나에게 영향을 미칠 수 없습니다. 그것이 내 물리적인 몸에는 영향을 미칠 수 있지만, 진정한 내 존재에는 영향을 미칠 수 없습니다.

대천사 미카엘이여, 찬란한 푸른빛이시여,
내 가슴은 오직 당신을 위해 열려 있습니다.
내 마음은 이제 둘이 아닌 하나가 되었고,
나에 대한 당신의 사랑은 언제나 진실합니다.

대천사 미카엘이여, 당신은 여기 함께하시며,
당신의 빛은 모든 의심과 두려움을 소멸합니다.
당신의 현존은 영원히 내 가까이 있으며,
당신은 나에게 너무나 소중합니다.

2. 대천사 미카엘이여, 나는 물질 영역의 어느 것도 내 아이앰 현존에 영향을 미칠 수 없음을 압니다. 내 존재의 핵심은 의식하는 자아이며, 이는 또한 순수의식이므로 물질 영역의 어느 것에 의해서도 영향을 받을 수 없습니다.

대천사 미카엘이여, 나는 당신의 현존과,
온전히 하나되겠습니다.
내게 보이는 어떤 두려움도 나를 막지 못하며,
이 세상은 나를 지배할 힘이 없습니다.

대천사 미카엘이여, 당신은 여기 함께하시며,
당신의 빛은 모든 의심과 두려움을 소멸합니다.
당신의 현존은 영원히 내 가까이 있으며,
당신은 나에게 너무나 소중합니다.

3. 대천사 미카엘이여, 의식하는 자아는 물질 영역의 어떤 조건도 두려워할 필요가 없음을 압니다. 물리적인 조건들을 두려워할 수 있는 것은 단지 분리된 자아들뿐입니다. 그 자아들은 물리적인 조건을 벗어날 수 없기 때문입니다. 의식하는 자아는 분리된 자아들 밖으로 나와서 그것들을 죽게 내버려둘 수 있습니다.

대천사 미카엘이여, 나를 굳게 잡아주시고,
이제 가장 어두운 밤을 산산조각 내소서.
당신의 빛으로 내 차크라들을 정화하고,
나의 내면의 시야를 복원해 주소서.

대천사 미카엘이여, 당신은 여기 함께하시며,
당신의 빛은 모든 의심과 두려움을 소멸합니다.
당신의 현존은 영원히 내 가까이 있으며,
당신은 나에게 너무나 소중합니다.

4. 대천사 미카엘이여, 내가 어떤 물리적인 조건을 두려워하는 분리된 자아를 보고 그것을 죽게 하면, 그 조건을 경험할 필요가 없어집니다. 내가 그 조건을 경험해야 하는 이유는 오직 그 분리된 자아를 보기 위해서입니다. 이것이 바로 고난의 학교입니다.

대천사 미카엘이여, 나는 이제 일어나서,
당신의 빛과 함께 명령합니다.
내가 가장 높은 진리를 이해할 때까지,
영원히 내 가슴을 확장해 나가겠습니다.

대천사 미카엘이여, 당신은 여기 함께하시며,
당신의 빛은 모든 의심과 두려움을 소멸합니다.
당신의 현존은 영원히 내 가까이 있으며,
당신은 나에게 너무나 소중합니다.

5. 대천사 미카엘이여, 나는 기꺼이 분리된 자아를 보려고 하므로, 그 조건을 경험할 필요가 없습니다. 그 조건을 피해 갈 방법이 있음을 알면, 그것을 두려워할 필요가 없습니다.

대천사 미카엘이여, 내 가슴 안에 계신 존재시여,
당신은 결코 나를 떠나지 않습니다.
나는 우주적 위계의 일원이 되어,
신선한 새 출발을 받아들입니다.

대천사 미카엘이여, 당신은 여기 함께하시며,

당신의 빛은 모든 의심과 두려움을 소멸합니다.
당신의 현존은 영원히 내 가까이 있으며,
당신은 나에게 너무나 소중합니다.

6. 대천사 미카엘이여, 나는 어떤 조건을 두려워하는 것이 분리된 자아임을 압니다. 의식하는 자아로서의 내가 그 분리된 자아를 보려고 하지 않는다면 그 자아를 죽게 할 수 없습니다. 그러면 여전히 내 감정체를 끌어당기는 소용돌이가 남아 있게 됩니다. 그 소용돌이는 전체 물질 영역으로 파고들면서 내가 두려워하는 것을 나에게 끌어옵니다.

대천사 미카엘이여, 당신의 푸른빛 검은,
모든 어둠을 갈라버립니다.
나는 이제 나의 그리스도 의식을 추구하며,
무엇이 진실인지를 분별합니다.

대천사 미카엘이여, 당신은 여기 함께하시며,
당신의 빛은 모든 의심과 두려움을 소멸합니다.
당신의 현존은 영원히 내 가까이 있으며,
당신은 나에게 너무나 소중합니다.

7. 대천사 미카엘이여, 나는 두려움을 무시함으로써 두려움을 밀어낼 수 있다는 환상을 놓아버립니다. 두려움은 두려움을 끌어당기며, 이것을 직시해야 궁극적으로 두려움에서 벗어날 수 있음을 압니다.

대천사 미카엘이여, 당신의 날개 안에서,
지금 더 이하의 것들을 놓아버립니다.
집으로 돌아오라는 신의 부름이 울리면,
내 가슴은 당신과 함께 영원히 노래합니다.

대천사 미카엘이여, 당신은 여기 함께하시며,
당신의 빛은 모든 의심과 두려움을 소멸합니다.
당신의 현존은 영원히 내 가까이 있으며,
당신은 나에게 너무나 소중합니다.

8. 대천사 미카엘이여, 나는 기꺼이 두려움을 직시하겠습니다. 세상의 어떤 조건들에 대한 두려움과, 상승 마스터들을 만나면 내 분리된 자아들이 노출되고 내가 변화해야 할 것이라는 두려움을 모두 극복하도록 도와달라고 요청합니다. 나는 기꺼이 변화하겠습니다.

대천사 미카엘이여, 나를 집으로 데려가소서.
나는 상위 구체에서 거닐고 싶습니다.
나는 우주의 거품에서 재탄생하고,
내 삶은 이제 신성한 시(詩)가 됩니다.

대천사 미카엘이여, 당신은 여기 함께하시며,
당신의 빛은 모든 의심과 두려움을 소멸합니다.
당신의 현존은 영원히 내 가까이 있으며,
당신은 나에게 너무나 소중합니다.

9. 대천사 미카엘이여, 나에게 두려움이 없다면 내 삶이 어떻게 변화할지를 기꺼이 보겠습니다. 그러므로 이렇게 결심합니다. "두려움이 없다면 내 삶은 더 나아질 것입니다. 따라서 나는 대천사 미카엘에게 그것을 볼 수 있게 해 달라고 요청합니다."

대천사 미카엘이여, 당신은 가장 푸른 별처럼,
찬란하게 빛나고 있습니다.
당신은 우주의 아바타이며,
나는 당신과 함께 아주 멀리 갈 것입니다.

대천사 미카엘이여, 당신은 여기 함께하시며,
당신의 빛은 모든 의심과 두려움을 소멸합니다.
당신의 현존은 영원히 내 가까이 있으며,
당신은 나에게 너무나 소중합니다.

파트 5

1. 대천사 미카엘이여, 내 감정체의 회오리바람 안에 폭발적인 빛을
방출하시어, 그것이 더 이상 소용돌이치지 않도록 소멸해주시기를 요
청합니다.

대천사 미카엘이여, 찬란한 푸른빛이시여,
내 가슴은 오직 당신을 위해 열려 있습니다.
내 마음은 이제 둘이 아닌 하나가 되었고,
나에 대한 당신의 사랑은 언제나 진실합니다.

대천사 미카엘이여, 당신은 여기 함께하시며,
당신의 빛은 모든 의심과 두려움을 소멸합니다.
당신의 현존은 영원히 내 가까이 있으며,
당신은 나에게 너무나 소중합니다.

2. 대천사 미카엘이여, 나는 기꺼이 보라색 화염과 다른 디크리와 기
원문들을 사용하여 에너지를 변형시키는 정화 작업을 하겠습니다.

대천사 미카엘이여, 나는 당신의 현존과,
온전히 하나되겠습니다.
내게 보이는 어떤 두려움도 나를 막지 못하며,
이 세상은 나를 지배할 힘이 없습니다.

대천사 미카엘이여, 당신은 여기 함께하시며,

당신의 빛은 모든 의심과 두려움을 소멸합니다.
당신의 현존은 영원히 내 가까이 있으며,
당신은 나에게 너무나 소중합니다.

3. 대천사 미카엘이여, 내 감정체 안으로 들어오셔서, 내가 아직 보지
못한 것이 있는지 보여주시기를 요청합니다.

대천사 미카엘이여, 나를 굳게 잡아주시고,
이제 가장 어두운 밤을 산산조각 내소서.
당신의 빛으로 내 차크라들을 정화하고,
나의 내면의 시야를 복원해 주소서.

대천사 미카엘이여, 당신은 여기 함께하시며,
당신의 빛은 모든 의심과 두려움을 소멸합니다.
당신의 현존은 영원히 내 가까이 있으며,
당신은 나에게 너무나 소중합니다.

4. 대천사 미카엘이여, 내가 두려움을 초월했고 아무 두려움도 갖고
있지 않다고 생각하지 않습니다. 나는 당신이 내 감정체 안으로 들어
와서, 무엇이 남아 있는지 알려주시기를 요청합니다.

대천사 미카엘이여, 나는 이제 일어나서,
당신의 빛과 함께 명령합니다.
내가 가장 높은 진리를 이해할 때까지,
영원히 내 가슴을 확장해 나가겠습니다.

대천사 미카엘이여, 당신은 여기 함께하시며,
당신의 빛은 모든 의심과 두려움을 소멸합니다.
당신의 현존은 영원히 내 가까이 있으며,
당신은 나에게 너무나 소중합니다.

5. 대천사 미카엘이여, 내가 보기를 꺼리는 마음을 갖고 있는지 살펴보겠습니다. 내 감정체 안에 내가 보고 싶지 않은 어떤 것이 있는지 살펴보겠습니다.

대천사 미카엘이여, 내 가슴 안에 계신 존재시여,
당신은 결코 나를 떠나지 않습니다.
나는 우주적 위계의 일원이 되어,
신선한 새 출발을 받아들입니다.

대천사 미카엘이여, 당신은 여기 함께하시며,
당신의 빛은 모든 의심과 두려움을 소멸합니다.
당신의 현존은 영원히 내 가까이 있으며,
당신은 나에게 너무나 소중합니다.

6. 대천사 미카엘이여, 상승 마스터들과 더 강한 연결을 구축하려면 두려움은 반드시 극복해야 할 장애물임을 압니다. 이것은 당신이 제공하는 도움을 받으며 해낼 수 있는 작업입니다.

대천사 미카엘이여, 당신의 푸른빛 검은,
모든 어둠을 갈라버립니다.
나는 이제 나의 그리스도 의식을 추구하며,
무엇이 진실인지를 분별합니다.

대천사 미카엘이여, 당신은 여기 함께하시며,
당신의 빛은 모든 의심과 두려움을 소멸합니다.
당신의 현존은 영원히 내 가까이 있으며,
당신은 나에게 너무나 소중합니다.

7. 대천사 미카엘이여, 두려움은 어떤 감정임을 압니다. 궁극적으로 두려움의 볼텍스를 생겨나게 한 것은 결정이며 의지의 행사입니다. 결

국 두려움을 극복하는 유일한 방법은 그것을 놓아버리겠다는 또 다른 결정을 하는 것입니다.

대천사 미카엘이여, 당신의 날개 안에서,
지금 더 이하의 것들을 놓아버립니다.
집으로 돌아오라는 신의 부름이 울리면,
내 가슴은 당신과 함께 영원히 노래합니다.

대천사 미카엘이여, 당신은 여기 함께하시며,
당신의 빛은 모든 의심과 두려움을 소멸합니다.
당신의 현존은 영원히 내 가까이 있으며,
당신은 나에게 너무나 소중합니다.

8. 대천사 미카엘이여, 내가 두려워하는 조건이 여전히 존재하는지 여부에 상관없이 나는 두려움을 놓아버립니다. 나는 두려움에서 자유로워지겠습니다.

대천사 미카엘이여, 나를 집으로 데려가소서.
나는 상위 구체에서 거닐고 싶습니다.
나는 우주의 거품에서 재탄생하고,
내 삶은 이제 신성한 시(詩)가 됩니다.

대천사 미카엘이여, 당신은 여기 함께하시며,
당신의 빛은 모든 의심과 두려움을 소멸합니다.
당신의 현존은 영원히 내 가까이 있으며,
당신은 나에게 너무나 소중합니다.

9. 대천사 미카엘이여, 내가 의지를 낼 때 당신이 힘을 보내주심을 압니다. 의지 없이는 힘도 방출될 수 없습니다. 나는 의지를 가지고 있고, 당신은 힘을 가지고 계심을 압니다.

대천사 미카엘이여, 당신은 가장 푸른 별처럼,
찬란하게 빛나고 있습니다.
당신은 우주의 아바타이며,
나는 당신과 함께 아주 멀리 갈 것입니다.

대천사 미카엘이여, 당신은 여기 함께하시며,
당신의 빛은 모든 의심과 두려움을 소멸합니다.
당신의 현존은 영원히 내 가까이 있으며,
당신은 나에게 너무나 소중합니다.

봉인
신성한 어머니의 이름으로, 나는 대천사 미카엘과 아스트레아와 쉬바
께 나의 영적인 스승들과 아이앰 현존과 나와의 연결을 봉인해 주시
기를 요청합니다. I AM THAT I AM의 이름으로, 이것이 이루어졌습니
다! 아멘.

4
선형적인 마음에서 벗어나기

나는 상승 마스터 쉬바입니다. 분명히 말하지만, 여러분은 두려움을 극복하도록 도와달라고 나에게도 역시 요청할 수 있습니다. 여러분이 "옴 쉬바" 또는 "쉬바"를 부르는 챈팅을 한다면 나는 여러분의 감정체에 있는 두려움을 소멸하도록 도움을 줄 수 있습니다. 심지어 여러분은 미카엘 대천사와 나를 결합해서 챈팅을 해도 됩니다. 왜냐하면 우리는 동양과 서양 전통의 차이로 분리되어 있지 않기 때문입니다. 우리는 하나이지만, 우리가 가져오는 빛은 서로 다른 음영과 색채를 갖고 있습니다. 그리고 이 두 빛의 조합은 두려움을 소멸하는 데 아주 효과적입니다.

선형적인 마음이 만들어내는 역설

그러나 이 담론의 주된 목적은 두려움을 다루는 것이 아니라, 사람들을 실제로 상승 마스터와의 연결에서 멀어지게 하는 또 다른 요소로 한 단계 더 올라가는 것입니다. 그 요소는 바로 멘탈 마음입니다. 관음과 성모 마리아께서 이미 언급했지만, 우리는 이에 대해 좀 더 생각해 보고자 합니다. 왜냐하면 현대사회의 영적인 사람들에게 멘탈 마음은 가장 큰 장애물이기 때문입니다. 이는 특히 서구 민주국가들이 과학과 과학적 물질주의를 통해 선형적인 마음, 이성적인 마음, 논리적인 마음, 분석적인 마음과 결부된 많은 사상들을 전 세계에 퍼뜨렸기 때문이기도 합니다.

여기서 우리가 말하는 선형적인 마음은 실제로 무엇을 의미할까요? 그것은 모든 것을 시간의 진행선(timeline), 혹은 더 작은 부분으로 나눌 수 있는 일종의 선 위에 놓고 싶어 하는 마음입니다. 또한 모든 것을, 어떤 원인이 특정한 결과로 이어지는 선상에 놓고 싶어 하는 마음이기도 합니다. 하나의 결과는 다른 결과를 낳는 또 다른 원인이 될 수도 있지만, 여기에는 원인이 항상 예외 없이 선형적인 방식으로 특정한 결과를 가져오는 어떤 규칙성, 자연법칙이 있다는 것입니다.

이에 대한 몇 가지 예로 숫자를 세어봅시다. 하나, 둘, 셋, 넷, 다섯, 이렇게 계속 세는 겁니다. 얼마나 오랫동안 셀 수 있을까요? 글쎄요, 아마도 무한정일 겁니다. 문제는 그렇게 할 수 있는 시간을 가진 사람이 누가 있겠느냐 하는 점입니다. 누가 영원을 가질 수 있을까요? 또한 여러분에게 영원이라는 시간이 주어진다면, 그 시간을 얼마나 멀리까지 셀 수 있는지 알아보는 데 쓰고 싶나요? 이것이 여러분이 영원을 가지고 행할 수 있는 가장 높은 비전인가요? 실제로 여러분이 무한이나 무한한 수에 대해 숙고하기 시작하면 선형적인 마음으로는 감당할 수 없다는 것을 알게 됩니다. 그런데도 이 선형적인 마음은 항상 다른 숫자를 더하면서 무한히 계산할 수 있어야 한다고 정의하고 있지 않나요? 이렇듯, 선형적 사고는 선형적 진행을 설정하지만, 이 진행의 궁극적인 결과에 대해 생각하기 시작하면 선형적 사고는 마치 합선이 일어난 것처럼 차단되어 버립니다. 선형적 마음은 이것을 가늠할 수 없기 때문입니다.

또 다른 예로 그리스의 철학자 제논의 역설을 들 수 있습니다. 누군가가 한 도시에서 다른 도시로 가려면 먼저 중간 지점까지 걸어가야 하므로, 결국 목적지에는 절대 도착할 수 없다는 주장입니다. 즉,

그 다음 여러분은 남은 거리의 중간 지점까지 걸어가야 하고, 또다시 남은 거리의 반을 걸어가야 하고, 그렇게 남은 거리를 무한정 반으로 나누어서 가야 합니다. 그런데 그 어떤 숫자나 거리도 다 반으로 나눌 수 있으므로 여러분은 결코 목적지에 도착할 수 없습니다. 다시 생각해 보면, 이것이 바로 선형적 사고가 하는 일임을 알게 됩니다. 선형적 사고는 어떤 규칙성과 법칙에 기반한 선형적인 진행을 설정하고 이것이 무한히 이어진다고 가정하지만, 여러분이 정말 이 선형적 진행의 궁극적인 결과에 대해 생각하기 시작하면 선형적 사고는 더 이상 대처할 수 없게 됩니다.

그런데 여러분은 어떻게 수를 무한정 셀 수 있다는 생각을 하는 것일까요? 바로 이렇게 수를 계속 더해갈 수 있다고 생각하는 것이 선형적인 마음입니다. 그런데 여러분이 수를 높여가며 끝까지 센다면, 무한히 큰 수에 도달하는 시점이 오지 않을까요? 선형적인 마음은 이 문제를 어떻게 다룰 수 있을까요? 선형적인 마음은 무한이라는 개념을 다룰 수 없는 것이 분명합니다. 그런데도 선형적인 마음은 여러분이 영원히 세는 것을 계속할 수 있다고 말하지 않습니까? 무한히 세는 것을 계속할 수 있다고 말하면서도 왜 선형적인 마음은 무한에 대처할 수 없을까요?

여러분은, 이 형상 세계가 한 개별적인 창조주에 의해 창조되었다고 볼 수도 있습니다. 그런데 그 창조주는 어디에서 왔을까요? 이 형상 세계가 생기기 전에는 무엇이 있었을까요? 선형적인 마음은 이 세상의 시작이 있었다면 그 시작 이전에는 무엇이 있었냐고 묻고 싶어 합니다. 이 세상이 존재하지 않고 창조되지 않았을 때 무엇이 있었을까요? 세상의 창조는 언제 시작됐을까요? 그 이전에는 무엇이 있었을까요? 형상 세계는 늘 존재했다고 우리는 대답하겠지만, 선형적 마음이 이것을 다룰 수 있을까요?

모든 형상은 한계에 의해 규정됩니다

이것을 생각하면 선형적인 마음은 합선이 일어난 것처럼 마비되어 버립니다. 선형적인 마음은 무한을 다룰 수 없음에도 불구하고 시작점이 있기를 바라기 때문입니다. 끝나는 지점은 없을지 몰라도 시작점은 있어야 한다고 생각합니다. 그러니까 여러분은 어디선가부터 수를 세기 시작해야 합니다. 1, 2, 3, 마이너스 10, 마이너스 9, 마이너스 8. 여하튼 어디선가부터 시작해야 합니다. 하지만 끝이 없다면 어떻게 시작이 있을 수 있을까요? 이 점에 대해 깊이 생각해 보세요.

여러분이 무한히 계속 셀 수 있다면 왜 굳이 1부터 시작해야 할까요? 실제로 여러분은 어디에서 시작해서, 점점 더해가다가 언제쯤 닫힌 원을 이루며 끝나게 될까요? 알베르트 아인슈타인은 우주로 나가서 같은 방향으로 계속 곧장 나아가면 언젠가는 반대 방향에서 출발점으로 다시 돌아오게 된다고 말했는데, 이는 시공간 연속체가 닫힌 고리를 이루고 있기 때문입니다. 그렇다면 형상 세계에는 무한한 것이란 없다고 하는 것이 이치에 맞지 않나요? 형상 세계에는 한계가 있으므로, 선형적으로 무한히 수를 셀 수는 없습니다.

형상 세계는 형태를 가지고 있는데, 이 형태라는 것이 사실 한계가 아니면 무엇이겠습니까? 정사각형은 네 개의 선으로 한정됩니다. 그리고 원은 하나의 선으로 한정됩니다. 물론 여러분은 원 위를 무한히 돌고 돌 수 있지만 원 밖으로 나갈 수는 없습니다. 한계가 있는 겁니다. 모든 형상은 한계에 의해 규정됩니다. 여러분이 숫자를 충분히 오래 셀 수 있고 0에서 시작한다면 조만간 0에서 끝날 겁니다. 이 점을 깊이 숙고하면서 선형적인 마음이 어떻게 반응하는지 살펴보세요. 나는 여기서 절대적인 진리에 대해 말하고 있는 것이 아닙니다. 단지 선형적인 마음의 한계를 보여주려는 것뿐입니다.

자유의지는 선형적인 것이 아닙니다

상승 마스터와의 연결이라는 개념을 숙고할 때 선형적인 마음은 무엇을 할까요? "내가 있는 곳과 마스터가 있는 곳 사이에는 거리가 있으니, 그 거리를 극복해야 해."라고 말할 것입니다. 그런 다음 진행 과정을 설정하려고 애씁니다. "그 거리를 극복하려면 어떻게 해야 할까? 디크리를 하고, 기원을 낭송해야 할 거야. 하루에 몇 시간씩 디크리를 해야 해, 그렇게 몇 년 계속하다 보면 조만간, 아니면 좀 더 나중에, 아마 긴 시간이 흐르면 언젠가는 마법처럼 마스터가 내 앞에 나타날 거야."라고 생각하면서 말입니다. 선형적인 마음은 원인이 있으면 결과가 있고, 원인에서 결과로 이끄는 법칙이 있다고 믿고 싶어 합니다. 여기 앉아서 "나는 상승 마스터와 연결되기를 원해, 그렇게 하려면 디크리와 기원문을 수행하는 논리적이고 합리적이며 단계적인 계획을 세워야 해."라고 결정하고, 이것을 계속해 나가면 언젠가는 마스터가 나타나야만 한다고 못을 박습니다. 왜냐하면 여러분은 당연히 상승 마스터가 어떤 종류의 법칙이나 진행 과정을 따라야 한다고 생각하기 때문입니다.

그렇습니다. 사랑하는 이들이여, 우리도 어떤 법칙을 따릅니다. 그것은 자유의지의 법칙이라고 불리지만, 자유의지의 법칙은 선형적인 것이 아닙니다. 어떻게 그럴 수 있을까요? 여러분이 특정한 길을 따라 걸어야만 한다면 어떻게 자유의지를 가질 수 있을까요? 어떤 방향에서 한 걸음 내디디면 계속 같은 방향으로 가야 하고, 이전에 설정한 코스에서 벗어날 수 없는 선형적인 진행만 있다면 여러분에게 어떻게 자유의지가 있을 수 있을까요? 그것이 어떻게 자유의지일 수 있을까요? 이곳[11] 가까이 있는 올림픽 광장처럼 거대하고 평평한 광장에 자신이 서 있다고 상상해 보세요. 여러분은 그 광장의 한가운데 서 있

---

[11] 한국에서 컨퍼런스가 열리고 있는 올림픽파크텔

습니다. 사방이 모두 탁 트여 있고 평평합니다. 여러분은 한 발짝을 내딛기 위해 고민하고 있습니다. 주위는 360도로 열려 있고, 여러분은 어느 방향으로든 갈 수 있습니다. 이제 어느 방향으로 한 걸음 내디디면 그 방향으로만 계속 일직선으로 걸어가야 한다고 상상해 보세요.

이때 첫 번째 선택은 자유로웠지만 그다음부터는 그렇지 않다고 말할 수 있습니다. 하지만 그런 것이 정말 자유의지일 수 있을까요? 아닙니다. 타락한 존재들은 자유의지가 바로 이런 것이라고 여러분이 믿기를 바랍니다. 그래서 그들은 여러분이 원래 죄인이라고 말하며, 분노하고 심판하는 신의 이미지를 제시했습니다. 심지어 아시아에서는 이번 생에 일어나는 모든 일이 전생의 카르마에 의해 미리 정해진다는 엄격한 카르마 법칙을 제시했습니다. 그러나 우리가 설명했듯이, 카르마의 법칙은 선형적인 것이 아닙니다. 왜냐하면 여러분이 전생에 어떤 결정을 내리게 만든 의식을 초월한다면, 카르마의 충격파가 여러분에게 다시 돌아올 때 그 카르마는 물리층으로 내려오지 않을 것입니다. 왜냐하면 여러분의 상위체 안에 그 충격파를 다시 강화할 요인이 사라졌기 때문입니다.

자유의지의 법칙은 여러분이 한 방향으로 얼마나 나아갔든, 언제든지 방향을 바꿀 수 있음을 의미합니다. 거기에 어떻게 선형성이 있을 수 있으며, 어떻게 기계적인 진행이 있을 수 있을까요? 어떻게 이 프로그램을 충실히 따르면 언젠가는 반드시 마스터가 나타나 여러분과 연결될 것이라는 계획을 마음속으로 세울 수 있을까요? 예, 이것은 과학이 여러분에게 심어준 신념으로서, 세상은 마치 거대한 기계와 같다는 것입니다. 즉 여러분이 라디오를 전원에 연결하고, 플레이 버튼을 누르고, 방송국의 주파수에 다이얼을 맞추는 특정한 단계들을 진행하면, 원하는 음악을 들을 수 있습니다. 또는 오븐에 음식을 넣고 온도와 시간을 설정하면, 곧 땡 소리가 나고 음식이 조리되는 것과 같습니다.

선형적인 마음을 통해서는 상승 마스터와 연결될 수 없습니다

현대 세계의 과학과 기술의 영향으로, 특정한 절차를 따르면 마치 상자 안에 들어있던 인형이 탁 튀어나오듯이 상승한 마스터가 나타나야 한다고 믿는 사람들이 많습니다. 결국 여러분은 수년 동안 그렇게 많은 디크리와 기원문을 낭송하며 알라딘의 램프를 문질러 온 셈입니다. 분명히 마스터는, 지니(램프의 요정)가 램프에서 나오는 것처럼 나타나서는 이렇게 말해야 합니다. "주인님, 무엇을 명하시겠습니까? 원하는 것은 무엇이든 들어드리겠습니다. 단 세 가지 소원만 들어줄 수 있지만, 그래도 아무 소원도 들어주지 않는 것보다는 낫죠."

상승 마스터의 가르침을 발견한 많은 사람이 디크리와 기원을 시작할 때 이런 마음가짐을 갖고 있습니다. 다시 말하지만, 우리는 누구도 비난하지 않습니다. 단순히 이것이 선형적인 마음이 하는 일임을 알려줄 뿐입니다. 상승 마스터인 우리는 물리적인 육화 상태가 아니며, 이런 선형적인 법칙 아래 있지도 않습니다. 그 문제에 있어서는, 여러분 역시 선형적 법칙 아래 있지 않습니다. 물론 특정한 인과 관계는 존재합니다. 만일 여러분이 오랫동안 같은 방향으로 걸어가면서 다른 사람들에게 계속 화를 낸다면, 특정한 결과를 가져올 것입니다.

하지만 우리가 여러 번 말해 온 것이 무엇입니까? 여러분이 어떤 선택을 했는데 아무런 결과가 없다면 자신이 선택을 했다는 것을 어떻게 알 수 있을까요? 여러분 선택의 결과는 미래의 선택을 강요하기 위해 있는 것이 아닙니다. 단지 이러한 마음가짐이 이러한 결과를 가져왔음을 보여주기 위해 있는 것입니다. 만일 그 결과가 마음에 들지 않으면 마음가짐을 바꾸면 됩니다. 여러분이 우주의 거울에 투사하는 것을 바꾸면 다른 것을 얻게 되는 것입니다.

선형적이고 기계적인 방식으로는 공동창조를 할 수 없습니다

지금은 여러분이 알 수도 있고 모를 수도 있지만, 결국 진실로 선형적인 것은 없음을 알게 될 것입니다. 과학도 거의 한 세기 전에 이를 증명했습니다. 양자 물리학자들은 물질의 가장 기본적인 수준에서 과학자의 마음이 관찰에 영향을 미칠 뿐만 아니라 관찰을 만들어낸다는 사실을 발견했고, 이렇게 질문할 수도 있습니다. "숲에서 나무 한 그루가 쓰러졌는데 그곳에 아무도 없다면 나무에서 소리가 난 것일까?" 또한 "아무도 보지 않을 때 달이 거기 있을까?" 사실 아무도 보지 않는다면 달은 거기에 없을 것입니다. 그러나 우리가 말했듯이, 상승 마스터인 우리가 항상 보고 있고, 엘리멘탈들도 항상 보고 있습니다. 왜 그럴까요? 형상 세계의 전반적인 목적이 여러분의 의식이 성장하도록 돕는 것이기 때문입니다. 우리는 사람들이 교훈을 배울 때까지 특정한 형태를 지속적으로 유지시킵니다. 여러분이 물리적으로 육화함으로써 배울 수 있는 교훈이 무엇일까요? 그것은 여러분이 마터 빛에 투사하는 것을 마터 빛이 구현한다는 것입니다. 바로 이것이 한 세기 전에 과학자들이 발견한 것입니다.

이것이 무엇을 의미하는지에 대해 깊이 생각한 과학자는 많지 않았습니다. 과학이 양자 수준에서 발견한 것의 의미는, 마터 빛이 무슨 형태든 취할 수 있지만, 오직 자기-의식(self-aware)을 지닌 존재의 마음을 통해 멘탈 이미지가 그 위에 투사될 때만 형태를 띨 수 있다는 것입니다. 그런데 자기-의식을 지닌다는 것은 무엇을 의미할까요? 그것은 "나는 지금 가지고 있지 않은 것을 구현하고 싶다. 나는 공동창조자이다. 나는 기꺼이 공동창조한다."라는 의미입니다.

어떻게 그것을 구현할 수 있을까요? 선형적이거나 기계적인 방식을 통해서가 아닙니다. 여러분이 자신의 정체성 마음과 멘탈 마음속에 이미지들을 갖고 있으며, 정체성 마음이 마터 빛에 투사하면 그것이 물리적인 형태를 띠게 된다는 것을 깨달음으로써, 창조적인 방식으로 구현합니다. 이 과정이 기계적으로 보일 수도 있지만 그렇지 않습니다. 여러분이 그 이미지들을 언제든 바꿀 수 있기 때문입니다. 결과가 미리 결정되어 있거나 예측할 수 있는 거대한 기계 같은 세계는 없습니다. 이와 반대로 그 어떤 것도 예측할 수가 없습니다. 오직 확률만 있을 뿐, 한 세기 전 양자역학의 불확정성 원리에서 증명되었듯이 확실한 결과란 존재하지 않습니다.

선형적인 마음에 갇히는 것

과학자들은 왜 이 원리를 받아들이지 않았을까요? 왜냐하면 이것은 타락한 존재들이 사람들이 받아들이지 않기를 바라는 최후의 보루 중 하나이기 때문입니다. 그들이 필사적으로 원하는 것은, 여러분이 일단 어떤 선택을 하면 미래의 선택을 할 수 있는 능력이 제한된다고 믿는 것인데, 이것은 우리가 여러 차례 폭로해온 거짓말입니다. 그러나 선형적인 마음은 규칙성, 예측 가능성, 원인과 결과, 빠져나올 수 없는 인과 관계가 존재하기를 원하므로 이러한 불확정성 원리를 받아들이기 어렵습니다. 선형적인 마음이 원하는 것은 바로, 불가피한 인과 관계인데, 결과를 예측할 수 있어야 자신이 통제하고 있다고 생각할 수 있기 때문입니다.

이것이 이번 컨퍼런스의 주제와 무슨 관련이 있을까요? 만일 상승 마스터와의 연결이 기계적인 과정을 통해 이루어질 수 있다고 생각한다면, 여러분은 마음속에 이미지를 만들고 그것을 상승 마스터에게 투사하고 있는 것입니다. 우리가 이런 여러분의 이미지에 부응한다면 어떻게 될까요? 아마 우리가 여러분의 이미지가 옳다는 것을 승인해주는 것처럼 보일 것입니다. 여러분이 실제로 램프를 문지를 수 있고 그러면 지니가 나타난다고 합시다. 그다음 지니는 무엇을 해줄까요? 이것은 여러분을 선형적 마음에 가둘 것입니다. 그 안에서 여러분은 자신이 통제권을 가지고 있다고 느낍니다. 하지만 더 큰 틀에서 보면, 타락한 존재들은 자신들이 통제권을 쥐고 있다고 느낄 것입니다. 여러분이 선형적인 마음에 갇혀 있는 한, 그들은 여러분의 마음이 만든 규칙성과 진행 과정을 볼 수 있기 때문입니다. 그러면 그들은, 다음에 여러분이 어디로 갈지를 쉽게 예측할 수 있습니다.

선형적인 마음 안에 있을 때 여러분은 아주 예측하기 쉬운 대상이 됩니다. 일반적으로 선형적인 마음 안에 있는 사람들은 아주 쉽게 예측할 수 있으며, 당연히 이것이 바로 타락한 존재들이 원하는 것입니다. 즉 창의적으로 되기를 멈추는 것입니다. 그들은 선택의 자유를 막아버림으로써 불확실성을 없애고 싶어 하며, 그러면 사람들은 순서대로 이어질 과정을 시작하는 것 외에는 선택의 여지가 없고, 일단 진행이 시작되면 결과는 이미 정해져 있다고 생각하게 됩니다. 이 시혜를 통해 우리가 준 모든 가르침은 바로, 이 환상을 깨뜨리는 것을 목표로 하고 있습니다. 그래서 여러분이 어떤 것에도 구속되지 않는다는 사실과, 다른 선택을 함으로써 이전에 한 어느 선택이든 극복할 수 있다는 사실을 인식하게 해주는 것입니다.

상승 마스터에게 이미지를 투사하는 것

우리의 바람은 여러분이 바로 이 깨달음에 이르는 것입니다. 그때야 여러분이 다른 선택을 하면서 이렇게 말할 수 있기 때문입니다. "지금까지 나는 연결되기를 원했던 마스터와 연결되었다는 느낌을 가지지 못했어. 그 이유는, 내가 상승 마스터와 나 자신에게 그리고 우리의 연결에 어떤 이미지를 투사하면서 선형적인 마음에 갇혀버렸기 때문이 아닐까? 그 상태에서 상승 마스터는 나에게 나타나실 수가 없었어, 그러면 내가 그 이미지에 더 깊이 갇히게 될 것이기 때문이지."

우리의 후원을 받은, 유효한 상승 마스터 가르침을 발견한 많은 사람이 있습니다. 그들은 (심지어 물고기자리 시대에 주어진 옛 가르침에 근거해서) 자신이 마스터들과 어떻게 연결될 수 있었는지에 대해 특정한 이미지를 투사해왔습니다. 그들은 상승 마스터라고 여겨진 존재들을 만나는 특정한 경험을 했지만, 그 존재들은 대부분의 경우에 멘탈층의 존재들, 몇몇 경우는 낮은 정체성층, 심지어 어떤 경우는 아스트랄층의 존재들이었습니다. 그러나 합리적이고 선형적인 마음을 가진 현대 시대에 상승 마스터 가르침을 발견한 많은 사람의 대다수가 멘탈층의 존재들과 연결되었습니다.

여러분이 접해온 많은 채널링은 멘탈층의 존재들로부터 온 것입니다. 여러분은 즉시 그들의 진동을 알아차리게 되거나, 그들이 한 말을 읽으면서 그 말들이 어떻게 선형적인 멘탈 마음에 호소하고 있는지 볼 수 있습니다. 자신이 정말로 상승 마스터들과 연결되었고 지금도 연결되어 있다고 믿는 사람들이 있지만, 그들은 멘탈층의 사칭자들과 연결되었습니다. 그 사칭자들은 때로는 우리의 이름을 사용하거나, 상승 마스터의 이름과 연관되지 않은 다른 이름을 내세우기도 합니다. 후자는 적어도 정직합니다. 비록 그들이 종종 어떤 지위나 권위를 가진 영적인 존재로 자처하기는 해도 말입니다.

바로 이것이, 상승 마스터와 연결되려는 강한 욕망을 가지고는 있지만 그 연결에 멘탈 이미지를 투사하는 경우에 일어날 수 있는 일입니다. 우리 상승 마스터들은 그 이미지에 부응하지 않지만, 멘탈층의 존재들은 사람들이 그들에게 에너지를 주게 만들 수 있다면 아무 거리낌 없이 그 이미지에 맞춰줍니다. 이 멘탈층의 존재들은 근원으로부터 에너지를 받는 것이 차단되어 있기 때문에 육화한 인간인 여러분의 에너지를 필요로 합니다.

우리는 상승한 마스터들입니다. 우리가 육화한 인간에게서 무슨 에너지가 필요하겠습니까? 누군가 말했듯이, 여러분은 이렇게 말할지도 모릅니다. "하지만 당신은 지금 가르침을 주고 있고, 사람들이 여기 앉아 당신의 말을 듣게 하고 있어요. 그들이 당신에게 주의를 기울일 때 당신에게 에너지를 주고 있는 것입니다." 과연 그럴까요? 여러분은 상승 마스터인 내가 사람들의 주의력을 타고 오는 그런 종류의 에너지를 필요로 한다고 생각합니까? 나는 창조주의 무한한 에너지와 연결되어 있습니다. 나에게 지구에서 오는 에너지가 왜 필요하겠습니까? 태양을 마주 보고 있는데 달이 왜 필요하겠습니까?

쉬바 - 환영의 파괴자

나는 쉬바입니다. 나는 우주의 하이어라키에서 특정한 지위에 도달했습니다. 나는 지구의 어떤 것도 필요하지 않습니다. 나는 누구의 순종도 필요하지 않습니다. 나는 어떤 형태의 속박에서든 자유로워지기를 원하는 사람에게 봉사하기 위해 여기에 있습니다. 그 속박이 자신의 마음 안에 있는 것이든, 다른 인간에 대한 집착이든, 멘탈, 감정, 정체성층의 존재에 대한 집착이든, 혹은 타락한 존재에 대한 집착이든 말입니다. 내게 요청하는 모든 사람을 자유롭게 해주기 위해 내가 여기에 있습니다. 누구든 지금 내게 와서 환영에서 자유로워지게 해달라고 요청하세요. 이것이 바로 내가 하는 일입니다.

그렇습니다. 나는 힌두 전통의 브라흐마, 비슈누, 쉬바에서 유래한 이름을 사용합니다. 여기서 쉬바는 파괴자로 여겨지고 있습니다. 그런데 내가 무엇을 파괴하는 자일까요? 내가 실재하는 것을 파괴할 수 있을까요? 파괴될 수 있는 것은 오직 환영일 뿐이기에, 나는 환영을 파괴하는 자입니다. 환영을 놓아버리고 싶지 않은 사람들은 나에게 요청하지 않는 것이 낫습니다. 물론 여러분은 원하는 모든 것을 요청할 수 있지만, 만일 여러분이 정말로 환영을 포기하고 싶지 않다면 나는 여러분의 자유의지를 침해하지 않을 것이기 때문입니다. 그러므로 어떤 의미에서는 여러분이 환영을 놓아버리지 않더라도 나에게 요청하는 것이 위험하지 않으며, 이 점은 상승 마스터 학생인 여러분에게 중요합니다.

나는 특별히 멘탈 마음 안의 환영들을 놓아버릴 수 있도록, 여러분의 가슴에서 가깝게 느끼는 상승 마스터와 나로부터 여러분을 분리시키는 환영들을 놓아버릴 수 있도록, 도움을 주러 왔습니다. 여러분이 상승 마스터 학생이라면, 가슴에서 아주 가깝게 느끼는 마스터가 적어도 한 명은 있을 것입니다. 그런데 여러분이 왜 그 상승 마스터와 연결될 수 없는 것일까요? 여러분의 마음이 그것을 막고 있기 때문입니다. 여러분 멘탈 마음이 그것을 막고 있습니다. 왜 그럴까요? 여러분이 특정한 생각을 하고 있기 때문입니다. 그 연결이 어떠해야만 한다고 생각하고 있기 때문입니다. "상승 마스터와 연결되는 메커니즘이 무엇일까? 나는 선형적인 마음이 하는 일을 아주 잘할 수 있어야 해. 즉, 어떤 상황을 점점 더 작은 요소로 축소해 나가다가 가장 작은 단위에 도달하면, 세상이 어떻게 작동하는지 이해할 수 있을 거야."라고 말입니다.

환원주의적 접근 방식이 가진 한계

이러한 환원주의는 적어도 알려진 역사에서는 아리스토텔레스로부터 시작되었지만, 당연히 그보다 훨씬 이전에 타락한 존재들이 지구에 오면서 시작된 사고방식입니다. 즉, 모든 것이 점점 더 작은 구성 요소로 축소될 수 있다는 것입니다. 그러나 내가 선형적 사고에 대해 말한 것을 다시 생각해 보세요. 모든 것이 더 작은 구성 요소로 이루어져 있고, 더 작은 구성 요소를 이끌어가는 기계적 법칙을 이해할 수 있다면, 그 요소들로부터 만들어진 것이 어떻게 작동하는지도 이해할 수 있다는 생각은 오직 선형적 사고에서만 가능합니다. 즉 모든 물질이 원자로 이루어져 있고 우리가 원자를 제어할 수 있다면 물질을 제어할 수 있다는 것입니다.

원자에 대한 개념은 그리스 철학자들에 의해 제기된 것으로, 그들은 원자를 더 이상 나눌 수 없는 가장 작은 수준의 물질이라고 생각했습니다. 그 당시 원자는 나눌 수 없는 것이었습니다. 후대에 과학자들은 원자라고 생각되는 것을 발견했을 때 그 이름을 사용했습니다. 그런데 그들은 한동안은 원자가 나눌 수 없는 물질이라고 생각했지만,

원자가 나눌 수 없는 물질이 아니라는 사실을 발견했습니다. 원자는 두 개의 입자로 이루어진 핵과 그 주위를 돌고 있는 전자로 구성되어 있었습니다. 그리고 나서 그들은 또한 이 기본 입자가 기본 입자가 아니라는 것을 발견했습니다. 더 작은, 다른 기본 입자가 있었습니다. 도대체 언제 끝이 날까요?

글쎄요, 절대 끝나지 않을 것입니다. 제논의 역설처럼 말입니다. 우리가 더 강력한 가속기를 가지고 입자를 빛의 속도로 가속해야만 신의 입자를 발견할 것이고, 그때는 물질이 어떻게 작동하는지 알 수 있을 것입니다. 점점 더 작은 입자를 찾는 것으로는 물질이 어떻게 형태를 띠게 되는지 절대 알 수 없습니다. 왜냐하면 물질은 더 높은 영역의 멘탈 이미지가 투사됨으로써 형태를 띠게 된 것이기 때문입니다. 형태가 그런 방식으로 존재하게 되는 원인은 물질 영역인 물리층에서는 찾을 수 없습니다. 그 원인은 감정, 멘탈, 정체성층과 영적인 영역에서 찾을 수 있습니다. 여러분이 영화 스크린의 구성 요소들을 모두 분석하고 그 요소들에 대한 모든 것을 이해한다고 해서 오늘 저녁 7시에 어떤 영화가 상영될지 예측할 수 있을까요? 그것은 화면의 수준에서 결정되는 것이 아닙니다.

상승 마스터를 밀어내는 일을 그만두세요

상승 마스터 학생인 여러분은 상승 마스터인 우리를 어떤 기계적인 구성 요소처럼 여기면서, '내가 이렇게 하면 상승 마스터들이 나타나게 되어 있다.'라고 생각해서는 안 됩니다. 아마 그때 누군가 나타날 수도 있겠지요. 하지만 상승 마스터는 아닐 것입니다. 또한 여러분은 자신을 기계적인 구성 요소처럼 여겨서는 안 됩니다. 여러분이 수년 동안 하루에 몇 시간씩 디크리를 낭송한다고 합시다. 그런다고 언젠가 상승 마스터와 연결될 것이라는 보장은 없습니다. 왜 그럴까요? 여러분은 지금 하는 것처럼 그 연결을 밀어내는 대신, 마음을 전환할 필요가 있기 때문입니다. 밀어내는 일을 멈추고 연결이 일어나도록 허용하세요.

나는 여기 있습니다(I AM here). "여기"란 무슨 의미일까요? 여러분이 어디서 자신을 보고 있든, 바로 그곳에 내가 있다는 의미입니다. 여러분은 나와 연결되기 위해서 멀리 갈 필요가 없습니다. 사실, 연결될 필요도 없습니다. 단지 마음을 전환하여 "내가 여기에 있다."라는 것을 알아차리기만 하면 됩니다. 나는 쉬바입니다. 나는 시간과 공간의 제한을 받지 않습니다. 나는 여러분이 있는 곳 어디에나 있습니다. 여러분의 멘탈 마음은 한 지점에서 다음 지점으로 가는 진행을 만들어내는 마음이기 때문에, 이런 것을 파악할 수가 없습니다. 그렇습니다. 멘탈 마음이 만들어낸 진행은 분리의 개념입니다. 여러분은 한 도시에서 다른 도시로 어떻게 걸어갑니까? 그 거리를 건너가야 합니다. 이처럼 여러분은 상승 마스터와 연결되기 위해서는 그 거리를 건너가야 한다고 생각합니다. 그러나 사실 건너가야 할 거리는 없습니다.

나는 이 주제에 대해서 무한히 이야기할 수 있습니다. 나는 여러분에게 점점 더 미묘한 가르침을 계속해서 줄 수 있습니다. 아주 많은 사람이 다음 단계의 가르침을 찾아왔고, 지금도 찾고 있습니다. 그들은 분명히 궁극적인 가르침, 더 정교한 가르침이 있을 것이고, 언젠가는 자신에게 열릴 그런 가르침을 찾게 될 것으로 생각합니다. 이로써 여러분은 우리를 밀어내고 있는 겁니다. 아니 오히려 우리에게서 멀어지도록 여러분 자신을 밀어낸다고 해야겠지요. 왜냐하면 여러분은 우리를 밀어낼 수 없기 때문입니다. 예, 이것은 또 다른 수수께끼입니다.

분명, 모든 사람이 지금 당장 마음을 전환해서 내(쉬바)가 여기에 있다는 것을 깨달을 수는 없습니다. 여러분은 144단계 아래의 더 낮은 상태에 있고 아주 많은 분리된 자아와 축적된 에너지를 갖고 있는데, 이 모든 것이 여러분의 마음, 여러분의 의식하는 마음을 끌어당기고 있으므로 여러분은 이러한 전환을 이룰 수 없습니다. 이것들이 의식하는 자아를 분리된 자아들 속으로 잡아당기고 있습니다.

선형적인 마음에서 벗어나기 위한 도구

하지만 진전을 할 수 있습니다. 여러분이 디크리를 낭송하고 가르침을 공부하기 시작하면 점진적으로 그 에너지의 일부를 변형시키고 환영을 놓아버리게 되어, 여러분의 마음을 끌어당기는 힘이 점점 더 줄어들게 됩니다. 그러면 여러분이 전환하기가 점점 더 쉬워집니다. 하지만 여전히 전환을 계속해야 합니다. 전환은 기계적 과정에 따른 기계적인 결과가 아니라 창조적인 행위입니다. 만일 여러분이 이와 다르게 말하는 가르침을 좇는다면 상승 마스터와 연결될 수 없을 것입니다. 틀림없이 더 높은 가르침이 있다고 생각하면서 계속 그것을 좇을 수 있겠지만, 여전히 연결될 수 없을 것입니다. 여러분은 이런 식의 추구를 영원히 계속할 수 있습니다.

제논의 역설에 대한 해결책은 무엇일까요? 즉, 목적지에 도착하려면 먼저 중간 지점까지 간 다음, 남은 거리의 중간 지점까지 또 가야 하는데, 여러분은 남은 거리의 중간 지점까지 가는 것을 계속 반복해야 하므로, 영원히 목적지에 도착할 수 없습니다. 해결책이 무엇일까요? 글쎄요, 한동안은 이렇게 말할 수 있습니다 "먼저 중간 지점까지 간 다음, 남은 거리의 중간 지점에 이를 때까지 걸어서 또 중간 지점으로 가면 됩니다." 이렇게 계속하다 보면, 여러분은 한 걸음만 더 걸으면 될 정도로 목적지에 가까운 지점에 도달할 것입니다. 그 지점에서 굳이 중간 지점으로 갈 필요가 있을까요? 그럴 필요가 없습니다.

여러분은 단지 선형적인 사고를 전환하고 이렇게 말하면 됩니다. "남은 거리를 한 걸음으로 갈 수 있는데 왜 내가 중간 지점까지 가야 하지? 어째서 반걸음, 4분의 1걸음, 8분의 1걸음을 가야 하지? 한 걸음만 옮기면 목적지에 도달하는데, 이런 말도 안되는 일이 왜 필요한 거지?" 여러분은 마음속으로 이렇게 말하는 지점에 도달해야 합니다. "상승 마스터와 연결하기 위해서 내가 다른 뭔가를 해야 한다고 생각할 필요가 있을까? 왜 나는 지금 바로 상승 마스터와 그냥 연결하지 않는 거지?"

이것은 선형적인 사고로 해결하는 문제가 아닙니다. 이것은 선형적인 마음을 무력화하는 문제이며, 따라서 우리는 그렇게 할 것입니다. 여러분은 이미 내 이름을 부르며 챈팅을 했지만, 이제 나와 함께 챈팅을 하는 자리에 여러분을 초대합니다. 다음과 같이 해보겠습니다.

쉬바 (40번)

옴 쉬바 (16번)

옴 쉬바 옴[12] (8번)

옴 쉬바 옴 (10번)

쉬바 옴 (3번)

쉬바(96번)

I AM 쉬바 (16번)

쉬바 I AM, I AM 쉬바 (16번)

나는 이 몸입니다[13]. 쉬바 I AM (18번)

나는 이 감정입니다. 쉬바 I AM (13번)

나는 이 생각입니다. 쉬바 I AM (11번)

나는 이 정체성입니다. 쉬바 I AM (12번)

옴 쉬바 (8번)

옴 쉬바 (20번)

옴 쉬바 (38번)

---

[12] OM Shiva OM

[13] I AM this body

쉬바 옴 (40번)

옴 쉬바 (9번)

옴 (3번)

나는 쉬바입니다. 나는 지금 여러분의 선형적인 마음을 혼란스럽게 하고 당황하게 하고 무력화하는 데 기여했습니다. 여러분이 생각을 초월할 필요가 있다고 느낄 때마다 이 챈팅의 녹음을 사용하거나, 직접 소리 내어 이 챈팅을 하세요. 영감이 오는 대로 이 챈팅을 여러 가지로 변형할 수 있습니다. 여러분이 할 수 있는 거의 무한히 다양한 쉬바 챈팅이 있습니다. 창의력을 발휘하는 것을 두려워하지 말고 이 도구를 사용해서, 여러분이 상위자아와 연결하고 상승 마스터들과 연결하는 데 주된 장애물인 선형적으로 사고하는 마음을 무력화하세요.

진실로 우리는 여러분을 위해 여기에 있습니다. 그렇지 않았다면 우리는 이 지구에 있지 않았을 것입니다. 왜냐하면 지구는, 무대 위의 사람들이 공동창조나 반-창조[14]를 펼칠 수 있는 환경을 제공하는 무대장치에 불과한 행성이기 때문입니다. 여러분이 자신보다 더 상위 수준에 있는 창조자들과 연결되어 있지 않다면 어떻게 공동창조를 하겠습니까? 그런 연결이 없다면, 여러분은 분리 의식으로 들어가 결국 (신의) 법칙이 여러분의 반-창조물을 무너뜨릴 때까지 반-창조를 할 수밖에 없습니다.

이것으로, 나는 여러분에게 주고 싶었던 것을 전해주었습니다. 여러분이 이 행사에 참석해준 것에, 여러분이 물리적 현존으로, 감정적 현존으로, 멘탈적 현존으로, 정체성의 현존으로, 아이앰 현존으로 참석

---

[14] de-creation, 반-창조란 신과 함께 하는 공동창조와 정렬되지 않은 잘못된 창조를 의미함. 타락한 마음이 창조한 바벨탑이나 전쟁, 독재체제 등이 그 예이다.

해준 것에 감사드립니다. 이제 나 자신인 쉬바의 불타오르는 사랑 안에 여러분을 봉인합니다.

4-1
선형적인 마음에서 자유로워지기를 기원합니다

I AM THAT I AM, 예수 그리스도의 이름으로 나는 쉬바를 부르며, 선형적인 마음이 가져오는 실명 상태(blindness)를 극복할 수 있도록 도와달라고 요청합니다...
(여기에 개인적인 요청을 추가하세요)

파트 1

1. 쉬바여, 내가 두려움을 극복할 수 있도록 도와달라고 요청합니다. 나는 쉬바와 대천사 미카엘께 내 감정체 안에 있는 두려움을 모두 소멸해 달라고 요청합니다.

오 쉬바, 신성한 불의 신이시여,
과거를 끝낼 시간입니다.
나는 과거를 초월해서 올라가며,
황금빛 미래가 펼쳐집니다.

오 쉬바여, 에너지를 정화하소서.
오 쉬바여, 동반 상승을 가져오소서.
오 쉬바여, 모든 데몬을 흩어버리시고,
오 쉬바여, 나에게 다시 평화가 오게 하소서.

2. 쉬바여, 현대 사회에서 영적인 사람들에게 가장 큰 장애물이 멘탈 마음임을 압니다. 나는 선형적인 마음, 이성적인 마음, 논리적인 마음, 분석적인 마음에 대한 집착을 극복하겠습니다.

오 쉬바여, 나를 제한하는 세력으로부터,
나를 자유롭게 하소서.
더 이하의 모든 것을 태워버리는 불꽃으로,
나의 성공을 위한 길을 놓아주소서.

오 쉬바여, 에너지를 정화하소서.
오 쉬바여, 동반 상승을 가져오소서.
오 쉬바여, 모든 데몬을 흩어버리시고,
오 쉬바여, 나에게 다시 평화가 오게 하소서.

3. 쉬바여, 나는 모든 것을 시간의 진행선이나, 더 작은 단위로 나눌 수 있는 선 위에 놓으려는 선형적인 마음의 성향을 놓아버립니다.

오 쉬바여, 마야의 베일을 흩어버리시고,
나 자신의 우주를 정화하소서.
죽음의 의식을 몰아내고,
당신의 신성한 숨결로 불태우소서.

오 쉬바여, 에너지를 정화하소서.
오 쉬바여, 동반 상승을 가져오소서.
오 쉬바여, 모든 데몬을 흩어버리시고,
오 쉬바여, 나에게 다시 평화가 오게 하소서.

4. 쉬바여, 모든 것을, 원인이 결과를 낳는다는 인과의 선상에 놓으려는 선형적인 마음의 성향을 놓아버립니다. 선형적인 마음은, 특정한 원인이 항상 특정한 결과로 이어지도록 결정하는 어떤 규칙성이나 자

연법칙이 있다고 말합니다.

오 쉬바여, 이에 나는 여기 아래의,
모든 집착을 보내버립니다.
중독성의 영체들이 불타버리고,
나는 다시 위로 향한 길을 갑니다.

오 쉬바여, 에너지를 정화하소서.
오 쉬바여, 동반 상승을 가져오소서.
오 쉬바여, 모든 데몬을 흩어버리시고,
오 쉬바여, 나에게 다시 평화가 오게 하소서.

5. 쉬바여, 시작점과 끝점이 반드시 있어야 한다고 생각하는 선형적인 마음의 성향을 놓아버립니다. 점점 더 높이 올라가면 결국 닫힌 원을 이루게 된다는 것을 압니다.

오 쉬바여, 내가 당신의 이름을 낭송하니,
오셔서 두려움과 의심과 수치심을 소멸해 주소서.
에고가 마음속에 감추고 싶어 하는 것을,
당신의 불꽃으로 드러내소서.

오 쉬바여, 에너지를 정화하소서.
오 쉬바여, 동반 상승을 가져오소서.
오 쉬바여, 모든 데몬을 흩어버리시고,
오 쉬바여, 나에게 다시 평화가 오게 하소서.

6. 쉬바여, 형상 세계에 무한한 것이 존재해야 한다고 생각하는 선형적인 마음의 성향을 놓아버립니다. 모든 형태는 한계에 의해 규정된다는 것을 받아들입니다.

오 쉬바여, 모든 두려움은 사라지고,
이제 내 카르마의 빚이 청산되니,
과거는 더 이상 내 선택권을 제한하지 못하며,
나는 쉬바의 숨결 안에서 기쁨을 누립니다.

오 쉬바여, 에너지를 정화하소서.
오 쉬바여, 동반 상승을 가져오소서.
오 쉬바여, 모든 데몬을 흩어버리시고,
오 쉬바여, 나에게 다시 평화가 오게 하소서.

7. 쉬바여, 상승 마스터와 연결될 때 나와 스승이 있는 곳 사이에는 거리가 있으므로, 그 거리를 극복해야 한다고 말하는 선형적인 마음의 성향을 놓아버립니다.

오 쉬바여, 저들의 올가미 안에 나를 가두고 있는,
쌍쌍의 영체들을 내게 보여주소서.
당신이 확고히 결박하는 그 영체들을,
내 마음속에서 직시하기를 원합니다.

오 쉬바여, 에너지를 정화하소서.
오 쉬바여, 동반 상승을 가져오소서.
오 쉬바여, 모든 데몬을 흩어버리시고,
오 쉬바여, 나에게 다시 평화가 오게 하소서.

8. 쉬바여, 디크리와 기원을 낭송하면 반드시 언젠가는 스승이 나타나게 된다고 생각하면서 이를 위한 논리적이고 합리적인 단계별 프로그램을 설정하는 선형적인 마음의 성향을 놓아버립니다.

오 쉬바여, 이제 모든 것을 비우고 일어서니,
내 마음은 자유롭게 확장됩니다.

내면의 모든 허상을 놓아버리니,
내맡김은 평화로 가는 열쇠입니다.

오 쉬바여, 에너지를 정화하소서.
오 쉬바여, 동반 상승을 가져오소서.
오 쉬바여, 모든 데몬을 흩어버리시고,
오 쉬바여, 나에게 다시 평화가 오게 하소서.

9. 쉬바여, 상승 마스터들이 반드시 어떤 법칙을 따라야 한다고 생각하는 선형적인 마음의 성향을 놓아버립니다. 상승 마스터들은 자유의지의 법칙을 따르며, 그것은 선형적인 법칙이 아님을 받아들입니다.

오 쉬바, 모든 것을 태워버리는 화염이시여,
파르바티와 함께 나를 더 높이 올려주소서.
내가 당신의 빛을 더 높이 들어올려 보일 때,
모든 사람이 나에게 이끌려올 것입니다.

오 쉬바여, 에너지를 정화하소서.
오 쉬바여, 동반 상승을 가져오소서.
오 쉬바여, 모든 데몬을 흩어버리시고,
오 쉬바여, 나에게 다시 평화가 오게 하소서.

파트 2

1. 쉬바여, 자유의지의 법칙은 내가 언제든지 방향을 바꿀 수 있다는 의미임을 받아들입니다. 반드시 언젠가 마스터가 나타나서 나와 연결되도록 만드는 프로그램을 설정할 수 있다는 생각을 놓아버립니다.

오 쉬바, 신성한 불의 신이시여,
과거를 끝낼 시간입니다.

나는 과거를 초월해서 올라가며,
황금빛 미래가 펼쳐집니다.

오 쉬바여, 에너지를 정화하소서.
오 쉬바여, 동반 상승을 가져오소서.
오 쉬바여, 모든 데몬을 흩어버리시고,
오 쉬바여, 나에게 다시 평화가 오게 하소서.

2. 쉬바여, 형상 세계의 전반적인 목적은 내 의식의 성장을 돕는 것임을 받아들입니다. 내가 마터 빛에 투사하는 것을 마터 빛은 모두 구현합니다.

오 쉬바여, 나를 제한하는 세력으로부터,
나를 자유롭게 하소서.
더 이하의 모든 것을 태워버리는 불꽃으로,
나의 성공을 위한 길을 놓아주소서.

오 쉬바여, 에너지를 정화하소서.
오 쉬바여, 동반 상승을 가져오소서.
오 쉬바여, 모든 데몬을 흩어버리시고,
오 쉬바여, 나에게 다시 평화가 오게 하소서.

3. 쉬바여, 자기의식을 지니고 있다는 것은 "나는 지금 내가 가지고 있지 않은 것을 구현하고 싶다. 나는 공동창조자이며, 기꺼이 공동창조를 할 것이다."라는 의미임을 받아들입니다.

오 쉬바여, 마야의 베일을 흩어버리시고,
나 자신의 우주를 정화하소서.
죽음의 의식을 몰아내고,
당신의 신성한 숨결로 불태우소서.

오 쉬바여, 에너지를 정화하소서.
오 쉬바여, 동반 상승을 가져오소서.
오 쉬바여, 모든 데몬을 흩어버리시고,
오 쉬바여, 나에게 다시 평화가 오게 하소서.

4. 쉬바여, 공동창조의 구현은 선형적이고 기계적인 방식으로 이루어지지 않음을 받아들입니다. 나는 창조적인 방식으로, 내 정체성, 멘탈 마음에 가지고 있는 이미지들을 마터 빛에 투사함으로써 구현을 합니다.

오 쉬바여, 이에 나는 여기 아래의,
모든 집착을 보내버립니다.
중독성의 영체들이 불타버리고,
나는 다시 위로 향한 길을 갑니다.

오 쉬바여, 에너지를 정화하소서.
오 쉬바여, 동반 상승을 가져오소서.
오 쉬바여, 모든 데몬을 흩어버리시고,
오 쉬바여, 나에게 다시 평화가 오게 하소서.

5. 쉬바여, 나는 그 이미지들을 언제든지 바꿀 수 있음을 받아들입니다. 그 결과가 미리 결정되어 있거나 예측할 수 있는 거대한 기계 같은 세계는 없습니다. 오직 확률만이 있을 뿐, 예측 가능한 확실한 결과란 존재하지 않습니다.

오 쉬바여, 내가 당신의 이름을 낭송하니,
오셔서 두려움과 의심과 수치심을 소멸해 주소서.
에고가 마음속에 감추고 싶어 하는 것을,
당신의 불꽃으로 드러내소서.

오 쉬바여, 에너지를 정화하소서.
오 쉬바여, 동반 상승을 가져오소서.
오 쉬바여, 모든 데몬을 흩어버리시고,
오 쉬바여, 나에게 다시 평화가 오게 하소서.

6. 쉬바여, 일단 어떤 선택을 하면 미래에 선택을 할 수 있는 능력이 제한된다는 타락한 존재들의 거짓말을 놓아버립니다. 이러한 불가피한 인과 관계는 바로 선형적인 마음이 원하는 것인데, 그 마음은 결과를 예측하면서 자신이 통제하고 있다고 생각하기 때문입니다.

오 쉬바여, 모든 두려움은 사라지고,
이제 내 카르마의 빚이 청산되니,
과거는 더 이상 내 선택권을 제한하지 못하며,
나는 쉬바의 숨결 안에서 기쁨을 누립니다.

오 쉬바여, 에너지를 정화하소서.
오 쉬바여, 동반 상승을 가져오소서.
오 쉬바여, 모든 데몬을 흩어버리시고,
오 쉬바여, 나에게 다시 평화가 오게 하소서.

7. 쉬바여, 상승 마스터와의 연결이 기계적인 과정으로 이루어질 수 있다고 생각하는 선형적인 마음의 성향을 놓아버립니다. 이것은 내 마음속에서 이미지를 만들고 그 이미지를 상승 마스터에게 투사하는 것임을 압니다.

오 쉬바여, 저들의 올가미 안에 나를 가두고 있는,
쌍쌍의 영체들을 내게 보여주소서.
당신이 확고히 결박하는 그 영체들을,
내 마음속에서 직시하기를 원합니다.

오 쉬바여, 에너지를 정화하소서.
오 쉬바여, 동반 상승을 가져오소서.
오 쉬바여, 모든 데몬을 흩어버리시고,
오 쉬바여, 나에게 다시 평화가 오게 하소서.

8. 쉬바여, 만일 당신이 내가 가진 이미지에 부응한다면, 당신이 내 이미지가 옳다고 검증해주는 것처럼 보일 것입니다. 이것은 나를 선형적인 마음에 갇히게 만들 것입니다. 그러면 타락한 존재들은 다음에 내가 어디로 갈지를 예측할 수 있으므로 나를 통제할 수 있게 됩니다.

오 쉬바여, 이제 모든 것을 비우고 일어서니,
내 마음은 자유롭게 확장됩니다.
내면의 모든 허상을 놓아버리니,
내맡김은 평화로 가는 열쇠입니다.

오 쉬바여, 에너지를 정화하소서.
오 쉬바여, 동반 상승을 가져오소서.
오 쉬바여, 모든 데몬을 흩어버리시고,
오 쉬바여, 나에게 다시 평화가 오게 하소서.

9. 쉬바여, 순서대로 이어질 과정을 시작하는 것 외에는 선택의 여지가 없고, 그때 결과는 이미 정해져 있다고 생각하는 선형적인 마음의 성향을 놓아버립니다. 쉬바여, 그 환영을 산산조각 내어주시고, 내가 어떤 것에도 속박되지 않음을 보게 해주소서. 내가 한 어떤 선택이든, 다른 선택을 함으로써 극복할 수 있습니다.

오 쉬바, 모든 것을 태워버리는 화염이시여,
파르바티와 함께 나를 더 높이 올려주소서.
내가 당신의 빛을 더 높이 들어올려 보일 때,

모든 사람이 나에게 이끌려올 것입니다.

오 쉬바여, 에너지를 정화하소서.
오 쉬바여, 동반 상승을 가져오소서.
오 쉬바여, 모든 데몬을 흩어버리시고,
오 쉬바여, 나에게 다시 평화가 오게 하소서.

파트 3

1. 쉬바여, 나는 상승 마스터들과 나 자신과 그리고 우리의 연결에 이미지를 투사하면서 선형적인 마음에 갇혀버리는 성향을 놓아버립니다.

오 쉬바, 신성한 불의 신이시여,
과거를 끝낼 시간입니다.
나는 과거를 초월해서 올라가며,
황금빛 미래가 펼쳐집니다.

오 쉬바여, 에너지를 정화하소서.
오 쉬바여, 동반 상승을 가져오소서.
오 쉬바여, 모든 데몬을 흩어버리시고,
오 쉬바여, 나에게 다시 평화가 오게 하소서.

2. 쉬바여, 물고기자리 시대에 주어진 옛 가르침들에 기반한 이미지, 스승들과 어떻게 연결될 수 있는지에 대한 옛 이미지를 마스터들에게 투사하려는 경향을 놓아버립니다.

오 쉬바여, 나를 제한하는 세력으로부터,
나를 자유롭게 하소서.
더 이하의 모든 것을 태워버리는 불꽃으로,
나의 성공을 위한 길을 놓아주소서.

오 쉬바여, 에너지를 정화하소서.
오 쉬바여, 동반 상승을 가져오소서.
오 쉬바여, 모든 데몬을 흩어버리시고,
오 쉬바여, 나에게 다시 평화가 오게 하소서.

3. 쉬바여, 멘탈층의 존재들에게서 오는 채널링의 진동을 읽을 수 있
도록 도와주소서. 내가 그들의 말을 분별하고 그들이 어떻게 선형적
인 멘탈 마음에 호소하는지를 볼 수 있게 해주소서.

오 쉬바여, 마야의 베일을 흩어버리시고,
나 자신의 우주를 정화하소서.
죽음의 의식을 몰아내고,
당신의 신성한 숨결로 불태우소서.

오 쉬바여, 에너지를 정화하소서.
오 쉬바여, 동반 상승을 가져오소서.
오 쉬바여, 모든 데몬을 흩어버리시고,
오 쉬바여, 나에게 다시 평화가 오게 하소서.

4. 쉬바여, 상승 마스터의 이름을 도용하거나 상승 마스터와 연관되지
않은 다른 이름을 내세우고 있는 멘탈층의 사칭자들과의 모든 연결을
차단하여 나를 자유롭게 해주소서.

오 쉬바여, 이에 나는 여기 아래의,
모든 집착을 보내버립니다.
중독성의 영체들이 불타버리고,
나는 다시 위로 향한 길을 갑니다.

오 쉬바여, 에너지를 정화하소서.
오 쉬바여, 동반 상승을 가져오소서.

오 쉬바여, 모든 데몬을 흩어버리시고,
오 쉬바여, 나에게 다시 평화가 오게 하소서.

5. 쉬바여, 나는 모든 형태의 속박으로부터 자유로워지고 싶기 때문에 당신의 봉사를 요청합니다. 내 마음속에 있는 속박이든, 다른 인간에 대한 집착이든, 멘탈, 감정, 정체성층의 존재에 대한 집착이든, 타락한 존재들에 대한 집착이든, 어떤 형태의 속박으로부터든 자유로워지기를 원합니다. 내 환영과 타락한 존재들을 단절하여 나를 자유롭게 해 주소서.

오 쉬바여, 내가 당신의 이름을 낭송하니,
오셔서 두려움과 의심과 수치심을 소멸해 주소서.
에고가 마음속에 감추고 싶어 하는 것을,
당신의 불꽃으로 드러내소서.

오 쉬바여, 에너지를 정화하소서.
오 쉬바여, 동반 상승을 가져오소서.
오 쉬바여, 모든 데몬을 흩어버리시고,
오 쉬바여, 나에게 다시 평화가 오게 하소서.

6. 쉬바여, 내가 멘탈 마음 안에 있는 환영을 놓아버릴 수 있도록 당신의 도움을 요청합니다. 나는 당신과 내 가슴 가까이 있는 상승 마스터로부터 나를 분리시키는 환영을 놓아버립니다.

오 쉬바여, 모든 두려움은 사라지고,
이제 내 카르마의 빚이 청산되니,
과거는 더 이상 내 선택권을 제한하지 못하며,
나는 쉬바의 숨결 안에서 기쁨을 누립니다.

오 쉬바여, 에너지를 정화하소서.

오 쉬바여, 동반 상승을 가져오소서.
오 쉬바여, 모든 데몬을 흩어버리시고,
오 쉬바여, 나에게 다시 평화가 오게 하소서.

7. 쉬바여, 내 멘탈 마음이 나와 가장 가까운 상승 마스터와 내가 연결되는 것을 어떻게 막고 있는지 보여주소서.

오 쉬바여, 저들의 올가미 안에 나를 가두고 있는,
쌍쌍의 영체들을 내게 보여주소서.
당신이 확고히 결박하는 그 영체들을,
내 마음속에서 직시하기를 원합니다.

오 쉬바여, 에너지를 정화하소서.
오 쉬바여, 동반 상승을 가져오소서.
오 쉬바여, 모든 데몬을 흩어버리시고,
오 쉬바여, 나에게 다시 평화가 오게 하소서.

8. 쉬바여, 상승 마스터들을 어떤 기계적인 구성 요소로 환원할 수 있다고 생각하는 마음을 놓아버립니다. 그 마음은 '내가 이렇게 하면 당신이 나타나게 되어 있다.'라고 생각합니다.

오 쉬바여, 이제 모든 것을 비우고 일어서니,
내 마음은 자유롭게 확장됩니다.
내면의 모든 허상을 놓아버리니,
내맡김은 평화로 가는 열쇠입니다.

오 쉬바여, 에너지를 정화하소서.
오 쉬바여, 동반 상승을 가져오소서.
오 쉬바여, 모든 데몬을 흩어버리시고,
오 쉬바여, 나에게 다시 평화가 오게 하소서.

9. 쉬바여, 나는 마음을 전환하겠습니다. 지금 하는 것처럼 연결을 밀어내는 대신, 나는 밀어내는 것을 멈추고 연결이 일어나도록 허용하겠습니다.

오 쉬바, 모든 것을 태워버리는 화염이시여,
파르바티와 함께 나를 더 높이 올려주소서.
내가 당신의 빛을 더 높이 들어올려 보일 때,
모든 사람이 나에게 이끌려올 것입니다.

오 쉬바여, 에너지를 정화하소서.
오 쉬바여, 동반 상승을 가져오소서.
오 쉬바여, 모든 데몬을 흩어버리시고,
오 쉬바여, 나에게 다시 평화가 오게 하소서.

파트 4

1. 쉬바여, 내가 어디서 나 자신을 보고 있든 그곳에 당신이 계심을 받아들입니다. 나는 당신과 연결하기 위해 멀리 갈 필요가 없습니다. 사실 연결할 필요도 없습니다. 나는 단지 마음을 전환해서 당신이 여기 계신 것을 알아차리기만 하면 됩니다.

오 쉬바, 신성한 불의 신이시여,
과거를 끝낼 시간입니다.
나는 과거를 초월해서 올라가며,
황금빛 미래가 펼쳐집니다.

오 쉬바여, 에너지를 정화하소서.
오 쉬바여, 동반 상승을 가져오소서.
오 쉬바여, 모든 데몬을 흩어버리시고,
오 쉬바여, 나에게 다시 평화가 오게 하소서.

2. 쉬바여, 당신이 시간과 공간의 제약을 받는다고 생각하는 성향을 놓아버립니다. 당신은 내가 있는 곳 어디에나 있지만, 멘탈 마음은 한 지점에서 다음 지점으로 가는 진행 과정을 만들고 싶어 합니다. 이것은 분리의 개념입니다.

오 쉬바여, 나를 제한하는 세력으로부터,
나를 자유롭게 하소서.
더 이하의 모든 것을 태워버리는 불꽃으로,
나의 성공을 위한 길을 놓아주소서.

오 쉬바여, 에너지를 정화하소서.
오 쉬바여, 동반 상승을 가져오소서.
오 쉬바여, 모든 데몬을 흩어버리시고,
오 쉬바여, 나에게 다시 평화가 오게 하소서.

3. 쉬바여, 내가 상승 마스터와 연결되기 위해서는 (둘 사이의) 거리를 건너가야 한다는 멘탈 마음의 환영을 놓아버립니다. 사실 건너가야 할 거리는 없음을 받아들입니다.

오 쉬바여, 마야의 베일을 흩어버리시고,
나 자신의 우주를 정화하소서.
죽음의 의식을 몰아내고,
당신의 신성한 숨결로 불태우소서.

오 쉬바여, 에너지를 정화하소서.
오 쉬바여, 동반 상승을 가져오소서.
오 쉬바여, 모든 데몬을 흩어버리시고,
오 쉬바여, 나에게 다시 평화가 오게 하소서.

4. 쉬바여, 나는 항상 다음 단계의 가르침, 궁극적인 가르침 또는 더

정교한 가르침을 찾고자 하는 경향을 놓아버립니다. 이런 탐구가 당신을 밀어내거나, 혹은 당신에게서 나 자신을 멀리 밀어내고 있음을 압니다.

오 쉬바여, 이에 나는 여기 아래의,
모든 집착을 보내버립니다.
중독성의 영체들이 불타버리고,
나는 다시 위로 향한 길을 갑니다.

오 쉬바여, 에너지를 정화하소서.
오 쉬바여, 동반 상승을 가져오소서.
오 쉬바여, 모든 데몬을 흩어버리시고,
오 쉬바여, 나에게 다시 평화가 오게 하소서.

5. 쉬바여, 나는 마음속으로 이렇게 말할 수 있는 지점에 도달하겠습니다. "상승 마스터와 연결하기 위해 내가 다른 뭔가를 해야 한다고 생각할 필요가 뭐가 있나요? 지금 바로 상승 마스터와 그냥 연결하면 되지 않을까요?"

오 쉬바여, 내가 당신의 이름을 낭송하니,
오셔서 두려움과 의심과 수치심을 소멸해 주소서.
에고가 마음속에 감추고 싶어 하는 것을,
당신의 불꽃으로 드러내소서.

오 쉬바여, 에너지를 정화하소서.
오 쉬바여, 동반 상승을 가져오소서.
오 쉬바여, 모든 데몬을 흩어버리시고,
오 쉬바여, 나에게 다시 평화가 오게 하소서.

6. 쉬바여, 이것이 선형적인 사고로 해결할 문제가 아님을 받아들입니

다. 이것은 선형적인 마음을 무력화시키는 문제이며, 나는 기꺼이 당신께서 나를 도와주시도록 하겠습니다.

오 쉬바여, 모든 두려움은 사라지고,
이제 내 카르마의 빚이 청산되니,
과거는 더 이상 내 선택권을 제한하지 못하며,
나는 쉬바의 숨결 안에서 기쁨을 누립니다.

오 쉬바여, 에너지를 정화하소서.
오 쉬바여, 동반 상승을 가져오소서.
오 쉬바여, 모든 데몬을 흩어버리시고,
오 쉬바여, 나에게 다시 평화가 오게 하소서.

7. 쉬바여, 당신이 나를 위해 여기 있다는 사실을 받아들입니다. 그렇지 않았다면 마스터들이 이곳 지구에 있지 않았을 것입니다. 이 행성은 무대 위의 사람들이 공동창조나 반-창조를 펼칠 수 있는 무대장치에 불과함을 압니다.

오 쉬바여, 저들의 올가미 안에 나를 가두고 있는,
쌍쌍의 영체들을 내게 보여주소서.
당신이 확고히 결박하는 그 영체들을,
내 마음속에서 직시하기를 원합니다.

오 쉬바여, 에너지를 정화하소서.
오 쉬바여, 동반 상승을 가져오소서.
오 쉬바여, 모든 데몬을 흩어버리시고,
오 쉬바여, 나에게 다시 평화가 오게 하소서.

8. 쉬바여, 자신보다 더 상위 수준에 있는 창조자들인 상승 마스터들과 연결되지 않더라도, 자신에게 공동창조할 힘이 있다고 생각하는

자아들을 모두 놓아버립니다.

오 쉬바여, 이제 모든 것을 비우고 일어서니,
내 마음은 자유롭게 확장됩니다.
내면의 모든 허상을 놓아버리니,
내맡김은 평화로 가는 열쇠입니다.

오 쉬바여, 에너지를 정화하소서.
오 쉬바여, 동반 상승을 가져오소서.
오 쉬바여, 모든 데몬을 흩어버리시고,
오 쉬바여, 나에게 다시 평화가 오게 하소서.

9. 쉬바여, 나는 분리 의식에서 태어난 모든 자아를 놓아버립니다. 나는 고난의 학교에 더 이상 머물지 않도록 이 자아들을 죽게 내버려두겠습니다. 고난의 학교에서는 결국 (신의) 법칙이 내 반-창조물을 무너뜨릴 때까지, 내가 반-창조를 할 수밖에 없습니다.

오 쉬바, 모든 것을 태워버리는 화염이시여,
파르바티와 함께 나를 더 높이 올려주소서.
내가 당신의 빛을 더 높이 들어올려 보일 때,
모든 사람이 나에게 이끌려올 것입니다.

오 쉬바여, 에너지를 정화하소서.
오 쉬바여, 동반 상승을 가져오소서.
오 쉬바여, 모든 데몬을 흩어버리시고,
오 쉬바여, 나에게 다시 평화가 오게 하소서.

옴 쉬바 옴 (9번)
나는 이 몸입니다. 나는 쉬바입니다 (9번)
나는 이 감정입니다. 나는 쉬바입니다 (9번)

나는 이 생각입니다. 나는 쉬바입니다 (9번)
나는 이 정체성입니다. 나는 쉬바입니다 (9번)

봉인

신성한 어머니의 이름으로, 나는 대천사 미카엘과 아스트레아와 쉬바께 나의 영적인 스승들과 아이앰 현존과 나와의 연결을 봉인해 주시기를 요청합니다. I AM THAT I AM의 이름으로, 이것이 이루어졌습니다! 아멘.

5
여러분과 상위자아 사이의 거리감을 넘어서기

나는 상승 마스터 신성 안내자입니다. 오늘 정체성체에 관해 이야기하게 되어 기쁩니다. 여러분의 정체성체 안에서 상승 마스터들이나 상위자아에 조율하는 것을 막고 있는 것은 무엇일까요? 우리가 질문을 달리해야 할 것 같습니다. 정체성체 안에서 여러분과 상승 마스터와의 조율을 방해하지 않는 것은 무엇일까요?

진실로, 상승 영역과 연결된다는 것은 무슨 의미일까요? 그것은 영적인 영역과 하나가 된다는 의미입니다. 그런데 여러분이 자신을 물질적인 존재로 여긴다면 어떻게 영적인 영역과 하나가 될 수 있겠습니까? 물론 이것이 오늘날의 지구의 상황이며, 하위 정체성 영역의 아홉 층이, 인간으로 존재한다는 것이 어떤 의미인지에 대한 인위적인 이미지(man-made images)로 가득 차 있습니다. 내가 '인위적인 이미지'라고 말할 때, 여기에는 물론 추락한 존재들의 영향을 받은 이미지도 포함됩니다. 우리가 전에 언급했던 어둠의 마스터(Dark Master)를 포함한 일부 추락한 존재들이 그런 하위 정체성 영역에 거주하고 있습니다.

정체성의 알파 측면과 오메가 측면

지구의 상황은 정말 매우 어려우며, 우리는 이것이 얼마나 어려운 상황인지 잘 알고 있습니다. 그래서 여러분 상승 마스터 학생들이 즉시 정체감을 전환해야 한다고 기대하지 않습니다. 우리는 단지, 여러분이 개인적으로 그런 상황에 처할 때 한 걸음 물러나 자신을 바라보고, 무엇이 상승 마스터와의 연결을 막고 있는지 살펴보며, 여러분이 자신을 어떻게 규정하고 있는지 숙고해야 한다는 점을 분명히 일깨워 주려 합니다. 여기에는 물론 알파와 오메가, 두 측면이 있습니다. 오메가 측면은 여러분이 몸담고 자라난 특정한 문화입니다. 이것은 주로 여러분의 국적(nationality)이며, 그 밖에 종교, 인종 등 여러분이 속한 지역과 문화에서 온 요소들입니다. 이들이 숙고해야 할 한 측면입니다.

숙고해야 할 다른 한 측면은 알파 측면으로서, 전체 인류의 집단의식에서 볼 수 있는 일반적인 정체성입니다. 물론 이 일반적인 정체성이 더 지역적인 정체성들의 패턴을 설정하게 됩니다. 이 지역적인 정체성들은 약간씩 차이는 있지만, 장구한 세월 동안 인류에 의해 공동 창조되어 인류에게 덧입혀진 일반적인 정체성의 큰 틀 안에 있습니다.

자기-강화되는 물질의 밀도가 가져온 결과

이 일반적인 정체감을 살펴보는 것부터 시작하겠습니다. 지구의 대다수 사람은, 심지어 매우 영적인 사람들도 지구가 엘로힘에 의해 창조된 원래 상태에서 얼마나 많이 바뀌었는지 잘 모르고 있습니다. 지구에 얼마나 엄청난 변화가 일어났는지는 영적인 사람들이라 해도 파악하기가 매우 어렵습니다. 우리가 가르침을 통해 조금씩 설명해 온 것 중 하나는, 물질 자체가 더 조밀해졌다는 사실입니다. 물질의 밀도가 더 높아졌다는 것은, 육신의 감각으로는 물질이 에너지임을 볼 수 없게 되었다는 뜻입니다. 원래 상태에서는 지구의 물질이 더 높은 수준으로 진동했습니다. 시각적인 예를 들면, 실제로 당시 사람들은 육안으로 물질을 약간 투명한 것으로 볼 수 있었습니다.

밖으로 나가 특히 신록이 돋기 시작하는 봄철의 숲으로 가보세요. 나무 아래 서서 고개를 들어 태양이 나뭇잎들을 투과하며 빛나고 있는 것을 보세요. 그 나뭇잎들은 거의 투명하게 보일지도 모릅니다. 햇살이 나뭇잎을 투과하며 빛나고 있기 때문에 잎들은 더 밝게 보입니다. 자, 모든 물질이 그렇다고 상상해 보세요. 물리적인 태양뿐 아니라 더 높은 에너지도 모든 물질을 투과해서 빛날 수 있으며, 육안으로 그것을 볼 수 있다고 상상해 보세요. 당시 사람들은 물질 너머에 무언가 있음을 감지할 수 있었으므로, 자신이 더 높은 영역과 분리되어 있다고 보기가 매우 어려웠습니다. 예전에는 빛이 모든 물질을 투과하며 빛나고 있었습니다.

하지만 집단의식이 훨씬 더 조밀해짐에 따라 물질 그 자체도 훨씬 더 조밀해지게 되었으며, 따라서 행성의 모든 물질의 진동이 낮아졌습니다. 예를 들어 이것은, 물질을 투과하며 빛나고 있는 빛을 육안으로 보기가 더욱 힘들어졌다는 의미입니다. 여전히 빛은 물질을 관통하며 빛나고 있지만, 물리적인 감각으로 그것을 보기가 더 어려워졌습니다. 일단 이런 일이 시작되면 자기-강화적인 결과를 가져옵니다. 왜냐하면 이제 사람들은 물리적인 영역과 영적인 영역이 거리와 장벽으로 분리되어 있다는 생각을 쉽게 받아들이기 때문입니다.

이것은 사람들이 마음속으로 물질이 영과 분리된 실체(substance)라고 투사하기 시작했음을 뜻합니다. 이로 인해 그들의 물리적인 감각은 더 둔해지고, 물질을 투과하는 빛에 조율하는 대신 물질에 더 많이 조율하게 되는 결과를 가져왔습니다. 감각이 둔화됨에 따라 사람들은 영과 물질이 분리되어 있다고 더 굳게 믿게 되었고, 이로 인해 감각은 점점 더 둔화되었습니다.

이렇게 감각의 둔화가 재강화되는 과정이 매우 오랜 시간 동안 진행되다가, 2,500년 전 붓다의 육화와 2,000년 전 예수의 육화에 이르러서야 비로소 역전되기 시작했습니다. 그때부터 점차 더 많은 사람이 영적인 영역에 조율하기 시작했습니다. 따라서 집단의식 안에서 어떤 움직임이 일어나기 시작했고, 사람들은 영과 물질이 분리되어 있다는 기본적인 환영에 의문을 제기할 수 있게 되었습니다.

지구상의 기본적인 환영: 영과 물질의 분리

진실로 이 환영은 거의 모든 사람이 가지고 있는 정체감의 토대입니다. 즉 자신이 인간이고, 자신이 육체 안에 있거나 육체의 산물이라는 정체감, 자신은 물리적인 행성에 살고 있고, 자신과 지구는 영과 분리되어 있다는 정체감입니다. 물론 일부 사람들은 영적인 영역이 있다는 사실을 부정합니다. 그리고 자신은 진화한 동물이나 물리적인 존재일 뿐이며, 마음은 뇌를 넘어선 것과는 분리되어 있고 마음은 뇌의 산물이라는 정체성을 구축했습니다. 물론, 무의식적인 뇌가 의식을 만들어낸다는 추론 방식은 진정한 논리에 기반한 것이 아니라, 어떤 관점을 검증하거나 무효화하는 마음의 능력에 기반한 것입니다. 여기에는 그럴듯한 부인과 그럴듯한 타당성이 존재합니다. 믿고 싶은 것이 무엇이든 여러분은 반대되는 증거를 배제하여 그 믿음이 정당한 것처럼 보이게 할 수 있습니다. 이것이 바로 물질주의자들이 해온 일입니다. 하지만 그들이 간과한 것은, 그들이 의식을 지니고 있기 때문에 자신이 의식을 지니고 있다는 것을 부정할 수 있으며, 의식은 무의식적인 물질에서는 나올 수 없다는 단순한 논리입니다.

그럼에도 불구하고 지구의 많은 사람은 영적인 영역이나 하늘나라가 존재하며, 인류보다 더 높은 수준에 있는 그 영역에는 어떤 존재들이 거주한다고 믿습니다. 하지만 여전히 그들은 자신을 인간으로, 아마도 죄인이거나 여러 면에서 불완전한 존재로, 영적인 성장의 적인 육체 안에 갇힌 존재로 여깁니다. 이런 정체성들을 많이 볼 수 있지만, 한 걸음 물러나 그 이면을 보면, 그 기본적인 정체성은 "우리는 영적인 존재가 아니라 인간이며, 아마 진화한 동물일 것입니다."라는 것입니다. 그러한 정체성이 있는가 하면, "예, 우리는 영적인 존재입니다. 하지만 물리적인 영역과 육체 안에 갇혀 있기 때문에 영과는 분리되어 있습니다."라고 말하는 사람들도 있습니다. 이것은 지구와 하늘나라 사이에 거대한 거리, 심지어 많은 경우 물리적인 거리가 있다는 믿음으로 이어집니다.

감정층, 멘탈층, 정체성층에 거주하는 존재들

얼마 전까지만 해도 서구의 많은 사람이 지구는 돔으로 덮인 평평한 원반이고, 그 돔 바깥에는 하늘나라가 있으며, 평평한 땅과 하늘나라 사이에는 물리적인 거리가 있다고 믿었습니다. 그리고 거리가 있다는 이런 믿음에는 여러 버전이 있습니다. 이것 또한 수수께끼 중 하나인데, 물질층과 영적인 영역 사이에는 진동수 상의 차이가 있으며, 이 둘 사이에 감정, 멘탈, 정체성층이 있습니다. 전에도 설명했듯이, 이 세 상위층에 거주하는 존재들이 있는데, 그중 일부는 인간들에게 자신을 영적인 존재나 영적인 스승들, 심지어는 신과 여신으로 내세우기도 하고, 우리 이름을 사칭하면서 상승 마스터 행세를 하기도 합니다. 더 높은 영역에 있는 존재들을 접촉하기 위해 마음으로 다가가거나 마음 밖에서 다가갈 필요가 있다고 생각하는 사람들이 있으며, 일부는 그런 존재들과 접촉하고 나서는 그들이 진짜 영적인 존재들이라고 믿습니다.

자, 특히 멘탈층과 낮은 정체성층에 거주하는 존재들은 악한 존재들이라고 불릴 그런 존재들은 아닙니다. 그들이 반드시 인류를 파괴하거나 노예로 삼으려는 악한 의도를 지닌 것은 아니지만, 그들은 사람들에게서 에너지를 얻고 싶어 합니다. 그들은 사람들에게서 뭔가를 얻기를 원하지도 않고 얻을 필요도 없는 상승 마스터들의 수준에 있지 않습니다.

의식하는 자아 대 분리된 자아들

여기서 볼 수 있는 것은 "이곳 지구의 인간들은 영과 거리상으로 분리되어 있다."라는 전반적인 생각과 정체감이, 상승 마스터나 상위 자아와의 연결을 막고 있다는 사실입니다. 어떤 의미에서 그 연결이 큰 간격을 연결하는 것을 뜻한다면, 연결되어야 한다는 그 생각이 여러분에게 방해가 될 수 있습니다. 여러분과 영적인 영역이 분리되어 있고 그 사이에 깊은 골이나 협곡이 있다고 본다면, 이것도 여러분을 가로막습니다. 심지어 자신이 삼사라의 바닷가에 있고 그 바다를 건너 피안에 이르러야 한다고 생각도 여러분을 가로막는 장애물입니다. 즉 여러분의 마음은 우리가 상승 영역에서 주는 모든 이미지를, 연결을 막아버리는 장애물로 사용할 수 있다는 말입니다. 따라서 우리의 직계 제자인 여러분은, 이것이 연결에 관한 담화라기보다는, 거리나 분리가 존재하지 않는다는 깨달음에 관한 담화임을 숙고하는 것이 더 낫고 더 건설적일 것입니다.

오늘날 여러분은 소위 연결된 세계라 불리는 현대 세계에서 살고 있습니다. 인터넷이 모든 곳에 있는 사람들을 연결해주고 있습니다. 그러나 다른 나라 사람과 인터넷으로 연결되어 있을 때도 여러분은 그 사람과 물리적으로 분리되어 있다는 것을 압니다. 그래서 이런 분리감을 종종 우리에게도 전이(transfer)해서, "상승 마스터들은 높은 진동수를 가진 저 위의 영적인 영역에 있으니까, 나는 의식을 더 올려서 평소에는 도달할 수 없는 저 높은 곳에 있는 마스터들과 연결해야 해."라고 생각합니다.

하지만 우리가 여러분에게 뭐라고 말했습니까? 우리가 준 가르침을 숙고해 보세요. 여러분의 외적인 인격, 감정, 사고, 심지어 정체감도 이 모든 개인적인 잠재의식에서 만들어졌고 그중 많은 것들이 분리된 자아들이라는 가르침을 숙고해 보세요. 이 분리된 자아들은 물리적인 영역의 조건에 반응하거나 대처하면서 만들어졌습니다. 이 자아들은 외면을 향한 자아들입니다. 이 자아들은 여러분이 분명히 육체와 마음 밖에 있는 것으로 경험하는 세상과 연관되어 있습니다. 이 자아들은 밖을 보기 위해 만들어졌습니다. 그리고 여러분이 물리적인 세상 안에 있는 분리된 존재라는 감각에 기반해서 만들어졌습니다. 우리 몸은 물질세계에 존재하는 별개의 단위입니다. 나는 지금 이 자아들이 악하거나 나쁘거나 부정적이라고 말하는 것이 아닙니다. 여러분이 48단계 의식 위로 올라갔다면, 분명히 그렇지 않습니다. 그 자아들은 악하거나 부정적이지 않습니다. 단지 (스스로를 의식하는) 자각이 없을 뿐입니다. 이 자아들은 그들이 하도록 설계된 일, 즉 밖을 보는 일만 할 수 있습니다.

자, 여기에서 여러분은 물질 세상을 넘어서는 그 이상의 무엇이 분명히 있다는 사실을 깨닫습니다. 그리고 더 높은 영역에 있는 상승 마스터들에 대해 말해주는 영적인 가르침을 발견합니다. 자신이 가진 이 모든 자아에 기반해서 영적인 여정으로 다가가는 것 이외에 여러분이 할 수 있는 일이 무엇이겠습니까? 하지만 이런 접근 방식이 가져오는 불가피한 결과를 볼 수 있습니까? 여러분은 물질 세상에 대한 반응으로 만들어진 이 자아들을 통해 영적인 여정으로 다가갑니다. 그리고 불가피하게 이런 자아들이 영적인 여정이나 영적인 영역, 영적인 스승에 대해 가진 이미지들을 투사하게 됩니다. 다시 말하지만, 지금 여러분을 비난하는 것이 아닙니다. 여러분이 여정을 발견한 초기 단계에서 그 외에 무엇을 할 수 있겠습니까?

우리는 지난 40~60년에 걸쳐 전 세계의 수백만 사람들에게서 영적인 관심이 증가하고 있는 것을 보아 왔습니다. 수백만의 사람들이 어떤 형태의 영적인 여정을 발견했으며, 그들은 자신의 네 하위체에 지니고 있던 자아들에서 나오는 이미지를 투사해왔습니다. 그것은 정말 피할 수 없는 일이었습니다.

하지만 우리가 특별히 이 시혜를 통해서 우리의 직계 학생들인 여러분에게 주고자 하는 것은, 더 높은 의식(higher awareness)입니다. 여러분이 육체가 아니고 감정적인 마음도 아니고, 멘탈적인 마음도, 정체성 마음도 아님을 깨닫게 해주는 더 높은 의식 말입니다. 여러분은 이 모든 마음을 초월하는 그 이상의 존재입니다. 여러분은 이 모든 자아를 초월하는 존재입니다. 왜냐하면 여러분이 존재의 핵심으로 들어가면 우리가 '순수의식'이라고 묘사했던, 의식하는 자아(Conscious You)가 있기 때문입니다. 이 말은, 그 의식하는 자아는 외면의 자아가 아니라는 뜻입니다. 의식하는 자아는 외면의 자아들을 초월하는 그 이상의 존재입니다. 의식하는 자아야말로 지구로 내려와서 육화하는 정체성의 핵심입니다. 의식하는 자아는 외면의 자아들을 창조했지만, 여러분이 그 외면의 자아가 된 것은 아닙니다. 여러분도 알듯이, 외면의 자아들을 통해서는 상승 마스터들과 연결될 수 없으며, 정체성체 안에 있는 자아들이라 해도 마찬가지입니다. 심지어 여러분이 자신을 영적인 존재로 보면서 새로운 자아를 구축하더라도 그 자아를 통해서는 상승 마스터들과 연결될 수 없습니다. 이것이 과거의 상승 마스터 시혜에서 우리가 관찰해온 사실입니다.

48단계와 96단계 사이의 영적인 자아

우리는 이 시혜에서, 여러분이 진정으로 영적인 여정을 시작한 48단계에서, 정체성체 안에 새로운 영적인 자아를 구축하여 집단의식 너머로 올라가는 96단계에 이르기까지 더 높은 가르침을 주어왔습니다. 물론 여러분은 멘탈체와 감정체 안에서도 자아들을 만들어왔지만, 정체성체 안에 영적인 존재로서의 새로운 자아감과 정체감을 구축하고 있습니다. 이것도 역시 불가피한 일입니다. 지구 같은 밀도 높은 행성에서 여러분은 그 외의 어떤 것도 할 수 없습니다.

여러분은 집단의식 너머로 자신을 끌어올릴 필요가 있으며, 이렇게 말하는 자아를 구축합니다. "나는 이것이 아니다. 나는 이것과 동일시될 수 없다. 나는 이런 활동에 관여하지 않을 것이다. 저런 활동에도 관여하지 않을 것이다. 왜냐하면 그것은 영적인 일이 아니기 때문이다. 나는 이런 일에만 전념할 것이다. 왜냐하면 이 일은 영적인 일이기 때문이다." 그래서 여러분은 이동 수단을 만듭니다. 여러분을 지상에서 들어올리고 대기권을 돌파하여 96단계에 있는 더 높은 궤도로 진입하게 해줄 로켓을 만듭니다.

그러나 여러분이 만들고 있는 이 자아도 여전히 여러분이 살고 있는 세상에 반응하는 자아입니다. 이 자아는 영적인 가르침에 기초하고 있지만, 여전히 집단의식에 대한 반응 안에 있습니다. "나는 영적인 존재이므로 집단의식에 속하지 않는다. 따라서 나는 이런 방식이나 저런 방식에서 집단의식과는 다르다. 그리고 나는 이런 일이나 저런 일은 하지 않는다. 나는 다른 사람들이 믿는 것을 믿지 않고, 그 대신 이것을 믿는다." 그러나 여러분이 만들고 있는 이 영적인 자아는 여전히 지구상의 조건들에 대해 반응하고 있습니다.

다시 말하지만, 이것은 아주 자연스러운 일입니다. 여러분이 그 밖에 무엇을 할 수 있겠습니까? 그러나 이 자아 역시 외면을 향한 자아입니다. 이 말은 좀 이해하기 어려울 수도 있습니다. 많은 사람이 이렇게 말하기 때문입니다. "하지만 나는 30년 동안 내면에 주의를 집중하며 명상을 해왔습니다." 하지만 여러분이 명상하는 사람으로서의 자아를 구축해왔다면, 그것은 여전히 지구상의 조건에 반응하는 자아입니다. 예를 들어, 수도원에 은거하며 하루에 몇 시간씩 명상을 해온 많은 사람이 이런 미묘한 자아감을 구축했습니다. "나는 영적인 사람이며, 저기 세속에 있는 저 사람들보다 훨씬 더 영적입니다. 왜냐하면 나는 영적인 가르침이 규정한 조건들을 준수하며 살고 있기 때문입니다."

끊임없이 변화하는 자아인 의식하는 자아(Conscious You)

여러분은 여전히 세상으로 이미지를 투사하고 있으며, 영적인 사람이 된다는 것이 무엇을 의미하는지에 대한 이미지를 스스로에게 투사하고 있습니다. 우리가 말했듯이, 이것은 여러분이 48단계에서 96단계까지의 여정에 있을 때만 도움이 됩니다. 그러나 96단계를 넘어서고 나면 이것이 더 이상 도움이 되지 않는다는 사실을 숙고해야 합니다.

이때가 바로 여러분이 의식하는 자아(Conscious You)에 대한 이 가르침을 신중하게 숙고하기 시작해야 할 시점입니다. 왜냐하면 이 가르침은 수천 년 동안 수많은 영적인 사람들이 빠져들었던 함정을 피할 수 있도록 우리가 신중을 기해 제공한 것이기 때문입니다. 그 함정이란, 이런 영적인 정체감을 구축하고 그것을 놓아버리는 것을 거부하면서, 계속 그 자아를 다듬고 정교하게 만들려고 애쓰는 것입니다. "내가 결국 가르침에 따라 충분히 정교한 영적인 자아를 만든다면, 그 자아가 나를 하늘나라로 들어가게 해줄 것이다."라고 생각하면서 말입니다.

하지만 2500년 전 붓다가 준 가르침이 무엇인가요? 그는 수천 년 동안 모든 인간에게는 불멸의 자아인 아트만(Atman), 영원한 불변의 자아가 있다고 주장해온 힌두 브라민의 전통에 맞서는 가르침을 펼쳤습니다. 붓다는 모든 성찰에도 불구하고 자신 안에서 불변하는 자아를 결코 발견하지 못했다고 설파하면서, 불변하는 자아의 개념을 부정했습니다. 그 대신 그는 끊임없이 변화하는 자아, 지속적으로 변화하는 자아에 대해 이야기했습니다.

이제, 예수의 가르침으로 가서 살펴보겠습니다. 예수는 오직 하늘에서 내려온 사람만이, 즉 그런 자아만이, 다시 하늘로 올라갈 수 있다고 말했습니다. 그렇다면 이 두 가르침을 어떻게 통합할 수 있을까요? 자, 하늘에서 내려온 자아란 의식하는 자아(Conscious You)를 말합니다. 그러나 의식하는 자아는 불변하는 자아가 아닙니다. 왜냐하면 의식하는 자아는 어디에 주의를 두느냐에 따라 끊임없이 전환되기 때문입니다. 의식하는 자아는 어떻게 자신을 볼 수 있을까요? 글쎄요, 대다수 사람의 경우, 의식하는 자아는 정체성체와 멘탈체, 감정체, 심지어 육체 안에 있는 모든 자아를 통해 자신을 봅니다.

그래서 의식하는 자아는 이 모든 자아를 통해 그 자신과 세상을 경험하고 있으며, 한 자아에서 다른 자아로 끊임없이 옮겨가고 있습니다. 어떤 특정한 상황이 발생하면 사람들은 어떻게 반응할까요? 자, 의식하는 자아는 이 잠재의식적인 자아들 중의 특정한 자아로 옮겨가 그때부터는 그 자아를 통해 상황에 반응하게 됩니다. 상황이 다시 변하면, 의식하는 자아는 또 다른 자아들로 옮겨갑니다. 그런 다음 그 자아에 기반해서 반응하게 되고, 이런 과정이 반복됩니다. 그런데 여러분이 48단계에서 96단계에 이르는 여정을 걷고 있을 때는, 대다수 사람과는 달리, 단지 다른 자아들로 수평적인 이동을 하지는 않습니다. 그 대신 영적인 계단을 오르는 수직적인 상향 이동을 시작하며, 점점 더 높은 수준의 자아를 구축하면서 위로 올라가게 됩니다. 하지만 여러분은 여전히 이동하고 있습니다.

여러분은 의식하는 자아가 항상 순수의식 상태라고 말할지도 모릅니다. 하지만 의식하는 자아가 자신을 순수의식으로서 자각하는 빈도가 얼마나 될까요? 의식하는 자아는 영원불변의 자아로 창조된 것이 아닙니다. 의식하는 자아는 끊임없이 변화하는 자아로 존재하도록 창조되었습니다.

그러므로 여러분이 96단계 너머로 올라감에 따라 의식하는 자아는 이렇게 깨닫기 시작합니다. "나는 이 외면의 자아들이 아니다. 나는 이 자아들을 넘어서는 존재이다." 이것이 바로 그리스도 의식이 여러분에게 보여주는 것입니다. 그리고 그때가 바로 이 여정의 관건은 자신이 구축한 영적인 자아를 완전하게 만드는 것이 아님을 깨닫는 때입니다. 이 여정의 관건은, 내가 아이앰 현존으로부터 내려온 순수의식으로서

설 수 있게 되기까지 그 영적인 자아를 해체하고 동일시에서 벗어나며, 이 개인적인 자아들을 하나씩 죽게 하는 것입니다.

여러분과 아이앰 현존 사이에는 아무런 분리도 없습니다

그렇다면 이 모든 긴 담론이 어디로 이어지며, 이것이 '연결하기'와 무슨 관련이 있을까요? 자, 실제로 의식하는 자아는 상승 마스터들이나 아이앰 현존과 연결될 수 없다는 사실과 관련이 있습니다. 왜냐하면 의식하는 자아는 상승 마스터들과 아이앰 현존으로부터 분리되어 있지 않기 때문입니다. 처음에는 이 말이 무슨 의미인지 이해하기 어려울지도 모릅니다.

그래서 중간 단계에서의 의식하는 자아에 대해 말해보겠습니다. 의식하는 자아가 물리적인 영역이나 비상승 영역에 초점을 맞추고 있을 때, 여러분은 여전히 특정한 수준의 진동 대역에 있고 상승 마스터들은 더 높은 진동 대역에 있다고 할 수 있습니다. 따라서 여러분은 우리에게 연결될 필요를 느낍니다. 이때 알아야 할 점은, 아이앰 현존은 영적인 영역에 있고, 여러분은 비상승 영역에 초점을 맞추고 있는 상태라는 것입니다. 하지만 파도가 바다의 연장인 것처럼 여전히 여러분은 아이앰 현존이 확장된 존재입니다. 진실로 여러분은 자신의 아이앰 현존으로부터 분리될 수 없습니다. 절대 분리될 수 없습니다.

그래서 이곳이 바로 의식하는 자아가 전환을 해야 하는 지점이며, 여러분은 거리감을 가지거나 그 거리를 연결할 필요를 느끼는 대신 거리에 대한 환상을 극복해야 합니다. 여러분은 이렇게 물을지도 모릅니다. "그런데 진동수의 차이는 어떻게 해야 하지요?" 하지만 진동수의 차이가 거리를 의미할까요? 예, 분리된 자아에게는 그렇습니다. 분리된 자아는 하나됨을 경험할 수 없으며, 하나됨에 기반해서 창조되지 않았기 때문입니다. 그러나 의식하는 자아는 아이앰 현존의 확장체이며, 여기서 중요한 관건은 단지 이것을 깨닫는 것입니다. "나는 바다와 분리되어 있지 않습니다. 나는 바다의 일부입니다." 자 이제 여러분 안에 하나의 파도가 있다고 상상해 보세요. 여러분 안에는 이 거대한 대양과 수많은 파도, 수많은 큰 파도가 일렁이고 있습니다. 그리고 여기에 자기 자신을 자각하고 있는 하나의 파도가 있습니다. 그 파도는 자신의 꼭대기에서 밖을 내다봅니다. 그리고 다른 모든 파도를, 그 파도들의 윗부분을 바라봅니다. 그 파도는 오직 파도의 윗부분에만 초점을 맞추고 있습니다. 그리고 계속 파도의 윗부분에만 집중하던 나머지, 늘 자신의 꼭대기 부분과 다른 파도들의 꼭대기 부분만 보고 있게 됩니다. 그래서 "나는 이 모든 파도와는 별개의 존재입니다."라고 인식하게 됩니다.

96단계를 넘어가면 일어나는 전환

하지만 96번째 의식 수준을 넘어가면서 의식하는 자아가 겪게 되는 변화는 무엇일까요? 그것은 여러분이 실제로 이렇게 인식하기 시작한다는 것입니다. "나는 하나의 파도입니다. 하지만 나는 바다 위에서 일렁이는 파도이고, 바다는 움직이고 있습니다. 하나의 파도로서 나는 파도들의 꼭대기에만 초점을 맞추는 대신 바다의 더 깊은 움직임을 느끼면서 그 깊은 움직임의 일부로 존재할 수 있습니다." 그때 갑자기 그 파도는 바다와 그 바다의 움직임을 자각하게 됩니다. 그리고 파도는 그 움직임에 저항하는 대신 바다와 함께 흘러가기 시작합니다. 이것이 의식하는 자아가 영의 움직임에 저항하지 않을 때 이를 수 있는 상태입니다. 즉 파도인 의식하는 자아는 아이앰 현존이 바다임을 깨닫게 됩니다. "나는 이 바다의 한 줄기 파도이지만, 바다와 함께, 아이앰 현존과 함께 움직일 수 있습니다." 그리고 더 나아가 여러분은 상승 마스터들 역시 바다임을 깨달을 수 있습니다. 여러분이 아이앰 현존과 함께 움직인다면 우리와도 함께 움직일 수 있습니다. 이것이 궁극적으로 여러분이 우리와 연결되는 방법입니다.

실제로 여러분은 연결되는 것이 아니라, 거리감을 극복하는 것입니다. 물론 처음에는 짧은 순간 동안만 거리감을 극복할 수 있습니다. 그러나 여러분 모두가 그런 경험을 할 수 있습니다. 우리가 묘사했듯이, 의식하는 자아가 분리된 자아들 밖으로 나오게 되면 자신을 순수 의식으로서 경험하며, 아이앰 현존이라는 바다, 상승 마스터라는 바다와 함께 움직이고 있는 그 일부로서 자신을 경험합니다. 이제는 저항하지 않고, 파도를 타고 서핑하려고 애쓰지도 않으며, 여러분은 바다의 일렁임과 함께 움직이고, 또 움직입니다. 이제 다른 이미지를, 서프보드 위에서 파도를 타고 있는 사람을 상상해 보세요. 지금 그 사람이 이렇게 말하는 것을 상상해 보세요: "파도를 타는 서핑은 충분히 했습니다. 나는 이제 파도 아래로 내려가, 바다의 움직임을 느끼면서 내가 그 움직임과 함께 흘러가도록 둡니다."

영적인 여정에서 거치는 정신분열증적인 단계

물론 여러분의 에고는 이렇게 외칠 것입니다. "하지만 당신이 바다와 함께 움직인다면, 그때의 당신은 누구일까요? 당신은 내가 아닐 것입니다. 여기에 분리되어 존재하는 내가 아닐 것입니다. 당신이 바다와 하나가 된다면, 나를 떠나는 것이 아닌가요?" 이때가 분명 영적인 여정에서 가장 어려운 단계일 것입니다. 여전히 여러분은 분리된 자아로 사는 것에 너무 익숙해서, 자신을 이 세상 안에 있는 분리된 존재로 보고 있었습니다. 하지만 이제 여러분은 바다와 같이 거대한 자아를 인식하고 그 움직임을 느끼기 시작했습니다. 그렇다면 여러분은 이런 상태와, 육체 안에 있는 것 사이의 간극, 즉 가족과 직장과 경력과 세상적인 책임들을 지고 있는 육체 안에 있는 것 사이의 간극을 어떻게 메울 수 있을까요? 그러나 이 모든 것의 저변에서 여러분은 바다처럼 거대한 자아의 움직임을 느끼기 시작했습니다.

상승 마스터인 우리는 지구처럼 밀도가 높은 행성에서 이 단계를 통과하는 것이 얼마나 어려운지 잘 알고 있습니다. 여러분의 정체성이 여러 다른 방향으로 당겨지기 때문에 그 상태는 거의 정신분열증에 가깝습니다. 사랑하는 이들이여, 잘 들으세요. 이것이 바로 우리가 분리된 자아들을 단계적으로 떨쳐버림으로써 충격을 겪지 않게 되는 점진적인 여정에 대해 말해 온 이유입니다. 여러분도 볼 수 있듯이, 일부 사람들은 갑자기 "에고의 죽음"이라고 불리는 자아 상실감에 빠지게 되어 정체감을 잃어버리거나 자신이 누구인지 알 수 없게 되는 정체성의 위기를 겪게 되기 때문입니다.

이런 것은 우리 상승 마스터들이 가르치는 여정이 아닙니다. 우리는 점진적인 여정을 가르칩니다. 96단계에 이르면 깨어난 것이라고 생각하는 사람들이 있습니다. 즉 그들은 자신이 영적인 각성의 과정을 돌파해서 영적인 깨달음에 이르렀으며, 이제 어떤 궁극적인 수준에 도달했다고 여깁니다. 하지만 그들에게는 종종 위에 언급한 정체감의 위기가 오게 되는데, 그때 그들은 그 간극을 메울 수가 없기 때문입니다. 물론 그들에게는 여전히 분리된 자아들이 남아 있으며, 이로 인해 96단계에서 멈추게 됩니다. 이것은 그들이 얼마 후부터는 다시 하락하기 시작할 것이라는 의미입니다.

극적인 깨달음에 대한 기대

우리가 96단계 너머에 많은 단계가 있다고 말한 분명한 이유는, 자신이 누구이고 왜 여기 있는지 알 수 없게 되는 정체성의 위기에 빠지지 않으면서 계속 점진적인 여정을 갈 수 있도록 해주기 위해서입니다. 그래서 여러분 대부분은 이미 이 여정을 시작했습니다. 이제는 여러분이 마음을 전환하고 이 여정이 분명히 점진적인 길임을 받아들이는 것이 매우 중요하고 또 중요합니다.

아시아보다는 서구에서 더 흔하긴 하지만, 여전히 아시아에서도 볼 수 있는 경향은, 영적인 수행자들이 영적인 길을 발견했을 때 극적인 변화나 극적인 돌파, 극적인 결과를 얻으려는 마음 자세로 들어가는 것입니다. 그렇게 되면 자신들이 즉시 변화되어 높은 경지를 성취할 것이라고 여깁니다. 이런 것을 깨달음, 깨어남, 에고의 죽음 등, 그 어떤 유행어로 부르든 상관없이 이것은 상승 마스터들과 여러분의 진정한 연결을 완전히 차단해버릴 수 있는 기대이며 마음가짐입니다.

많은 사람이 이러한 야망으로 인해 멘탈층이나 낮은 정체성층의 존재들과 연결을 갖게 됩니다. 그러고는 이 존재들이 영적인 존재들이라고 생각합니다. 하지만 이런 상태는 길이 막혀버린 막다른 골목입니다. 또 다른 사람들은 단번에 깨닫기를 추구하며, 그런 즉각적인 깨달음이 올 거라고 기대합니다. 그리고 어떤 구루에게서 그런 것을 얻지 못하면 다른 구루를 찾아다닙니다. 어떤 가르침에서 그런 것을 얻지 못하면 다른 가르침을 찾아다닙니다. 왜냐하면 그들은 언젠가는 이런 최후의 통찰을 얻게 될 것으로 생각하기 때문입니다. 어느 날엔가 제3의 눈을 열어주는 구루를 만나게 될 것이고 그러면 자신이 깨어날 것이라 생각합니다. 어느 날엔가 어느 책에서 어떤 구절을 읽게 되면, 모든 것이 '찰칵'하고 열리면서 자신이 깨어날 것이라 생각합니다.

96단계 너머의 점진적인 여정

하지만 이런 것은 우리가 가르치는 여정이 아닙니다. 우리는 점진적인 여정을 가르치며, 이 여정에는 96단계에서 144단계에 이르는 여러 수준이 있습니다. 여러분은 한 번에 한 걸음씩 나아가기 때문에 방향감각을 잃는 일은 절대 없습니다. 여러분이 세상에 존재하는 이유에 대한 감각도 결코 잃지 않습니다. 여러분의 책임을 수행할 수 있는 능력도 결코 잃지 않습니다.

다른 한편, 여러분은 자신이 어디로 가고 있는지에 대한 감각, 세상에 반응하는 자아들이 더 이상 없는 지점으로 가고 있다는 감각을 결코 잃지 않습니다. 이때가 여러분이 열린 문이 되는 때이며, 아이앰 현존과 상승 마스터들은 여러분을 통해 활동하게 됩니다. 그러나 여러분은 여전히 자신이 누구이고 여정의 어느 지점에 있는지에 대한 감각을 잃지 않습니다. 그렇기 때문에 여러분은 자신의 정체감을 점진적으로 전환할 수 있습니다.

자, 내가 무슨 말을 하고 있나요? 많은 사람이 상승 마스터와의 낮은 연결 상태에서 갑자기 완전한 연결 상태로 갈 수 있다는 기대를 가지고 있는 것에 대해 이야기하고 있습니다. 많은 사람이 이런 돌파를 기대합니다. 어떤 사람들은 이 메신저가 우리와 이런 완전한 연결을 이루고 있다는 투사를 하기도 합니다. 하지만 이것은 비현실적인 기대입니다. 연결은 점진적으로 이루어집니다. 물론, 이 메신저는 우리와 연결되어 있습니다. 하지만 어떤 종류의 활동을 하는 대부분의 시간 동안 그는 그 일에 초점을 맞추고 있습니다. 그가 담화를 교정하는 동안은 상승 마스터와의 연결이 그렇게 많이 필요하지는 않습니다. 그가 교정을 하느라 많은 시간을 보내기는 하지만 말입니다. 식료품을 사거나, 쓰레기를 갖다 버리거나, 집을 청소하거나 하는 일상생활의 일을 하는 데는 상승 마스터와의 연결이 많이 필요하지 않습니다.

상승 마스터와 연결되는 것은 이 세상의 경험에서 오는 어떤 것이 아닙니다. 일상 활동을 하는 대부분의 시간 동안 여러분이 우리와 연결되어 있을 필요는 없으며, 적어도 의식적으로 그 연결을 인식할 필요는 없습니다. 의식하는 자아는 그냥 외부 활동에 초점을 맞추고 있으며, 여러분이 여정의 어느 지점에 있는지에 따라, 심지어 여러분이 떠나버린 자아들을 통해 초점을 맞추기도 합니다. 이것은 완전히 자연스러운 일이며, 여기에 영적이지 않은 것은 아무것도 없습니다. 많은 영적인 사람들이 깨달음을 얻는 것이나 깨어나는 것이 무슨 의미인지, 혹은 더 높은 수준의 의식에 도달하는 것이 무슨 의미인지에 대해 완전히 비현실적인 견해를 가지고 있습니다.

여러분에게 와닿는 하나의 개념을 발견하세요

내가 여러분에게 숙고할 점들을 많이 주었다는 것을 압니다. 바라건대, 우리가 가르침을 줄 때 단지 한 사람만이 아니라 어떤 한 범주의 사람들을 위해 주고 있다는 사실을 알아야 합니다. 그래서 어떤 가르침은 더 낮은 의식 수준에 있는 사람들에게 주고, 어떤 가르침은 더 높은 사람들을 위해 주며, 또 어떤 가르침은 그 중간에 있는 사람들을 위해 주어야 합니다. 이것이 바로, 우리가 종종 압도적으로 보일 만큼 많은 개념을 주고 있는 이유입니다. 하지만 여러분이 그 모든 가르침에 집중할 필요는 없습니다.

여러분은 자신에게 와닿고 자신의 현 의식 수준에 공명하는 하나의 개념만 발견하면 됩니다. 그런 다음 단지 그 아이디어에 집중해서 그 아이디어를 공부하고, 내면화하고, 숙고하고, 그것을 파악하기 위해 우리에게 도움을 요청하고, 진정으로 내면화하세요. 그러면 다음 단계로 올라가는 데 도움이 됩니다. 그러고 나면 아마 여러분이 집중할 수 있는 또 다른 아이디어를 찾게 될 겁니다. 과다하다고 여겨질 만큼 많은 아이디어가 담긴 가르침들이 방출될 때 압도되는 느낌을 가질 필요는 없습니다. 단지 자신에게 와닿는 하나의 아이디어를 찾은 다음, 그것에 집중하세요. 그 나머지에 대해서는 상관하지 마세요. 여러분은 나중에 언제든 돌아와서 담화를 읽을 수 있고, 다시 들어볼 수 있고, 여러분이 다룰 준비가 된 그 다음의 아이디어를 발견할 수 있습니다.

이번 가르침을 요약하자면, 여러분이 이런 질문을 해보는 것이 유익한 시점이 온다는 것입니다. "내가 자라난 환경에서 가지게 된 정체성은 무엇일까요? 한국이든 다른 지역이든 자신의 문화 안에서 가지게 된 정체성은 무엇일까요? 사람들은 어떻게 자신을 규정하며, 이 환경 안에 있는 인간으로 존재한다는 것은 무슨 뜻일까요?" 그리고 점차 이런 의문을 품기 시작합니다. 영적인 가르침을 사용해서 말하자면 "진실로, 환경에서 비롯된 정체성으로 사는 것이 인간으로 존재하는 유일한 방법일까요?" 여러분이 다른 문화권에서 자란 사람들을 만나본다면, 자신이 보고 자란 것과는 다른 종류의 사람이 되는 것도 가능함을 알게 되며, 정체성에 대해 의문을 제기하게 됩니다.

그런 다음 여러분이 모든 인간이 가지고 있는 일반적인 정체감을 살펴 나가다 보면 점차 이런 의문에 이릅니다. "나는 정말 영과 분리되어 있는 걸까요? 내가 정말 분리되어 있을까요? 나를 분리된 존재로 보아야만 할까요? 아니면 나는 점진적으로 정체감을 변화시킬 수 있을까요?"

그런 다음 여러분은 가르침을 공부하고 요청과 디크리를 수행하면서, 점진적으로 정체감을 전환해갑니다. 여러분 다수가 수년 동안 영적인 여정을 걸어왔습니다. 그리고 대부분의 시간 동안 그다지 진전이 없었던 것처럼 느낍니다. 하지만 가끔 10년 전이나 1년 전의 자신을 돌아보면서 갑자기 자신이 진전했음을 깨닫는 순간을 맞게 됩니다. 여러분은 예전과 같은 방식으로 삶을 바라보거나 상황에 반응하지 않습니다. 그때 여러분은 자신이 점진적인 여정을 걸어오기는 했지만 그럼에도 불구하고 이전보다 훨씬 더 높은 지점에 도달했음을 깨닫습니다. 이때가 바로 여러분이 극적인 전환이나 극적인 돌파에 대한 꿈, 단번에 깨달음에 이르게 된다는 꿈을 놓아버릴 수 있는 때입니다.

돈오돈수(頓悟頓修)에 대한 환상

세상에는 갑자기 자발적인 깨어남[15]을 경험했다고 주장하는 사람들이 있다는 것을 알고 있습니다. 하지만 이것은 우리가 가르치는 여정은 아니며, 나는 그 이유를 설명했습니다. 이번 생에 극적인 깨달음을 얻은 사람들이 있지만, 이런 일은 오직 전생에 점진적인 여정을 거쳐

---

[15] spontaneous sudden awakening, 돈오

왔기 때문에 일어날 수 있었습니다. 그들은 그 사실을 인식하지 못할 수도 있고, 심지어 부정할 수도 있습니다. 또한 그들은 여러분이 깨어남에 이르는 점진적인 여정을 걸을 수 있다는 것조차 부정할지도 모릅니다.

일부 영적인 스승들이 주장하듯이, 깨어남은 억지로 강요될 수 없는 것이기에 항상 자발적인 깨어남일 수밖에 없습니다. 사랑하는 이들이여, 여러분은 그것을 강요할 수 없습니다. 그러나 내가 이 담화에서 설명한 내용이 무엇입니까? 여러분은 세상에 반응하는 분리된 자아들을 통해서는 (현존과) 연결되거나 깨어날 수 없지만, 그 자아들을 점차 놓아버릴 수는 있습니다. 그리고 여러분이 더 많은 자아를 놓아버릴수록, 의식하는 자아가 자신이 누구인지 깨닫기가 더 쉬워집니다. 그리고 결국, 그것이 깨어남입니다. 그 외에 무엇이 있을 수 있을까요?

하지만 사람들은 극적인 경험을 할 수 있습니다. 그들은 자신의 정체감이 사라진 것처럼 느끼면서 자신이 깨어났다고 생각하지만, 여전히 96번째 의식 수준에 머물러 있을 수도 있습니다. 그렇다면 144번째 의식 수준에 도달하기까지 그들에게 얼마나 많은 분리된 자아가 남아 있을까요? 만일 그들이 이제 깨달음을 얻었다고 주장한다면, 그래서 나가서 가르치기 시작하면서, "아, 맞아, 저 사람은 깨달았어."라고 말하는 추종자를 끌어들인다면, 그들은 남아 있는 자아를 들여다보기나 할까요? 그들은 용해해야 할 무언가가 자기 안에 남아 있다는 것을 부정하지 않을까요? 만일 그것을 부정한다면, 그들이 어떻게 그것을 용해할 수 있을까요? 그렇다면 그들이 어떻게 궁극적으로 상승할 준비가 되는 수준에 이를 수 있을까요?

오늘날 세상에는 많은 추종자를 거느린 영적 구루들이 있고 그들 모두 자신이 깨달음을 얻었다고 생각하지만, 사실 그들은 144단계에서 꽤 멀리 떨어져 있습니다. 그들이 자신의 심리 안에 해결해야 할 것이 아무것도 없다고 생각하면서 더 높은 단계로 점진적인 이동을 하지 않는다면, 그들은 이번 생애가 끝날 때 상승의 자격을 얻지 못할 것입니다.

이런 일이 수백 년 동안 많은 구루들에게 일어났습니다. 특히 수많은 구루들이 사원에서 높은 위치를 차지하고 있는 인도 전통에서 그러했습니다. 그들은 추종자들을 모았으며, 추종자들은 그 구루가 궁극적인 의식의 경지에 올랐다고 투사해왔습니다. 하지만 우리가 여러분에게 알려주려고 한 것이 무엇입니까? 지구같이 밀도가 높은 행성에 육화하고 있는 한, 궁극적인 의식의 경지란 없다는 것입니다. 여러분이 궁극적인 의식 상태에 이르렀다고 생각한다면, 그것은 환상이고, 위험한 환상입니다. 만일 여러분이 자신을 들여다보지 않는다면, 아직도 남아서 상승을 방해하고 있는 자아들을 어떻게 놓아버리고 극복할 수 있겠습니까? 이것은 하나의 함정이며, 우리는 직계 제자인 여러분이 이 함정에 빠지지 않기를 바라고 있습니다.

자 이것으로, 이 컨퍼런스(installment)에서 내가 여러분에게 주고자 했던 내용을 전했습니다. 여러분이 주의를 기울여 준 것에 감사합니다. 이 피정, 이 행사를 준비하고 참가해주어서 감사합니다. 왜냐하면 이 행사는 여러분의 차크라를 통해 우리가 이러한 강력한 자극들을 집단의식으로 방출할 수 있게 해주었기 때문입니다. 이러한 자극들이 집단의식을 관통하며 동심원의 원처럼 퍼져 나가면서, 여러분을 비롯한 수백만의 사람들이 혜택을 받게 될 것입니다.

이로써 많은 사람이 오랜 시간 동안 보려고 애썼던 어떤 것을 갑자기 보게 될 것입니다. 그들은 영적인 여정의 진정한 목적이 무엇인지 깨닫게 될 것입니다. 그리고 어떤 형태로든 그들에게 깊이 와닿고 그들을 더 높은 곳으로 이끌 수 있는 영적인 여정을 발견하게 될 것입니다.

이것이 여러분이 여태까지 해온 강력한 작업이며, 이 행사에 함께 참여함으로써 지금도 이 작업을 하고 있습니다. 자 이제, 여러분에게

내 감사를 전합니다. 그리고 지금 나는 지구를 위한 신성한 안내인
내 존재의 화염에 여러분을 봉인합니다.

5-1
내 상위자아에 가까이 다가가기를 기원합니다

I AM THAT I AM, 예수 그리스도의 이름으로 나는 신성 안내자를 부르며, 내 정체성 체에서 나와 당신의 연결을 방해하는 요소들을 볼 수 있도록 도와달라고 요청합니다...
(여기에 개인적인 요청을 추가하세요)

파트 1

1. 신성 안내자여, 나는 정체성체 안에서 나와 상승 마스터들과의 조율, 내 상위자아와의 조율을 막고 있는 것이 무엇인지 기꺼이 보겠습니다.

신성 안내자여, 나는 이제 압니다.
세상이 비실재임을,
내 가슴 안에서 진실로 느낍니다.
영이야말로 실재하는 모든 것임을.

신성 안내자여, 빛을 보내주시어,
내면의 시야에서 어둠을 제거하소서.
내 비전은 자유롭고, 내 비전은 선명하며,
당신의 안내는 영원히 함께합니다.

2. 신성 안내자여, 영적인 영역과 연결되는 것은 영적인 영역과 하나가 되는 것을 의미합니다. 나는 자신이 물질적 존재라는 정체성을 놓아버립니다.

신성 안내자여, 나에게 비전을 주소서.
나는 명료함 안에서 살기를 원합니다.
이제 나는 유일무이한 설계를 담은,
나의 신성한 계획을 바라봅니다.

신성 안내자여, 빛을 보내주시어,
내면의 시야에서 어둠을 제거하소서.
내 비전은 자유롭고, 내 비전은 선명하며,
당신의 안내는 영원히 함께합니다.

3. 신성 안내자여, 나는 인간으로 존재하는 것이 무슨 의미인지에 대한 인위적인 이미지를 모두 놓아버립니다. 나는 정체성층의 타락한 존재들, 특히 어둠의 마스터에 의해 영향을 받은 이미지를 모두 놓아버립니다.

신성 안내자여, 내면의 에고 게임들을,
드러내시어, 나를 자유롭게 해주소서.
내가 에고의 새장에서 벗어나,
황금시대로 가는 것을 돕게 하소서.

신성 안내자여, 빛을 보내주시어,
내면의 시야에서 어둠을 제거하소서.
내 비전은 자유롭고, 내 비전은 선명하며,
당신의 안내는 영원히 함께합니다.

4. 신성 안내자여, 내가 자란 문화에서 형성된 모든 정체감과 집단의

식이 지닌 일반적인 정체감을 기꺼이 보고 놓아버리겠습니다.

신성 안내자여, 당신과 함께하니,
내 비전은 더 이상 둘이 아닌 하나입니다.
당신이 카르마의 베일을 흩어버리시니,
나는 새로운 전체 우주를 봅니다.

신성 안내자여, 빛을 보내주시어,
내면의 시야에서 어둠을 제거하소서.
내 비전은 자유롭고, 내 비전은 선명하며,
당신의 안내는 영원히 함께합니다.

5. 신성 안내자여, 나는 자기-강화적인 지구상의 환영, 즉 물질 영역이 영적인 영역과 장벽으로 분리되어 있다는 환영을 놓아버리겠습니다.

신성 안내자여, 내가 위로 올라가니,
전기적 빛이 이제 내 잔을 채웁니다.
내 안의 오래된 그림자를 모두 태워주시고,
나에게 명확한 비전을 주소서.

신성 안내자여, 빛을 보내주시어,
내면의 시야에서 어둠을 제거하소서.
내 비전은 자유롭고, 내 비전은 선명하며,
당신의 안내는 영원히 함께합니다.

6. 신성 안내자여, 내가 인간이라는 정체성, 즉 내가 육체 안에 있거나 육체의 산물이라는 정체성을 놓아버립니다. 내가 물질 행성에 살고 있으며, 나와 지구는 영으로부터 분리되어 있다는 환영을 놓아버립니다.

신성 안내자여, 황금의 가슴이여,
나는 신성한 과업을 펼쳐 나갑니다.
축복받은 구루여, 나는 이제 압니다.
신성한 계획이 나를 어디로 데려가는지.

신성 안내자여, 빛을 보내주시어,
내면의 시야에서 어둠을 제거하소서.
내 비전은 자유롭고, 내 비전은 선명하며,
당신의 안내는 영원히 함께합니다.

7. 신성 안내자여, 내 마음은 어떤 관점도 정당화하거나 무효화할 수 있는 능력을 갖고 있음을 압니다. 나는 그럴듯한 부인과 그럴듯한 타당성을 극복하고자 합니다. 나는 내 믿음이 정당한 것처럼 보이기 위해 반대 증거를 배제하려는 경향을 놓아버립니다.

신성 안내자여, 당신의 은총으로,
더 원대한 계획에서 내 위치를 발견합니다.
신께서 내게 주신 유일무이한 개성,
나 자신의 화염을 깨닫습니다.

신성 안내자여, 빛을 보내주시어,
내면의 시야에서 어둠을 제거하소서.
내 비전은 자유롭고, 내 비전은 선명하며,
당신의 안내는 영원히 함께합니다.

8. 신성 안내자여, 나는 지구와 하늘나라 사이에 엄청난 거리가 있으며, 지구의 인간들은 영과 멀리 분리되어 있다는 믿음을 놓아버립니다.

신성 안내자여, 하나됨의 비전이여,

나는(I AM) 신의 태양임을 깨닫습니다.
당신의 신성한 인도를 받으며,
나는 이제 스스로의 빛을 발합니다.

신성 안내자여, 빛을 보내주시어,
내면의 시야에서 어둠을 제거하소서.
내 비전은 자유롭고, 내 비전은 선명하며,
당신의 안내는 영원히 함께합니다.

9. 신성 안내자여, 내가 당신과 연결되려면 거대한 거리를 뛰어넘어야한다는 생각을 놓아버립니다. 나와 영적인 영역이 분리되어 있고 그사이에 깊은 골이 있다는 환영을 놓아버립니다.

신성 안내자여, 영의 들어올림에 참여하는,
이 놀라운 선물이여,
인류를 어두운 밤으로부터 들어올리고,
영의 사랑 어린 시선을 받습니다.

신성 안내자여, 빛을 보내주시어,
내면의 시야에서 어둠을 제거하소서.
내 비전은 자유롭고, 내 비전은 선명하며,
당신의 안내는 영원히 함께합니다.

파트 2

1. 신성 안내자여, 마음은 상승 영역에서 주는 모든 이미지를 (상승 마스터와 나의) 연결을 차단하는 데 사용할 수 있음을 보겠습니다. 상승마스터와 연결되는 것이 관건이 아니라, 상승 마스터와 나 사이에는거리나 분리가 없음을 깨닫는 것이 관건임을 받아들입니다.

신성 안내자여, 나는 이제 압니다.
세상이 비실재임을,
내 가슴 안에서 진실로 느낍니다.
영이야말로 실재하는 모든 것임을.

신성 안내자여, 빛을 보내주시어,
내면의 시야에서 어둠을 제거하소서.
내 비전은 자유롭고, 내 비전은 선명하며,
당신의 안내는 영원히 함께합니다.

2. 신성 안내자여, 상승 마스터들은 저 위의 영적인 영역에 있으며, 내가 평소에는 도달할 수 없는 저 멀리 있는 마스터들과 연결을 이루어야 한다는 생각을 놓아버립니다.

신성 안내자여, 나에게 비전을 주소서.
나는 명료함 안에서 살기를 원합니다.
이제 나는 유일무이한 설계를 담은,
나의 신성한 계획을 바라봅니다.

신성 안내자여, 빛을 보내주시어,
내면의 시야에서 어둠을 제거하소서.
내 비전은 자유롭고, 내 비전은 선명하며,
당신의 안내는 영원히 함께합니다.

3. 신성 안내자여, 나의 분리된 자아들은 물질 영역의 조건들에 반응하면서 만들어진 것임을 보겠습니다. 이 자아들은 외면을 향한 자아들입니다. 이 자아들은 내가 육체 밖에, 심지어 마음 밖에 있는 것으로 경험하는 세계와 관련되어 있습니다.

신성 안내자여, 내면의 에고 게임들을,

드러내시어, 나를 자유롭게 해주소서.
내가 에고의 새장에서 벗어나,
황금시대로 가는 것을 돕게 하소서.

신성 안내자여, 빛을 보내주시어,
내면의 시야에서 어둠을 제거하소서.
내 비전은 자유롭고, 내 비전은 선명하며,
당신의 안내는 영원히 함께합니다.

4. 신성 안내자여, 이 자아들은 밖을 바라보기 위해 창조되었음을 보 겠습니다. 이 자아들은 내가 물질세계에 살고 있는 분리된 존재라는 감각에 기반해서 만들어졌습니다.

신성 안내자여, 당신과 함께하니,
내 비전은 더 이상 둘이 아닌 하나입니다.
당신이 카르마의 베일을 흩어버리시니,
나는 새로운 전체 우주를 봅니다.

신성 안내자여, 빛을 보내주시어,
내면의 시야에서 어둠을 제거하소서.
내 비전은 자유롭고, 내 비전은 선명하며,
당신의 안내는 영원히 함께합니다.

5. 신성 안내자여, 이 자아들은 악하거나 부정적이지는 않지만, 자기의 식이 없다는 것을 보겠습니다. 이 자아들은 그들이 하도록 설계된 일, 즉 밖을 보는 일만 할 수 있습니다.

신성 안내자여, 내가 위로 올라가니,
전기적 빛이 이제 내 잔을 채웁니다.
내 안의 오래된 그림자를 모두 태워주시고,

나에게 명확한 비전을 주소서.

신성 안내자여, 빛을 보내주시어,
내면의 시야에서 어둠을 제거하소서.
내 비전은 자유롭고, 내 비전은 선명하며,
당신의 안내는 영원히 함께합니다.

6. 신성 안내자여, 나는 이 모든 자아에 기반해서 영적인 여정에 접근
하려는 경향을 놓아버립니다. 나는 물질세계에 대한 반응으로 창조된
자아들을 통해 영적인 여정에 접근하는 것을 포기합니다.

신성 안내자여, 황금의 가슴이여,
나는 신성한 과업을 펼쳐 나갑니다.
축복받은 구루여, 나는 이제 압니다.
신성한 계획이 나를 어디로 데려가는지.

신성 안내자여, 빛을 보내주시어,
내면의 시야에서 어둠을 제거하소서.
내 비전은 자유롭고, 내 비전은 선명하며,
당신의 안내는 영원히 함께합니다.

7. 신성 안내자여, 나는 이 자아들로부터 온 이미지를 영적인 여정과
영적인 영역에, 그리고 영적인 스승들에게 투사하려는 경향을 놓아버
립니다.

신성 안내자여, 당신의 은총으로,
더 원대한 계획에서 내 위치를 발견합니다.
신께서 내게 주신 유일무이한 개성,
나 자신의 화염을 깨닫습니다.

신성 안내자여, 빛을 보내주시어,
내면의 시야에서 어둠을 제거하소서.
내 비전은 자유롭고, 내 비전은 선명하며,
당신의 안내는 영원히 함께합니다.

8. 신성 안내자여, 나는 내 육체도, 감정적인 마음도, 멘탈 마음도 아닙을 압니다. 나는 정체성 마음도 아닙니다. 나는 이 모든 마음과 이 모든 자아를 초월한 그 이상의 존재입니다.

신성 안내자여, 하나됨의 비전이여,
나는(I AM) 신의 태양임을 깨닫습니다.
당신의 신성한 인도를 받으며,
나는 이제 스스로의 빛을 발합니다.

신성 안내자여, 빛을 보내주시어,
내면의 시야에서 어둠을 제거하소서.
내 비전은 자유롭고, 내 비전은 선명하며,
당신의 안내는 영원히 함께합니다.

9. 신성 안내자여, 내 존재의 핵심으로 가면 외면의 자아가 아닌 의식하는 자아(Conscious you)가 있음을 경험하겠습니다. 의식하는 자아는 외면의 자아들을 초월하는 그 이상의 존재입니다.

신성 안내자여, 영의 들어올림에 참여하는,
이 놀라운 선물이여,
인류를 어두운 밤으로부터 들어올리고,
영의 사랑 어린 시선을 받습니다.

신성 안내자여, 빛을 보내주시어,
내면의 시야에서 어둠을 제거하소서.

내 비전은 자유롭고, 내 비전은 선명하며,
당신의 안내는 영원히 함께합니다.

파트 3

1. 신성 안내자여, 의식하는 자아가 외면의 자아들을 창조했지만, 내가
그 외면의 자아들이 된 것은 아님을 경험하겠습니다. 나는 외면의 자
아들을 통해서는 상승 마스터들과 연결될 수 없으며, 의식하는 자아
가 이 자아들 밖으로 나갈 때만 마스터들과 연결될 수 있습니다.

신성 안내자여, 나는 이제 압니다.
세상이 비실재임을,
내 가슴 안에서 진실로 느낍니다.
영이야말로 실재하는 모든 것임을.

신성 안내자여, 빛을 보내주시어,
내면의 시야에서 어둠을 제거하소서.
내 비전은 자유롭고, 내 비전은 선명하며,
당신의 안내는 영원히 함께합니다.

2. 신성 안내자여, 나는 자신을 집단의식 위로 높이기 위해 구축했던
영적인 자아를 놓아버리겠습니다. 나는, 영적인 가르침이 규정한 조건
들을 준수하고 있으므로 자신을 영적인 사람이라고 여기는 정체감을
놓아버립니다.

신성 안내자여, 나에게 비전을 주소서.
나는 명료함 안에서 살기를 원합니다.
이제 나는 유일무이한 설계를 담은,
나의 신성한 계획을 바라봅니다.

신성 안내자여, 빛을 보내주시어,
내면의 시야에서 어둠을 제거하소서.
내 비전은 자유롭고, 내 비전은 선명하며,
당신의 안내는 영원히 함께합니다.

3. 신성 안내자여, 나는 영적인 사람이 된다는 것이 무엇을 의미하는 지에 대한 이미지를 세상과 나 자신에게 투사하는 것이 더 이상 나에 게 도움이 되지 않음을 압니다. 나는 영적인 정체감을 구축해서 더 정교하게 만들려고 하는 함정에 빠지지 않겠습니다.

신성 안내자여, 내면의 에고 게임들을,
드러내시어, 나를 자유롭게 해주소서.
내가 에고의 새장에서 벗어나,
황금시대로 가는 것을 돕게 하소서.

신성 안내자여, 빛을 보내주시어,
내면의 시야에서 어둠을 제거하소서.
내 비전은 자유롭고, 내 비전은 선명하며,
당신의 안내는 영원히 함께합니다.

4. 신성 안내자여, 내가 가르침에 따라 충분히 정교한 영적인 자아를 만들면 그 자아가 나를 하늘나라로 들어가게 해줄 것이라는 생각을 놓아버립니다.

신성 안내자여, 당신과 함께하니,
내 비전은 더 이상 둘이 아닌 하나입니다.
당신이 카르마의 베일을 흩어버리시니,
나는 새로운 전체 우주를 봅니다.

신성 안내자여, 빛을 보내주시어,

내면의 시야에서 어둠을 제거하소서.
내 비전은 자유롭고, 내 비전은 선명하며,
당신의 안내는 영원히 함께합니다.

5. 신성 안내자여, 의식하는 자아는 어디에 주의를 두느냐에 따라 끊임없이 옮겨가기 때문에, 의식하는 자아는 변화하는 자아라는 것을 받아들입니다. 의식하는 자아는 이 모든 자아를 통해 자신을 경험하고 있으며, 끊임없이 한 자아에서 다른 자아로 옮겨가고 있습니다.

신성 안내자여, 내가 위로 올라가니,
전기적 빛이 이제 내 잔을 채웁니다.
내 안의 오래된 그림자를 모두 태워주시고,
나에게 명확한 비전을 주소서.

신성 안내자여, 빛을 보내주시어,
내면의 시야에서 어둠을 제거하소서.
내 비전은 자유롭고, 내 비전은 선명하며,
당신의 안내는 영원히 함께합니다.

6. 신성 안내자여, 의식하는 자아는 항상 순수의식이지만, 끊임없이 변화하는 자아로 창조되었음을 받아들입니다. 나는 외면의 자아가 아니며, 이러한 외면의 자아들을 초월한 존재임을 깨닫습니다.

신성 안내자여, 황금의 가슴이여,
나는 신성한 과업을 펼쳐 나갑니다.
축복받은 구루여, 나는 이제 압니다.
신성한 계획이 나를 어디로 데려가는지.

신성 안내자여, 빛을 보내주시어,
내면의 시야에서 어둠을 제거하소서.

**내 비전은 자유롭고, 내 비전은 선명하며,
당신의 안내는 영원히 함께합니다.**

7. 신성 안내자여, 내가 구축한 이 영적인 자아를 완전하게 만드는 것이 여정의 관건이 아님을 받아들입니다. 이 여정의 관건은 내가 아이엠 현존으로부터 내려온 순수의식으로 다시 서기까지, 그 영적인 자아를 해체하고 동일시에서 벗어나며, 이 개인적인 자아들을 하나씩 하나씩 죽게 하는 것입니다.

신성 안내자여, 당신의 은총으로,
더 원대한 계획에서 내 위치를 발견합니다.
신께서 내게 주신 유일무이한 개성,
나 자신의 화염을 깨닫습니다.

**신성 안내자여, 빛을 보내주시어,
내면의 시야에서 어둠을 제거하소서.
내 비전은 자유롭고, 내 비전은 선명하며,
당신의 안내는 영원히 함께합니다.**

8. 신성 안내자여, 의식하는 자아는 상승 마스터들이나 아이앰 현존과 연결될 수 없다는 사실을 받아들입니다. 왜냐하면 의식하는 자아는 상승 마스터들과 아이앰 현존으로부터 분리되어 있지 않기 때문입니다.

신성 안내자여, 하나됨의 비전이여,
나는(I AM) 신의 태양임을 깨닫습니다.
당신의 신성한 인도를 받으며,
나는 이제 스스로의 빛을 발합니다.

신성 안내자여, 빛을 보내주시어,

내면의 시야에서 어둠을 제거하소서.
내 비전은 자유롭고, 내 비전은 선명하며,
당신의 안내는 영원히 함께합니다.

9. 신성 안내자여, 내 아이앰 현존은 영적인 영역에 있으며, 나는 미상승 구체에 초점을 두고 있음을 받아들입니다. 그러나 파도가 바다의 연장이듯이 나는 아이앰 현존이 확장된 존재입니다. 나는 결코 아이앰 현존과 분리되어 있지 않습니다.

신성 안내자여, 영의 들어올림에 참여하는,
이 놀라운 선물이여,
인류를 어두운 밤으로부터 들어올리고,
영의 사랑 어린 시선을 받습니다.

신성 안내자여, 빛을 보내주시어,
내면의 시야에서 어둠을 제거하소서.
내 비전은 자유롭고, 내 비전은 선명하며,
당신의 안내는 영원히 함께합니다.

파트 4

1. 신성 안내자여, 나는 전환을 이루겠습니다. 거리감을 가지거나 그 거리를 연결할 필요를 느끼는 대신, 나는 거리에 대한 환상을 극복합니다.

신성 안내자여, 나는 이제 압니다.
세상이 비실재임을,
내 가슴 안에서 진실로 느낍니다.
영이야말로 실재하는 모든 것임을.

신성 안내자여, 빛을 보내주시어,
내면의 시야에서 어둠을 제거하소서.
내 비전은 자유롭고, 내 비전은 선명하며,
당신의 안내는 영원히 함께합니다.

2. 신성 안내자여, 나는 기꺼이 전환을 이루어, 의식하는 자아가 아이 앰 현존의 확장체임을 경험합니다. 나는 바다와 분리되어 있지 않으며, 바다의 일부입니다.

신성 안내자여, 나에게 비전을 주소서.
나는 명료함 안에서 살기를 원합니다.
이제 나는 유일무이한 설계를 담은,
나의 신성한 계획을 바라봅니다.

신성 안내자여, 빛을 보내주시어,
내면의 시야에서 어둠을 제거하소서.
내 비전은 자유롭고, 내 비전은 선명하며,
당신의 안내는 영원히 함께합니다.

3. 신성 안내자여, 나는 바다 위의 파도이며, 바다가 움직이고 있음을 경험합니다. 그리고 하나의 파도로서 나는 표면에만 초점을 두는 대신 더 깊은 움직임을 느낄 수 있으며, 그 깊은 움직임 일부가 될 수 있습니다.

신성 안내자여, 내면의 에고 게임들을,
드러내시어, 나를 자유롭게 해주소서.
내가 에고의 새장에서 벗어나,
황금시대로 가는 것을 돕게 하소서.

신성 안내자여, 빛을 보내주시어,

내면의 시야에서 어둠을 제거하소서.
내 비전은 자유롭고, 내 비전은 선명하며,
당신의 안내는 영원히 함께합니다.

4. 신성 안내자여, 나는 바다와 바다의 움직임을 자각하겠습니다. 바다의 움직임에 저항하는 대신, 바다와 함께 흐르겠습니다. 나는 바다의 한 줄기 파도이지만 바다와 함께 움직일 수 있고, 아이앰 현존과 함께 움직일 수 있습니다.

신성 안내자여, 당신과 함께하니,
내 비전은 더 이상 둘이 아닌 하나입니다.
당신이 카르마의 베일을 흩어버리시니,
나는 새로운 전체 우주를 봅니다.

신성 안내자여, 빛을 보내주시어,
내면의 시야에서 어둠을 제거하소서.
내 비전은 자유롭고, 내 비전은 선명하며,
당신의 안내는 영원히 함께합니다.

5. 신성 안내자여, 나는 상승 마스터들 역시 바다임을 깨닫겠습니다. 내가 아이앰 현존과 함께 움직일 때 당신들과 함께 움직일 수 있습니다. 이것이 내가 거리감을 극복하는 방법입니다.

신성 안내자여, 내가 위로 올라가니,
전기적 빛이 이제 내 잔을 채웁니다.
내 안의 오래된 그림자를 모두 태워주시고,
나에게 명확한 비전을 주소서.

신성 안내자여, 빛을 보내주시어,
내면의 시야에서 어둠을 제거하소서.

**내 비전은 자유롭고, 내 비전은 선명하며,
당신의 안내는 영원히 함께합니다.**

6. 신성 안내자여, 의식하는 자아가 분리된 자아들을 벗어나면 자신을 순수의식으로써, 바다의 일부로서 경험하게 됩니다. 이때 의식하는 자아는 아이엠 현존이라는 바다, 상승 마스터들이라는 바다의 일부로서 함께 움직이고 있음을 경험하겠습니다.

신성 안내자여, 황금의 가슴이여,
나는 신성한 과업을 펼쳐 나갑니다.
축복받은 구루여, 나는 이제 압니다.
신성한 계획이 나를 어디로 데려가는지.

**신성 안내자여, 빛을 보내주시어,
내면의 시야에서 어둠을 제거하소서.
내 비전은 자유롭고, 내 비전은 선명하며,
당신의 안내는 영원히 함께합니다.**

7. 신성 안내자여, 나는 이것이 점진적인 여정이며, 반드시 점진적이어야 함을 받아들입니다. 나는 어떤 극적인 변화나 극적인 돌파, 극적인 결과를 원하는 마음가짐, 즉시 변화해서 우월한 경지에 이르기를 원하는 마음가짐을 놓아버립니다.

신성 안내자여, 당신의 은총으로,
더 원대한 계획에서 내 위치를 발견합니다.
신께서 내게 주신 유일무이한 개성,
나 자신의 화염을 깨닫습니다.

**신성 안내자여, 빛을 보내주시어,
내면의 시야에서 어둠을 제거하소서.**

내 비전은 자유롭고, 내 비전은 선명하며,
당신의 안내는 영원히 함께합니다.

8. 신성 안내자여, 더 이상 내가 세상에 반응하는 이런 자아들로 존재하지 않는 지점을 향해 점진적으로 이동하겠습니다. 나는 아이엠 현존과 상승 마스터들을 위한 열린 문이지만, 내가 누구이고 여정의 어느 지점에 있는지에 대한 감각을 여전히 잃지 않습니다.

신성 안내자여, 하나됨의 비전이여,
나는(I AM) 신의 태양임을 깨닫습니다.
당신의 신성한 인도를 받으며,
나는 이제 스스로의 빛을 발합니다.

신성 안내자여, 빛을 보내주시어,
내면의 시야에서 어둠을 제거하소서.
내 비전은 자유롭고, 내 비전은 선명하며,
당신의 안내는 영원히 함께합니다.

9. 신성 안내자여, 나는 갑자기 당신과 완전히 열린 연결을 이루게 되는 극적인 돌파에 대한 기대를 놓아버립니다. 상승 마스터와 연결되는 것은 이 세상의 경험에서 오는 어떤 것이 아닙니다. 나는 이 여정이 내 연결을 확장해가는 점진적인 여정임을 받아들입니다.

신성 안내자여, 영의 들어올림에 참여하는,
이 놀라운 선물이여,
인류를 어두운 밤으로부터 들어올리고,
영의 사랑 어린 시선을 받습니다.

신성 안내자여, 빛을 보내주시어,
내면의 시야에서 어둠을 제거하소서.

내 비전은 자유롭고, 내 비전은 선명하며,
당신의 안내는 영원히 함께합니다.

봉인

신성한 어머니의 이름으로, 나는 대천사 미카엘과 아스트레아와 쉬바께 나의 영적인 스승들과 아이앰 현존과 나와의 연결을 봉인해 주시기를 요청합니다. I AM THAT I AM의 이름으로, 이것이 이루어졌습니다! 아멘.

6
하나의 마음이 지닌 더 큰 의지에 내맡기기

나는(I AM) 상승 마스터 모어(MORE)입니다. 여러분은 어떻게 하면 나와 연결될까요? 당연히, 지금 이상의(more) 존재가 되기를 원함으로써입니다. 그 외에 다른 어떤 방식으로 나와 연결될 수 있겠습니까? 지금 이하의(less) 한 존재가 되기를 원한다면 나와 연결될 수 없습니다. 왜냐하면 나는(I AM) 언제나 그 이상으로(MORE) 되고 있는 존재이기 때문입니다. 여러분은 마스터 모어가 대체 무엇 이상의 존재인지 물어볼 수도 있지만, 사실 이것은 잘못된 질문입니다. 언제나 그 이상의 존재로 되어가는 모어(MORE that I AM)인 나는, 그 이하의 무엇과도 비교될 수 없고, 그 이상의 무엇과도 비교될 수 없기 때문입니다. 마스터 모어(MORE) 이상의 뭔가는 존재할 수 없기 때문입니다. 항상 그 이상의 것이 있다고 생각하려는 선형적인 마음을 무력화시키면, 이 말을 이해할 수 있을 것입니다. 여러분이 항상 지금 가진 것보다 더 많은 것을 얻으려고 애쓴다면, 어떻게 상승 마스터 모어에 연결될 수 있을까요? 왜냐하면 나는 그 이상도 그 이하도 아니기 때문입니다. 이 알쏭달쏭한 말(trick)은 선형적인 마음을 무력화하기 위한 것입니다. 여러분이 선형적인 마음을 무력화하는 데 도움이 되는 것이 무엇일까요?

의지의 여러 측면

나는 흔히 의지(Will)의 광선으로 알려진 1광선의 초한입니다. 이전 시혜[16]의 학생들은 내가 아주 엄격한 규율주의자라고 생각했고, 나에게 다가가려면 아주 강한 의지력을 가지고 훈련된 상태가 되어야 한다고 믿었습니다. 그런데 의지에는 여러 측면이 있습니다. 의지가 항상 강하고 단호한 의지만을 의미하지는 않습니다. 지금까지 상승 마스터들이 설명하려고 한 것이 무엇이었나요? 상승 마스터와 연결되는 것은, 더 열심히 밀어붙이고 더 많이 노력하는 문제가 아니라는 것이었습니다. 밀어붙이고 노력하는 의지는 지구상에 있는 인간의 의지, 외적인 의지입니다. 분리된 자아들의 에고도 의지를 갖고 있습니다. 에고는 자신의 의지로 영적인 수행을 시작하기도 하는데, 이를 통해 자신이 원하는 안전한 상태인 궁극적인 안전감을 얻을 수 있다고 생각하기 때문입니다. 에고는 영적인 수행을 해나가면 어떤 궁극적인 단계에 도달하게 된다고 믿습니다. 여러분이 의지력과 결단력에 초점을 맞추면, 에고는 궁극적인 의지력과 결단력을 가져야만 한다고 생각합니다. 과거의 시혜들에서 일부 학생들은 이런 사고방식에 빠지기도 했습니다. 그들은 당시에 엘 모리야(El Morya)로 불렸던 나에게 다가갈 자격이 있는 존재가 되기 위해서는 매우 강한 의지력을 보여줘야 한다고 생각했습니다. 자신들이 청색 화염과 청색 광선이 되어야 하고, 아주 단호한 태도로 깊이 집중하고 있어야 한다고 생각했습니다.

그런데 많은 학생이, 우리가 종종 해준 이야기를 간과했습니다. 그 이야기에서 쿠트후미와 나는 산에 올라가서 메시지를 받아오라는 임무를 받았습니다. 나는 메시지를 받기 위해 완전히 집중한 상태로 산에 올라갔습니다. 반면 쿠트후미는 산을 오르면서 새들과 꽃을 즐기

---

16 서밋 라이트하우스

며 교감하는 시간을 가졌습니다. 산에서 내려왔을 때, 쿠트후미는 메시지를 간직하고 있었지만 나는 그렇지 못했습니다. 너무 강한 의지를 가지고 있다는 것은 균형을 잃은 상태이며, 그때는 영적인 메시지를 유지하지도 못할 뿐 아니라 애초에 그 메시지를 받을 수도 없다는 것이 이 이야기의 교훈입니다.

한편 외적인 의지에는 우리가 비의지(non-will)라고 부르는 또 다른 형태도 있습니다. 집단의식에 압도된 많은 사람에게서 비의지를 볼 수 있습니다. 이들은 어떤 강한 개성도 드러내지 않고, 대중 가운데서 튀지 않기를 바라며, 대중과 섞여서 대중 속으로 사라져버립니다. 그냥 하라는 대로 하면서, 사회의 관습과 전통을 따르고 싶어 합니다.

중도의 의지

이런 불균형한 의지와 비의지는 내가 언급했듯이, 영적인 여정에서 너무나 단호한 학생들과, 영적인 운동에 들어와서 시키는 대로 다 하고 질문도 절대 하지 않고 스스로 생각하지도 않으며, 조직의 문화나 요구가 뭐든 상관없이 흘러가겠다고 결정한 사람들에게서 볼 수 있습니다. 이런 두 형태의 의지 모두가 균형이 잡혀 있지 않습니다. 그러면 균형 잡힌 의지는 어떤 것일까요? 내가 방금 설명한 이 두 극단의 중간 지점에 있는 의지일까요? 아니면 이 두 극단이 기반한 의식 수준을 초월한 중도(middle way)의 의지일까요?

많은 학생이 훈련과 단호함이 필요하다고 여기는 접근법을 선택했습니다. 물론 이런 접근법이 타당하지 않다는 말이 아닙니다. 48단계부터 96단계의 의식 수준에 이를 때까지 여러분의 의지와 결단력은 집단의식의 하향 인력보다 더 강해야 합니다. 그렇지 않다면 어떻게 집단의식을 넘어서 올라갈 수 있겠습니까?

하지만 여러분의 의식 수준이 더 높아져서 96단계를 넘어서면, 이때부터는 다른 국면으로 들어가게 됩니다. 이제는 일곱 광선의 여러

특성에 접근하고 그것을 함양하기 위해 다른 방식을 숙고해 보는 것이 도움이 됩니다. 여러분은 의지력의 특성이 지구상에서 어떻게 펼쳐지고 있는지를 살펴보면서, 두 극단을 설정하기도 합니다. 즉, 의지력은 강하거나 약하고, 또는 외향적이거나 수동적이고, 또는 공격적이거나 소극적이라고 생각할 수도 있습니다. 그러나 또 다른 방식은, 의지력은 신성한 자질이고, 육화한 존재로서는 획득할 필요가 없는 것이라는 인식에 도달하는 것입니다. 이전 단체의 많은 학생이 이렇게 생각했습니다. "이것이 바로 1광선의 신성한 의지력이군, 나는 이 의지력을 획득해야만 해, 그러면 이곳에 육화하고 있는 동안, 이 의지력을 보유하게 될 거야." 하지만 여러분이 이런 식으로 생각한다면, 이 의지력이 어떻게 표현될까요?

부서질 때까지 밀어붙이기

여러분은 의지력에 초점을 맞추고 있는 자아를 만들고, 다른 어떤 자아를 통해 의지력을 보는 관점을 구축합니다. 따라서 여러분은 의지력을 구축하지만 실제로 그것은 분리의 환상에 기반한 에고의 의지입니다. 또한 여러분은 분명 물질세계는 1광선의 의지력이라는 신성한 자질과 분리되어 있기 때문에, 자신이 힘들여 통과해야 할 어떤 장벽이 반드시 있을 것이라고 생각합니다.

그래서 의지력을 얻기 위해서는 힘으로 밀어붙여야 한다고 생각합니다. 지구에서 무언가를 얻으려면 밀어붙여야 한다는 것입니다. 그래서 여러분은 일을 하고, 또 일을 하고, 또 일을 하고, 더 많은 일을 하고, 점점 더 강하게 밀어붙이는 상태로 들어갑니다.

그런데 일부 사람들은 더 많이 일하려고 할수록 더 적게 성취한다는 사실을 깨달았습니다. 앞에서 우리가 설명했듯이, 여러분이 이렇게 외부로 투사하는 분리된 자아를 만들면 자신과 반대되는 것을 만들게 되며, 더 열심히 밀어붙일수록 더 많은 반대를 만들어내게 되어, 더 이상 밀어붙일 수 없는 시점이 찾아옵니다. 여러분은 항상 열심히 밀어붙이는 것을 더는 견딜 수 없게 됩니다. 이로 인해 학생들은 결국 무너져버리고 더 이상 그 일을 할 수 없는 상태에 빠졌습니다. 우리는 이전 시혜의 학생들에게서 이런 모습을 보아왔습니다. 즉 학생들은 계속 밀어붙이다가 더 이상 할 수 없는 지경에 이르고, 급기야 여정에서 완전히 물러나는, '충돌해서 불타버리는 증후군[17]' 상태에 빠져버렸습니다. 비록 그들이 한동안은 잘해 나가며 스스로 최고의 학생이라 자부했지만, 그들은 여정에서 완전히 이탈해버리기도 했습니다.

신성한 의지의 대양과 함께 움직이기

이렇게 힘으로 밀어붙이는 방식에 대한 대안은, 관음께서 말씀하신, 행함이 없어도 이루지 못한 것이 없는[18] 무위(無爲)의 방식입니다. 이때 여러분은 자신이 신성한 의지와 분리되어 있지 않음을 깨닫습니다. 여러분은 신성한 의지라는 대양(大洋)에 있는 하나의 파도입니다. 신성한 의지를 따라잡기 위해 대양 위에서 더욱더 열심히 헤엄쳐야 한다고 생각하는 대신, 수영을 멈추고 이완한 뒤 대양의 움직임을 느껴보세요. 그것은 올라갔다가 내려가고 다시 올라갔다 내려가면서 한 방향으로 흐르고 있습니다. 신성한 의지가 흐르는 방향은, 여러분의 외적인 마음이나 에고, 분리된 자아들이 원하는 방향이 아닐 수 있습니다. 그런데 신성한 의지가 흐르는 방향으로 가면 여러분은 최선의 방식으로 성장하고 초월하여 144단계 의식 수준으로 올라갈 수 있습니다. 그리고 외적인 마음은 기억하지 못하는 여러분의 신성한 계획을 완성할 수 있습니다.

여러분의 외적인 마음속에는 자신이 성장한 배경과 문화에 기반해

---

[17] crash and burn syndrome
[18] nothing is done but nothing is left undone

서 만들어진 어떤 목표가 있습니다. 여러분은 이 목표를 달성하기 위해 밀어붙여야 한다고 생각하지만 사실 그런 노력 때문에 신성한 계획에서 오히려 더 멀어지게 됩니다. 여러분이 자신의 신성한 계획에 반하는 방향으로 밀어붙인다면 결국 자신에 반대되는 것을 만들고 있는 셈입니다. 이 경우 점점 더 밀어붙이기가 어려워져, 결국 어떤 사람들은 무언가 부서지고 죽는 것을 경험합니다. 이 경험이 어떤 돌파구나 깨어나는 기회가 될 수도 있지만, 스스로 무너질 수도 있습니다. 어떤 경우든 이런 전환점에 도달하면, 더 이상 이전과 같은 방향으로 나아갈 수 없다고 느낍니다. 물론 이 전환점이 이렇게까지 극적이어서 스스로 공허함을 느끼거나 인생에서 되는 일이 하나도 없다고 느낄 필요는 없습니다. 대신 여러분은 이 분리된 자아들을 다루는 법을 배울 수 있습니다. 여러분은 계속 밀어붙이기를 원하는 이 자아들을 찾아내어 인식하고, 이들로부터 자신을 분리시킨 다음, 이 자아들을 죽게 할 수 있습니다. 그런 다음 다시 의식적으로 노력해서 신성한 의지에 의해 추진되는 신성한 계획이 나아가는 움직임에 조율할 수 있습니다.

신의 의지 대 아이엠 현존의 의지

신성한 의지, 혹은 사람들이 신의 의지라고 부르는 것에 대한 많은 오해가 있습니다. 이 메신저가 오래전 이전 시혜에 있을 때, 신성한 의지나 신의 의지에 대해서, 에고의 의지와 신의 의지 사이의 차이점에 대해서 많은 논란이 있었습니다. 당시 이 메신저가 머리속에서 정리한 것은, 여기에는 에고의 의지를 따르거나 신의 의지를 따르거나 오직 두 가지 선택만 있으며, 이 두 선택 모두에 진정한 자신의 선택을 위한 공간은 없다는 것이었습니다. 그에게는 에고의 의지를 따르는 것이나 신의 의지를 따르는 것 모두가 다 외적인 의지에 따르는 것으로 보였습니다. 그럼 그 자신의 의지를 위한 공간은 어디에 있는 것일까요? 그때 이 메신저는 이 질문에 대한 답을 찾지 못했지만, 어쨌든 그렇게 느꼈습니다. 마침내 어느 날 그는 신에게 내맡기며 이렇게 말했습니다. "예, 신이시여, 당신의 의지가 무엇인지 보여주세요. 그러면 제가 그것을 하겠습니다." 그 순간 이 메신저가 내면에서 받은, 실제로는 메신저 자신에게서 받은 자극은, "혹시 신이 원하시는 것은 단지 내가 나 자신의 결정을 내리는 것이 아닐까?"라는 것이었습니다. 그때의 영감은 그에게 충격을 주었고, 그는 결국 자신에게 무언가를 강요하는 신성한 의지란 없음을 깨달았습니다.

신성한 의지란, 하늘에 있는 분노한 신 혹은 화가 난 마스터 모어가 아래를 내려다보며 여러분에게 뭔가를 강요하려 하는 그런 것이 아닙니다. 나는 심지어 여러분에게 신성한 계획을 따라야 한다고 강요할 마음도 없습니다. 나를 포함한 그 어떤 상승 마스터도 여러분에게 신성한 계획을 선택하라고 강요한 적이 없습니다. 여러분이 스스로 육화 전에 자신의 신성한 계획을 선택했습니다. 이것이 정말 어떤 외적인 의지를 얻어서, 여러분의 목표와 열망에 부합하도록 우주에 강요하는 문제일까요? 아니면 에고의 의지든, 이 세상, 가족, 사회의 의지든, 신의 의지든 상승 마스터의 의지든, 그 모든 외적인 의지를 초월하는 문제일까요?

많은 사람이 심지어 의지력이라고 여기지도 않을 무언가(신성한 의지)에 조율하는 것이 정말 불가능한 일일까요? 이런 조율 상태가 되면, 여러분은 신성한 의지라는 바다에서 오르락내리락하며 파도처럼 부드럽게 앞으로 나아가면서 바다를 건너 결국 피안에 도달합니다. 신성한 의지는 다른 의지입니다. 이 의지는 어떤 반의지도 대항할 수 없는 의지입니다. 이 의지는 여러분에게 강요되지 않는 의지입니다.

이 의지는 여러분이 받아들이거나 거부할 수 있는 의지가 아닙니다. 마치 거대한 바닷속으로 들어가듯이 여러분은 이 의지에 녹아들 수 있을 뿐입니다. 상상해 보세요. 대양에 크고 부드러운 파도가 치고 있고 여러분은 물속에 빠지지 않으려고 애쓰며 헤엄칩니다. 그러다 문득 여러분은 지금 육체가 아닌 상위체로 존재하기에 숨을 쉴 필요가 없음을 깨닫습니다. 그때 여러분은 이완하며 대양에 녹아듭니다. 물에 빠지지 않으려 애쓰는 대신, 대양과 함께 오르락내리락하면서 신성한 의지와 함께 움직입니다. 여러분은 투쟁하지 않고 힘을 사용하지 않습니다. 도가(道家)에서 말하듯이, 여러분은 아무것도 하지 않지만, 그렇다고 수동적으로 가만히 있다는 의미는 아닙니다. 히말라야 동굴에 앉아서 하루 종일 신에 대해 명상해야 한다는 의미가 아닙니다. 여러분은 활동적으로 살며, 무언가를 하고 결정을 내릴 수 있지만, 자신에게 결정을 강요하지는 않습니다. 그리고 외적인 마음으로 결정하지 않습니다.

여러분은 아이앰 현존의 의지이자 여러분 자신이 신성한 계획에 탑재해 둔 더 위대한 의지 속으로 몰입합니다. 어떤 강제력도, 투쟁도 없으며, 여러분은 부드러운 움직임 속에서 위로 움직이고, 이쪽으로 저쪽으로 움직입니다. 그러다 문득 아무것도 행하지 않은 듯이 보이지만, 실제로 이루지 못한 일이 없음을 알게 됩니다. 왜냐하면 여러분이 신성한 계획 안에서 성취하고자 했던 것들이 실제로 이루어졌기 때문입니다. 하지만 이것이 무엇을 의미할까요?

외적인 의지로 외적인 목표를 달성하려고 애쓰기

여러분은 삶을 돌아보면서, 여러분 삶이 어떠해야만 한다는 외적인 목표를 받아들이도록 어떻게 키워졌는지를 볼 수 있나요? 아마도 여러분은 부모의 압박에 의해 교육을 받고, 어떤 직업을 가지고, 최종 목표인 은퇴에 도달할 때까지 점차 더 높은 직위로 올라가게 되는 경력을 시작하게 되었을 것입니다.

여러분은 40년 이상을 직장에서 그 지위에 올라가기 위해 일하다가, 그것을 얻고 나자 얼마 지나지 않아 퇴직합니다. 이렇게 은퇴하고 나면 평생을 바쳐 달성한 목표가 사라져서, 무엇을 할지 모르는 상태에 빠집니다. 아주 많은 사람이 은퇴하고 나서 1년이나 2년 안에 세상을 떠납니다. 더 이상 은퇴 후 삶의 의미를 찾을 수 없기 때문입니다. 아주 많은 사람이 이런 삶의 경로를 밟습니다. 이들은 은퇴한 후에 자신의 삶을 돌아보면서, "이 모든 것이 다 무슨 소용이었나? 내가 성취한 것이 무엇인가? 이런 외적인 성취가 정말 인생의 전부였는가?"라고 느낍니다.

영적인 여정에서 경험하는 기복

여러분이 영적인 학생이라면 이렇게 말할 수 있습니다. "외적인 성취가 삶의 목적이 아닙니다. 삶의 목적은 의식을 높이는 것입니다." 여러분은 신성한 계획에 내재하는 진정한 의지는 의식을 높이는 것임을 압니다. 그런데 때로는 의식을 높이는 것이 순조로운 상향 과정이 아닐 수도 있습니다. 파도가 솟아오르면 여러분은 높은 영적인 체험을 하면서 정말 연결되었다고 느낄 수도 있지만, 자신의 심리를 들여다보며 처리해야 할 시점이 오면, 아래로 내려가고 있다고 느낄 수도 있습니다. 하지만 여전히 파도는 바다를 통해 앞으로 나아가고 있습니다. 파도는 다시 솟아오르며 이번에는 더 높이 올라갑니다. 여러분은 여정에 오르막과 내리막이 있지만, 여전히 전체적으로는 상향 이동을 하고 있음을 깨닫게 됩니다. 그래서 삶의 마지막 순간에 여러분은 물리적인 결과에는 상관없이, 자신이 의식을 높였다는 것을 알 수 있습니다. 여러분이 의식을 높였을 때, 물리적인 성취가 정말 중요할까요?

여러분이 이 세상을 떠날 때 가져갈 수 있는 물질적인 성취가 있나요? 죽을 때 무엇을 가져갈 수 있나요? 여러분의 의식 수준을 가져갑니다. 만일 이번 생에 100단계까지 의식 수준을 높였다면, 다음 생에는 100단계의 의식에서 시작하거나 적어도 아주 빠른 시간에 100단계의 의식 수준에 도달할 것입니다. 그러면 다음 생에 상승하는 것이 실현 가능한 목표가 됩니다. 혹은 이번 육화에서 여러분이 상승할 수도 있습니다. 하지만 더 열심히 밀어붙이는 것을 통해서는 아닙니다. 특정한 존재가 아닌 모든 생명을 높이는 신성한 의지의 흐름과 연결되는 것을 통해서입니다. 신성한 의지는 특별한 물질적인 조건을 구현하는 일에 관한 것이 아닙니다. 신성한 의지는 모든 생명을 더 높은 의식 수준으로, 더 높은 진동으로 끌어올리는 일에 관한 것입니다.

하나의 마음(One mind)이 추는 우주적인 춤

의식과 진동의 차이는 무엇이라 말할 수 있을까요? 의식은 진동할 수 있고 에너지를 진동시킬 수 있는 것입니다. 의식은 기저의 근원적인(underlying) 실재이고, 궁극적으로는 창조주의 의식 또는 창조주를 넘어선 전체(Allness)의 의식, 하나의 마음(One mind), 나눌 수 없고 나뉘지 않은 마음입니다.

하지만 이 마음 안에서 의식은 에너지로 진동할 수 있고, 자기-의식을 지닌 개별 존재로 자신을 표현할 수 있습니다. 이 존재가 에너지를 진동하게 만들면 형상을 띠게 되며, 형상을 구현한 이 존재는 이제 그 형상을 인식하고 경험할 수 있게 됩니다. 이것이 공동창조가 진행되는 방식입니다. 하지만 공동창조는 개별 존재를 더 높은 수준의 자기-의식과 공동창조 능력으로 끌어올릴 뿐만 아니라, 에너지 또는 물질이라 불리는 것도 역시 끌어올립니다. 모든 형상이 의식이며 하나의 마음에서 나왔다는 것이 다시 분명해질 때까지 그 진동을 높여갑니다.

이것이 바로 우주의 춤입니다. 우주의 춤에 의해 하나의 마음은 형상을 띠게 되고, (형상을 지닌 개별 존재는) 제한된 자아감에서 출발해서 자신이 하나인 존재의 확장체이고 창조주와의 공동창조자임을 깨달을 때까지 자아감을 확장해 나갑니다. 그런 다음, 이 개별 자아는 분리된 자아로서의 목표를 추구하는 것을 넘어서서 모든 생명을 끌어올리는 전환을 하여 위대한 공동창조 과정의 일부가 됩니다. 이로써 모든 생명을 끌어올리고, 그 하나의 마음을 끌어올리게 되며, 이 과정은 선형적인 마음으로는 가늠할 수 없는 것입니다.

우리가 오직 하나의 마음(One mind)만 존재한다고 말할 때, 다른 많은 사람처럼 여러분도, 그 하나의 마음은 완전하고 변하지 않는 궁극적 실재라고 생각합니다. 그렇다면 여러분이 어떻게 표현된 형태로 존재할까요? 그것은 항상 그 하나의 마음이 자신을 형상들로 표현해 왔기 때문입니다. 그리고 그 마음이 자신을 형상으로 구현하고 나서 그 형상이 원래 자신이 그 하나의 마음이었음을 기억하게 되면, 그 하나의 마음은 성장하고 확장됩니다.

선형적인 마음은, 이 과정이 얼마나 오랫동안 계속되고 있는 것인지 물어볼 것입니다. 그 질문에 대한 유일한 대답은 "영원히" 입니다. 그러면 선형적인 마음은, "만일 그 하나의 마음이 영원히 확장되어왔다면, 반드시 어떤 궁극적인 확장 상태에 도달했어야 합니다. 어떻게 무한정 계속 확장될 수가 있을까요? 그 모든 것이 언제 시작된 것일까요? 그 하나의 마음 이전에는 무엇이 있었던 걸까요? 혹은 그 하나의 마음이 자신을 표현하기로 결정하기 전에는 무엇이 있었던 걸까요?"라고 물을 것입니다.

하지만 그 하나의 마음은 항상 스스로를 표현하면서 존재해왔고, 표현을 통해 그 이상의 존재로 초월해왔습니다. 이 과정은 영원히 계속될 것이고, 이 하나의 마음이 자신을 얼마나 확장할 수 있는지에는 제한도 없고 끝도 없습니다. 그리고 선형적 마음은 이것을 이해할 수 없습니다. 여러분이 어떻게 무한을 파악할 수 있을까요?

상승 마스터의 현존에 조율하기

그렇다고 상승 마스터인 나는 그 무한하고 끝없는 확장을 이해할 수 있다는 말이 아닙니다. 하지만 나는 그것에 대해 매일 좀 더 많이 알아갈 수 있습니다. 여러분이 좀 더 많이 이해하고, 이 과정이 항상 그 이상으로 되어가는 것임을 알게 될 때, 왜 이 과정에 대한 궁극적인 이해가 필요할까요? 이 과정 자체가 계속 그 이상으로 되어가는 것임을 이해한다면 어떤 최종 목표를 추구할 필요가 있을까요? 무한한 확장, 무한한 초월에 어떻게 최종 목표가 있을 수 있겠습니까? 그 것은 목표가 아니라 과정에 관한 것이며, 그 과정은 그 이상으로 초월해가는 것입니다.

여러분은 내 현존에 조율함으로써 이 과정에 정박할 수 있습니다. 왜냐하면 나는 지구를 위해 그 이상으로 초월해가는 화염을 보유하고 있기 때문입니다. 나는 단지 여러분에게 나의 현존을 제공하고, 디크리와 기원문을 제공하고, 자아통달 과정의 첫 번째 책을 제공할 수 있습니다. 물론 우리 초한 모두가 자아통달 과정의 책들을 주었는데, 이것은 여러분이 48단계에서 96단계 의식으로 올라갈 수 있도록 해주기 위해서만이 아니라 각 초한에게 조율할 수 있도록 해주기 위한 것입니다. 만일 여러분이 친밀감을 느끼는 특정한 초한이 있다면 그 책을 찾아서 읽고 조율을 위해, 단지 초한의 현존에 조율하기 위해 기원을 하세요. 여러분이 어떤 의식 수준에 있든, 심지어 96단계 이상이라도 이 책을 활용하면 초한과 훌륭한 조율을 이룰 수 있고, 이를 통해 그 광선과도 조율할 수 있음을 알게 될 것입니다.

이 책의 구체적인 목적은 사람들이 의식을 높이도록 돕는 것이지만, 내(마스터 모어) 경우에는 48단계부터 시작하며, 여기에는 항상 여러 목적이 있습니다. 1광선 책을 보고 "아, 나는 분명 48단계에서 55단계 수준은 넘어갔으니까 더 이상 마스터 모어의 책을 공부할 필요가 없어."라고 말한다면, 이 책에 더 높은 단계가 있음을 파악하지 못한 것입니다.

이 책에는 그런 기본적인 의식 수준을 넘어서는 그 이상의 것이 있습니다. 얼마나 더 높은 수준일까요? 물리적인 몸을 입고 육화하고 있는 한, 항상 그 이상의 것이 있습니다. 여러분이 144단계에 있더라도 이 책을 활용할 수 있으며, 여전히 그 내용을 통해 그 이상의 뭔가와 연결될 수 있습니다. 아름다움이 바라보는 사람의 눈 안에 존재하는 것처럼, 모든 것이 바라보는 사람의 눈 안에 존재하기 때문입니다. 그것은 여러분이 사물을 어떻게 바라보고, 현재의 의식 수준을 초월하기 위해 가르침과 도구를 어떻게 사용하느냐의 문제일 뿐입니다.

여러분은 마스터 모어를 초월한 수준에 있지 않습니다

영적인 성장에서 가장 큰 적은 무엇일까요? 그것은, 자신이 분리된 자아들과 에고의 말을 믿도록 허용하는 것입니다. "아, 나는 이 수준을 넘어섰습니다. 더 이상 이 책을 공부할 필요가 없습니다. 이 책은 더 낮은 의식 수준을 위해 주어진 것입니다. 나는 그 수준 위에 있으므로 그것을 공부할 필요가 없습니다." 하지만 여러분은 육화 중입니다. 그렇지 않나요? 내 책은 그 특정한 목적과 상관없이, 육화 중에 도달할 수 있는 의식 단계를 초월한 수준에서 주어진 것입니다. 여러분이 육신 안에 있는 한, 어떻게 그 너머에 있을 수 있나요? 어떻게 상승 마스터인 내 도움을 필요로 하지 않을 수가 있나요?

"나는 더 높은 수준에 올랐으니, 이제 이것을 넘어섰어."라고 생각하게 만드는 타락한 존재들과 분리된 자아들의 모든 속임수를 잘 살펴보세요. 영적인 가르침에서는 항상 그 이상의 것을 얻을 수 있습니다. 갑자기 어떤 것이 환영임을 깨달을 때, 여러분 안에 뭔가를 촉발시킬 수 있는 그 이상의 것이 항상 있습니다. 여러분이 환영을 직시할 용의가 있다면 말입니다.

만일 여러분이 환영을 직시하려고 하지 않는다면, 이것은 또 다른 의지의 왜곡입니다. 이때 여러분은 자신이 환영을 가지는 의식 수준을 넘어섰다고 생각하므로 환영을 직시하려고 하지 않으며, 더 이상 올라갈 필요가 없는 수준에 도달했으므로 이제 상승할 때까지 그냥 기다리면 된다고 생각합니다.

하지만 여러분이 육화 중이라면, 의식 수준을 더 높이지 않고서 어떻게 상승하겠습니까? 육신 안에 있는 동안 여러분이 도달할 수 있는 궁극적인 상태는 없습니다. 다음 단계의 의식 수준에 오르고 마지막으로 144단계에 도달하기 위해 여러분은 항상 더 높은 의식 수준으로 나아가야 합니다. 그리고 144단계에서도 더 높은 의식 수준으로 오르기 위해 계속 노력해야 하며, 그 수준이 바로 상승 영역에서 1단계 의식 수준입니다.

상승 영역의 더 높은 의식 수준

예, 맞습니다. 내가 방금 말했듯이, 상승 영역의 1단계 의식 수준이 있습니다. 여러분이 일단 상승하면 어떤 궁극적인 의식 수준에 도달한다고 생각하는 것은 아니겠지요? 일단 지구에서 상승하면 고타마 붓다나 신성 안내자, 알파와 오메가와 같은 의식 수준에 도달한다고 생각하는 것은 아니겠지요? 당연히 여러분이 지구에서 상승하면 상승 영역의 가장 낮은 의식 수준으로 가게 되며, 그 지점에서부터 더 높이 올라가는 여정을 시작합니다.

그리고 이것은 우리 대부분에게 꽤 긴 시간이 걸릴 테지만, 여러분은 점점 의식을 높여가면서 창조주의 의식에 도달할 수 있습니다. 하지만 창조주의 의식 수준은 나를 포함한 우리 대부분에게 아직도 한참 멉니다. 나는 아주 잠깐 창조주 의식을 경험한 적이 있는데, 내가 상승 마스터로서 시작 단계의 의식 수준에 있지 않음에도 불구하고 내가 일별한 창조주 의식은 내 의식보다 거의 무한히 더 높았습니다.

항상 더 높은 의식이 존재합니다. 상승 영역에서조차 항상 더 높은 의식이 존재합니다. 여러분은 항상 그 이상의(more) 의식 수준에 도달하려는 태도를 가져야 합니다. 그렇다고 여러분이 꼭 내게 연결되어야 한다는 뜻은 아닙니다. 비록 내가 모어(MORE)라는 이름을 가졌지만 말입니다. 어떤 상승 마스터라도 여러분이 육화 중에 만나는 그 무엇보다 더 높은 의식 수준에 있습니다. 모든 생명을 끌어올리려는 의지와 함께 흘러가는 것을 생각해 보세요. 밀어붙이지 않고, 투쟁하지 않고, 저항하지 않고, 단지 더 위대한 그 의지에 내맡기며 흘러가는 것이죠.

모순적으로 보일 수도 있지만, 의지에 내맡긴다는 개념을 깊이 생각해 보세요. 많은 사람이 그것을, 결단하고, 결정하고, 집중하고, 공격적이고, 의지를 가지려고 몰아붙이는 문제라고 생각합니다. 하지만 그 대신, '신성한 의지에 내맡기는 것'에 관해 숙고해 보세요. 왜냐하면 그 의지는, 분리된 자아들을 통해, 자신을 대양으로부터 분리된 존재라고 여기는 의식을 통해 구현할 수 있는 것보다 훨씬 더 위대한 의지이기 때문입니다.

한국의 상승 마스터 학생들에 대한 감사

이것으로, 이곳에 참석한 여러분에게, 이 컨퍼런스를 준비한 여러분에게, 한국에서의 모든 일에 참여해준 많은 사람에게, 가르침을 번역하고 전파하고, 기원문과 디크리를 낭송하고, 이 모든 행사를 기획하고 배움의 도구들을 만든 사람들에게 감사를 전합니다.

우리는 여러분이 칭찬을 필요로 하지 않음을 알고 있습니다. 여러분은 인간적인 야망을 추구하지 않기 때문입니다. 하지만 여러분이 큰 노력을 쏟아온 것을 우리가 인식하고 있다는 사실을 알았으면 합니다. 그리고 이 가르침을 이 나라의 더욱더 많은 사람에게 전하기 위해 많은 일을 해온 것에 대해 감사합니다. 여러분은 노력에 더 큰 물리적인 결과가 있을 것이라고 바랐기 때문에 때로는 약간 낙담할 수도 있습니다. 하지만 확언컨대, 여러분은 한국의 집단의식이라는 바다의 더 큰 움직임 안에 새로운 상향의 움직임을 만들었습니다. 이것은 외적인 결과물에 관한 것이기보다는 의식을 높이는 것에 관한 것입니다.

그리고 우리 모두는, 여러분이 이 나라를 들어올릴 상향 의식의 물결, 떠오르는 더 큰 의식의 움직임과 하나임을 자각하면서 성취감을 느끼기를 바랍니다. 그리고 나는 남한뿐만 아니라 이 나라 전체에 대해 말하고 있습니다. 이 상향 의식의 물결은 결국 국경을 넘어 새로운 날에 반대하는 모든 것을 휩쓸어버리게 될 것입니다.

이것으로, 나 자신인 모어의 화염, 영원히 그 이상으로 초월하는 화염 안에 여러분을 봉인합니다.

6-1
하나의 마음과 연결되기를 기원합니다

I AM THAT I AM, 예수 그리스도의 이름으로 나는 마스터 모어를 부르며, 내가 신성한 의지의 대양에 내맡기고 흘러가는 것을 방해하는 요소들을 볼 수 있도록 도와달라고 요청합니다...
(여기에 개인적인 요청을 추가하세요)

파트 1

1. 마스터 모어여, 나는 지금 이상의 존재(more)가 되기를 원합니다. 내가 지금 이하의 존재가 되기를 원한다면 나는 당신과 연결될 수 없습니다. 당신은 항상 그 이상의 존재로 초월하고 있기 때문입니다.

마스터 모어여, 우리 앞에 나타나소서.
초월로 가속하는 당신의 불꽃을 받아들이겠습니다.
마스터 모어여, 우리의 의지는 강렬하고,
우리의 에너지 센터는 노래로 정화됩니다.

마스터 모어여, 이제 우리는,
당신의 신성한 가슴에서 떠나지 않겠습니다.
당신의 금강석 같은 의지의 흐름과,
영원히 하나되어 흘러가겠습니다.

2. 마스터 모어여, 언제나 그 이상의 존재로 되어가는 모어(MORE)인 당신은, 그 이하의 무엇과도 비교될 수 없고, 그 이상의 무엇과도 비교될 수 없음을 경험하겠습니다. 마스터 모어(MORE) 이상의 뭔가는 존재할 수 없기 때문입니다.

마스터 모어여, 당신의 지혜가 흘러오니,
당신과의 조율이 점점 증가합니다.
마스터 모어여, 우리가 서로 연결되니,
뱀의 거짓말을 꿰뚫어봅니다.

마스터 모어여, 이제 우리는,
당신의 신성한 가슴에서 떠나지 않겠습니다.
당신의 금강석 같은 의지의 흐름과,
영원히 하나되어 흘러가겠습니다.

3. 마스터 모어여, 항상 그 이상의 것이 있다고 생각하려는 선형적인 마음을 무력화시키겠습니다. 항상 지금 내가 가진 것을 넘어선 그 이상의 것을 추구한다면 어떻게 내가 마스터 모어와 연결될 수 있겠습니까? 당신은 마스터 모어 그 이상도 그 이하도 아니기 때문입니다.

마스터 모어여, 당신의 핑크빛 사랑보다,
더 순수한 사랑은 없습니다.
마스터 모어여, 당신은 모든 조건에서,
우리를 자유롭게 해방합니다.

마스터 모어여, 이제 우리는,
당신의 신성한 가슴에서 떠나지 않겠습니다.
당신의 금강석 같은 의지의 흐름과,
영원히 하나되어 흘러가겠습니다.

4. 마스터 모어여, 지구상에 존재하는 의지는 인간적인 의지, 분리된 자아들의 에고가 가진 의지임을 압니다. 나는 안전이나 지위를 얻으려는 에고의 생각으로 영적인 여정에 접근하려는 의지를 놓아버립니다.

마스터 모어여, 우리를 순수하게 만드는,
당신의 단련법을 견뎌내겠습니다.
마스터 모어여, 우리의 의도는 진실하고,
언제나 당신과 하나입니다.

마스터 모어여, 이제 우리는,
당신의 신성한 가슴에서 떠나지 않겠습니다.
당신의 금강석 같은 의지의 흐름과,
영원히 하나되어 흘러가겠습니다.

5. 마스터 모어여, 나는 궁극적인 의지력을 요구하는 어떤 궁극적인 단계가 있을 것이라는 에고의 환영을 놓아버립니다. 당신과 연결될 자격이 있는 존재가 되려면, 내가 푸른 광선이 되어야 하고 매우 단호하고 집중된 상태여야 한다는 환영을 놓아버립니다.

마스터 모어여, 우리의 비전은 고양되고,
신의 의지는 늘 찬양을 받습니다.
마스터 모어여, 창조적인 의지는,
모든 생명을 더욱더 높이 올립니다.

마스터 모어여, 이제 우리는,
당신의 신성한 가슴에서 떠나지 않겠습니다.
당신의 금강석 같은 의지의 흐름과,
영원히 하나되어 흘러가겠습니다.

6. 마스터 모어여, 내가 너무 강한 의지를 갖고 있을 때는 균형을 잃은 상태임을 압니다. 그때는 영적인 메시지를 보유하지도 못할 뿐 아니라, 애초에 그 메시지를 받을 수도 없음을 압니다.

마스터 모어여, 당신의 평화는 권능이며,
전쟁의 데몬들을 삼켜버립니다.
마스터 모어여, 우리는 모든 생명에 봉사하며,
우리의 화염은 전쟁과 투쟁을 소멸합니다.

마스터 모어여, 이제 우리는,
당신의 신성한 가슴에서 떠나지 않겠습니다.
당신의 금강석 같은 의지의 흐름과,
영원히 하나되어 흘러가겠습니다.

7. 마스터 모어여, 나는 비의지(non-will)와 지나치게 강한 의지, 모두를 놓아버립니다. 의지력(willpower)은 신성한 자질이며, 이것은 내가 육화한 상태에서 얻으려 애써야 하는 것이 아닙니다.

마스터 모어여, 크나큰 자유 안에서,
우리는 당신과 영원히 결속됩니다.
마스터 모어여, 당신의 영원한 환희의 강에서,
우리는 새로운 탄생을 맞이합니다.

마스터 모어여, 이제 우리는,
당신의 신성한 가슴에서 떠나지 않겠습니다.
당신의 금강석 같은 의지의 흐름과,
영원히 하나되어 흘러가겠습니다.

8. 마스터 모어여, 의지력에 집중하면서 분리의 환영에 기반한 에고의 의지를 통해 의지력을 보는 자아를 놓아버립니다. 1광선의 신성한 의

지력을 얻으려면 내가 열심히 밀어붙이며 장벽을 통과해야 한다는 환영을 놓아버립니다.

마스터 모어여, 우리의 요청으로,
당신은 일곱 광선을 모두 균형 잡습니다.
마스터 모어여, 영원히 스스로를 초월하며,
우리는 영을 위해 열린 문입니다.

마스터 모어여, 이제 우리는,
당신의 신성한 가슴에서 떠나지 않겠습니다.
당신의 금강석 같은 의지의 흐름과,
영원히 하나되어 흘러가겠습니다.

9. 마스터 모어여, 나는 더 많이 일하려고 할수록 더 적게 성취한다는 것을 경험하겠습니다. 내가 밖으로 투사하는 자아를 만들 때, 자신과 반대되는 것을 만들고 있으며, 내가 더 열심히 밀어붙일수록 더 많은 반대를 만들게 되어, 결국은 무너지게 된다는 것을 압니다.

마스터 모어여, 당신의 현존은,
내면의 구체를 충만히 채워줍니다.
삶은 이제 신성한 흐름이 되며,
우리는 모두에게 신성한 힘을 부여합니다.

마스터 모어여, 이제 우리는,
당신의 신성한 가슴에서 떠나지 않겠습니다.
당신의 금강석 같은 의지의 흐름과,
영원히 하나되어 흘러가겠습니다.

파트 2

1. 마스터 모어여, 행함이 없어도 이루지 못한 것이 없는 무위(無爲)의 행을 기꺼이 경험하겠습니다. 내가 신성한 의지와 분리되어 있지 않음을 깨닫습니다. 나는 신성한 의지의 대양 위에 있는 파도이며, 그 대양의 움직임을 느끼고 있습니다.

마스터 모어여, 우리 앞에 나타나소서.
초월로 가속하는 당신의 불꽃을 받아들이겠습니다.
마스터 모어여, 우리의 의지는 강렬하고,
우리의 에너지 센터는 노래로 정화됩니다.

마스터 모어여, 이제 우리는,
당신의 신성한 가슴에서 떠나지 않겠습니다.
당신의 금강석 같은 의지의 흐름과,
영원히 하나되어 흘러가겠습니다.

2. 마스터 모어여, 나는 신성한 의지와 함께 흐르겠습니다. 신성한 의지는 나에게 가장 큰 성장과 가장 큰 초월과, 144단계 의식 수준을 향한 가장 큰 움직임을 주면서 내 신성한 계획의 성취를 이루는 방향으로 흐르고 있습니다.

마스터 모어여, 당신의 지혜가 흘러오니,
당신과의 조율이 점점 증가합니다.
마스터 모어여, 우리가 서로 연결되니,
뱀의 거짓말을 꿰뚫어봅니다.

마스터 모어여, 이제 우리는,
당신의 신성한 가슴에서 떠나지 않겠습니다.
당신의 금강석 같은 의지의 흐름과,
영원히 하나되어 흘러가겠습니다.

3. 마스터 모어여, 내가 양육된 방식과 문화에 기반한 외적인 목표를 놓아버립니다. 나는 그 목표를 향해 밀어붙이려는 욕망과, 또는 내 신성한 계획에 반하는 방향으로 밀어붙임으로써 나 자신에 반대되는 것을 만들고 있는 욕망을 모두 놓아버립니다.

마스터 모어여, 당신의 핑크빛 사랑보다,
더 순수한 사랑은 없습니다.
마스터 모어여, 당신은 모든 조건에서,
우리를 자유롭게 해방합니다.

마스터 모어여, 이제 우리는,
당신의 신성한 가슴에서 떠나지 않겠습니다.
당신의 금강석 같은 의지의 흐름과,
영원히 하나되어 흘러가겠습니다.

4. 마스터 모어여, 나는 분리된 자아들에 대한 작업을 하겠습니다. 계속 밀어붙이기를 원하는 이 자아들을 찾아내어 인식하고, 이들로부터 나를 분리한 다음, 죽게 하겠습니다. 신성한 의지에 의해 추진되는 내 신성한 계획의 움직임에 조율하기 위해 의식적인 노력을 하겠습니다.

마스터 모어여, 우리를 순수하게 만드는,
당신의 단련법을 견뎌내겠습니다.
마스터 모어여, 우리의 의도는 진실하고,
언제나 당신과 하나입니다.

마스터 모어여, 이제 우리는,
당신의 신성한 가슴에서 떠나지 않겠습니다.
당신의 금강석 같은 의지의 흐름과,
영원히 하나되어 흘러가겠습니다.

5. 마스터 모어여, 신성한 의지는 에고의 의지도 아니고 저 멀리 있는 신의 의지도 아님을 경험하겠습니다. 마스터 모어는 하늘에서 나를 내려다보며 무언가 하라고 강요하는 분노하는 스승이 아닙니다.

마스터 모어여, 우리의 비전은 고양되고,
신의 의지는 늘 찬양을 받습니다.
마스터 모어여, 창조적인 의지는,
모든 생명을 더욱더 높이 올립니다.

마스터 모어여, 이제 우리는,
당신의 신성한 가슴에서 떠나지 않겠습니다.
당신의 금강석 같은 의지의 흐름과,
영원히 하나되어 흘러가겠습니다.

6. 마스터 모어여, 당신이 나에게 내 신성한 계획을 따르라고 강요하지 않을 것임을 압니다. 당신도, 다른 어느 상승 마스터도, 나에게 신성한 계획을 선택하라고 강요하지 않았습니다. 내가 스스로 내 신성한 계획을 선택했습니다.

마스터 모어여, 당신의 평화는 권능이며,
전쟁의 데몬들을 삼켜버립니다.
마스터 모어여, 우리는 모든 생명에 봉사하며,
우리의 화염은 전쟁과 투쟁을 소멸합니다.

마스터 모어여, 이제 우리는,
당신의 신성한 가슴에서 떠나지 않겠습니다.
당신의 금강석 같은 의지의 흐름과,
영원히 하나되어 흘러가겠습니다.

7. 마스터 모어여, 나는 우주가 내 목표에 따르도록 강요하려는 모든

외적인 의지를 놓아버립니다. 나는 에고의 의지, 세상의 의지, 가족의 의지, 사회의 의지, 신의 의지, 상승 마스터의 의지를 다 놓아버립니다.

마스터 모어여, 크나큰 자유 안에서,
우리는 당신과 영원히 결속됩니다.
마스터 모어여, 당신의 영원한 환희의 강에서,
우리는 새로운 탄생을 맞이합니다.

마스터 모어여, 이제 우리는,
당신의 신성한 가슴에서 떠나지 않겠습니다.
당신의 금강석 같은 의지의 흐름과,
영원히 하나되어 흘러가겠습니다.

8. 마스터 모어여, 나는 바다의 파도처럼 오르락내리락하면서 부드럽게 앞으로 나아가다가 결국 피안에 도달하는 신성한 의지에 조율하겠습니다. 신성한 의지는 다른 의지입니다. 이 의지는 어떤 반의지도 대항할 수 없는 의지입니다. 이 의지는 나에게 강요되지 않는 의지입니다.

마스터 모어여, 우리의 요청으로,
당신은 일곱 광선을 모두 균형 잡습니다.
마스터 모어여, 영원히 스스로를 초월하며,
우리는 영을 위해 열린 문입니다.

마스터 모어여, 이제 우리는,
당신의 신성한 가슴에서 떠나지 않겠습니다.
당신의 금강석 같은 의지의 흐름과,
영원히 하나되어 흘러가겠습니다.

9. 마스터 모어여, 나는 바다에 몸을 담그듯이 기꺼이 이 의지 안에 나 자신을 담그겠습니다. 나는 바다에 침잠하여, 오르내리는 대양의 물결을 타고 부드럽게 움직이며, 더 위대한 의지와 함께 이동합니다. 나는 아무것도 행하고 있지 않지만, 수동적으로 있는 것은 아닙니다.

마스터 모어여, 당신의 현존은,
내면의 구체를 충만히 채워줍니다.
삶은 이제 신성한 흐름이 되며,
우리는 모두에게 신성한 힘을 부여합니다.

마스터 모어여, 이제 우리는,
당신의 신성한 가슴에서 떠나지 않겠습니다.
당신의 금강석 같은 의지의 흐름과,
영원히 하나되어 흘러가겠습니다.

파트 3

1. 마스터 모어여, 나는 내 아이앰 현존의 의지이자 나 자신이 신성한 계획에 탑재해 둔(built into) 더 위대한 의지에 몰입합니다. 이 의지에는 어떤 강제력도, 투쟁도 없으며, 단지 나를 위로, 이쪽으로, 저쪽으로 이동시키는 부드러운 움직임이 있을 뿐입니다.

마스터 모어여, 우리 앞에 나타나소서.
초월로 가속하는 당신의 불꽃을 받아들이겠습니다.
마스터 모어여, 우리의 의지는 강렬하고,
우리의 에너지 센터는 노래로 정화됩니다.

마스터 모어여, 이제 우리는,
당신의 신성한 가슴에서 떠나지 않겠습니다.
당신의 금강석 같은 의지의 흐름과,

영원히 하나되어 흘러가겠습니다.

2. 마스터 모어여, 나는 아무것도 행하지 않은 듯이 보이지만, 이루어지지 않은 일이 없음을 봅니다. 왜냐하면 내가 신성한 계획 안에서 성취하고자 했던 일들이 이루어졌기 때문입니다. 외적인 성취가 삶의 목적이 아님을 받아들입니다. 삶의 목적은 의식을 높이는 것입니다.

마스터 모어여, 당신의 지혜가 흘러오니,
당신과의 조율이 점점 증가합니다.
마스터 모어여, 우리가 서로 연결되니,
뱀의 거짓말을 꿰뚫어봅니다.

마스터 모어여, 이제 우리는,
당신의 신성한 가슴에서 떠나지 않겠습니다.
당신의 금강석 같은 의지의 흐름과,
영원히 하나되어 흘러가겠습니다.

3. 마스터 모어여, 나의 신성한 계획에 탑재된 진정한 의지는 의식을 높이는 것이며, 때로는 의식을 높이는 것이 순조로운 상향의 과정이 아님을 받아들입니다. 하지만 여정에 오르막과 내리막이 있다고 해도, 여전히 전체적으로는 상향 이동을 하고 있습니다.

마스터 모어여, 당신의 핑크빛 사랑보다,
더 순수한 사랑은 없습니다.
마스터 모어여, 당신은 모든 조건에서,
우리를 자유롭게 해방합니다.

마스터 모어여, 이제 우리는,
당신의 신성한 가슴에서 떠나지 않겠습니다.
당신의 금강석 같은 의지의 흐름과,

영원히 하나되어 흘러가겠습니다.

4. 마스터 모어여, 내가 육신을 떠날 때 어떤 물질적인 성취를 가져갈 수 있을지를 봅니다. 내가 가져가는 것은 내가 성취한 수준의 의식입니다.

마스터 모어여, 우리를 순수하게 만드는,
당신의 단련법을 견뎌내겠습니다.
마스터 모어여, 우리의 의도는 진실하고,
언제나 당신과 하나입니다.

마스터 모어여, 이제 우리는,
당신의 신성한 가슴에서 떠나지 않겠습니다.
당신의 금강석 같은 의지의 흐름과,
영원히 하나되어 흘러가겠습니다.

5. 마스터 모어여, 신성한 의지는 특별한 물질적인 조건을 구현하는 일에 관한 것이 아님을 경험하겠습니다. 신성한 의지는 모든 생명을 더 높은 의식 수준으로, 더 높은 진동으로 끌어올리는 일에 관한 것입니다.

마스터 모어여, 우리의 비전은 고양되고,
신의 의지는 늘 찬양을 받습니다.
마스터 모어여, 창조적인 의지는,
모든 생명을 더욱더 높이 올립니다.

마스터 모어여, 이제 우리는,
당신의 신성한 가슴에서 떠나지 않겠습니다.
당신의 금강석 같은 의지의 흐름과,
영원히 하나되어 흘러가겠습니다.

6. 마스터 모어여, 나는 의식이 모든 것의 바탕을 이루는(underlying) 실재이며, 궁극적으로 창조주의 의식, 또는 창조주를 넘어선 전체(Allness)의 의식, 하나의 마음(One mind), 나눌 수 없고 나뉘지 않은 마음임을 경험하겠습니다.

마스터 모어여, 당신의 평화는 권능이며,
전쟁의 데몬들을 삼켜버립니다.
마스터 모어여, 우리는 모든 생명에 봉사하며,
우리의 화염은 전쟁과 투쟁을 소멸합니다.

마스터 모어여, 이제 우리는,
당신의 신성한 가슴에서 떠나지 않겠습니다.
당신의 금강석 같은 의지의 흐름과,
영원히 하나되어 흘러가겠습니다.

7. 마스터 모어여, 근원적인 하나의 마음(One mind)이 형상으로 자신을 표현하고, 그런 다음 자신이 그 하나의 마음임을 기억하게 될 때, 그 하나의 마음이 성장하게 된다는 것을 경험하겠습니다. 그 하나의 마음은 항상 스스로를 표현하면서 존재해왔고, 표현을 통해 그 이상의 존재로 초월해왔습니다. 이 과정은 무한히 계속될 것입니다.

마스터 모어여, 크나큰 자유 안에서,
우리는 당신과 영원히 결속됩니다.
마스터 모어여, 당신의 영원한 환희의 강에서,
우리는 새로운 탄생을 맞이합니다.

마스터 모어여, 이제 우리는,
당신의 신성한 가슴에서 떠나지 않겠습니다.
당신의 금강석 같은 의지의 흐름과,
영원히 하나되어 흘러가겠습니다.

8. 마스터 모어여, 나는 어떤 최종 목표를 추구하려는 에고의 욕망을 내려놓습니다. 이 과정이 항상 그 이상(MORE)으로 되어가는 것임을 알기 때문입니다. 무한한 확장, 무한한 초월에 어떻게 최종 목표가 있을 수 있겠습니까? 그것은 목표가 아니라 과정에 관한 것이며, 그 과정은 그 이상으로 초월해가는 것입니다.

마스터 모어여, 우리의 요청으로,
당신은 일곱 광선을 모두 균형 잡습니다.
마스터 모어여, 영원히 스스로를 초월하며,
우리는 영을 위해 열린 문입니다.

마스터 모어여, 이제 우리는,
당신의 신성한 가슴에서 떠나지 않겠습니다.
당신의 금강석 같은 의지의 흐름과,
영원히 하나되어 흘러가겠습니다.

9. 마스터 모어여, 나는 당신의 현존에 조율함으로써 (그 이상으로 초월해가는) 이 과정에 몰입하겠습니다. 왜냐하면 당신은 지구를 위한 그 화염을 보유하고 있기 때문입니다. 그리고 나는 당신이 주시는 당신의 현존을 받습니다.

마스터 모어여, 당신의 현존은,
내면의 구체를 충만히 채워줍니다.
삶은 이제 신성한 흐름이 되며,
우리는 모두에게 신성한 힘을 부여합니다.

마스터 모어여, 이제 우리는,
당신의 신성한 가슴에서 떠나지 않겠습니다.
당신의 금강석 같은 의지의 흐름과,
영원히 하나되어 흘러가겠습니다.

파트 4

1. 마스터 모어여, 나는 이렇게 생각하게 만드는 타락한 존재들과 분리된 자아들의 속임수를 식별하겠습니다. "나는 더 높은 수준에 올랐으니, 이제 이것을 넘어섰다." 영적인 가르침에서는 항상 그 이상의 것을 얻을 수 있습니다.

마스터 모어여, 우리 앞에 나타나소서.
초월로 가속하는 당신의 불꽃을 받아들이겠습니다.
마스터 모어여, 우리의 의지는 강렬하고,
우리의 에너지 센터는 노래로 정화됩니다.

마스터 모어여, 이제 우리는,
당신의 신성한 가슴에서 떠나지 않겠습니다.
당신의 금강석 같은 의지의 흐름과,
영원히 하나되어 흘러가겠습니다.

2. 마스터 모어여, 내 환영을 기꺼이 보겠습니다. 내가 그 이상을 향해 나아가지 않으면 상승하지 못한다는 것을 알기 때문입니다. 내가 육신 안에 있는 동안 도달할 수 있는 궁극적인 상태란 없습니다. 다음 단계의 의식으로 올라가기 위해서는 항상 그 이상을 향해 나아가야 합니다.

마스터 모어여, 당신의 지혜가 흘러오니,
당신과의 조율이 점점 증가합니다.
마스터 모어여, 우리가 서로 연결되니,
뱀의 거짓말을 꿰뚫어봅니다.

마스터 모어여, 이제 우리는,
당신의 신성한 가슴에서 떠나지 않겠습니다.

당신의 금강석 같은 의지의 흐름과,
영원히 하나되어 흘러가겠습니다.

3. 마스터 모어여, 나는 기꺼이 그 이상의 의식 수준에 도달하려는 태도를 취합니다. 이것이 오직 당신과 연결되는 것만 의미하지는 않습니다. 어느 상승 마스터도 내가 육화 중에 만나는 그 무엇보다 더 높은 의식 수준에 있기 때문입니다.

마스터 모어여, 당신의 핑크빛 사랑보다,
더 순수한 사랑은 없습니다.
마스터 모어여, 당신은 모든 조건에서,
우리를 자유롭게 해방합니다.

마스터 모어여, 이제 우리는,
당신의 신성한 가슴에서 떠나지 않겠습니다.
당신의 금강석 같은 의지의 흐름과,
영원히 하나되어 흘러가겠습니다.

4. 마스터 모어여, 나는 모든 생명을 들어올리는 신성한 의지와 함께 흘러가고 또 흘러가는 것을 경험하겠습니다. 밀어붙이지 않고, 투쟁하지 않고, 저항하지 않고, 단지 더 위대한 그 의지에 내맡기며 흘러갑니다.

마스터 모어여, 우리를 순수하게 만드는,
당신의 단련법을 견뎌내겠습니다.
마스터 모어여, 우리의 의도는 진실하고,
언제나 당신과 하나입니다.

마스터 모어여, 이제 우리는,
당신의 신성한 가슴에서 떠나지 않겠습니다.

당신의 금강석 같은 의지의 흐름과,
영원히 하나되어 흘러가겠습니다.

5. 마스터 모어여, 나는 신성한 의지에 내맡긴다는 개념 뒤에 있는 실
재를 경험하겠습니다.

마스터 모어여, 우리의 비전은 고양되고,
신의 의지는 늘 찬양을 받습니다.
마스터 모어여, 창조적인 의지는,
모든 생명을 더욱더 높이 올립니다.

마스터 모어여, 이제 우리는,
당신의 신성한 가슴에서 떠나지 않겠습니다.
당신의 금강석 같은 의지의 흐름과,
영원히 하나되어 흘러가겠습니다.

6. 마스터 모어여, 신성한 의지를 가지는 것이, 결단하고, 결정하고, 집
중하고, 공격적으로 밀어붙이는 문제라는 환영을 놓아버립니다. 그 대
신 나는 신성한 의지에 조복하고 내맡깁니다.

마스터 모어여, 당신의 평화는 권능이며,
전쟁의 데몬들을 삼켜버립니다.
마스터 모어여, 우리는 모든 생명에 봉사하며,
우리의 화염은 전쟁과 투쟁을 소멸합니다.

마스터 모어여, 이제 우리는,
당신의 신성한 가슴에서 떠나지 않겠습니다.
당신의 금강석 같은 의지의 흐름과,
영원히 하나되어 흘러가겠습니다.

7. 마스터 모어여, 신성한 의지는, 분리된 자아들을 통해, 자신을 대양에서 분리된 존재라고 여기는 의식을 통해 구현할 수 있는 것보다 훨씬 더 거대한 의지임을 경험하겠습니다.

마스터 모어여, 크나큰 자유 안에서,
우리는 당신과 영원히 결속됩니다.
마스터 모어여, 당신의 영원한 환희의 강에서,
우리는 새로운 탄생을 맞이합니다.

마스터 모어여, 이제 우리는,
당신의 신성한 가슴에서 떠나지 않겠습니다.
당신의 금강석 같은 의지의 흐름과,
영원히 하나되어 흘러가겠습니다.

8. 마스터 모어여, 내가 모든 나라들을 들어올릴 상향 의식의 일부이고 떠오르는 상향 의식의 물결 속에 있음을 자각하겠습니다.

마스터 모어여, 우리의 요청으로,
당신은 일곱 광선을 모두 균형 잡습니다.
마스터 모어여, 영원히 스스로를 초월하며,
우리는 영을 위해 열린 문입니다.

마스터 모어여, 이제 우리는,
당신의 신성한 가슴에서 떠나지 않겠습니다.
당신의 금강석 같은 의지의 흐름과,
영원히 하나되어 흘러가겠습니다.

9. 마스터 모어여, 나는 기꺼이 당신의 현존을 경험하겠습니다. 당신의 현존이 선형적인 마음을 초월해 있음을 경험하겠습니다. 나는 자신을 초월하면 반드시 어떤 궁극적인 상태로 들어가게 된다는 환영을

놓아버립니다. 항상 그 이상(MORE)의 수준이 있음을 경험하겠습니다.

마스터 모어여, 당신의 현존은,
내면의 구체를 충만히 채워줍니다.
삶은 이제 신성한 흐름이 되며,
우리는 모두에게 신성한 힘을 부여합니다.

마스터 모어여, 이제 우리는,
당신의 신성한 가슴에서 떠나지 않겠습니다.
당신의 금강석 같은 의지의 흐름과,
영원히 하나되어 흘러가겠습니다.

봉인
신성한 어머니의 이름으로, 나는 대천사 미카엘과 아스트레아와 쉬바께 나의 영적인 스승들과 아이앰 현존과 나와의 연결을 봉인해 주시기를 요청합니다. I AM THAT I AM의 이름으로, 이것이 이루어졌습니다! 아멘.

7

선형적인 마음을 초월해서
신성한 지혜를 경험하기

나는 2광선의 초한, 상승 마스터 란토입니다. 2광선은 흔히 지혜와 연관된 광선으로 알려져 있지만, 진실로 지혜란 무엇일까요? 많은 세상 사람은 지혜를 일종의 유한한 지식으로, 즉 말로 표현될 수 있거나 수학처럼 과학의 언어로 표현될 수 있는 것으로 여겨왔습니다. 하지만 말이나 숫자, 공식이나 방정식으로 지혜를 담아낼 수 있을까요? 멘탈 이미지나 개념, 아이디어로 지혜를 담아낼 수 있을까요? 지혜를 어떤 형태로 제한할 수 있을까요? 글쎄요, 그렇기도 하고, 아니기도 합니다.

궁극적인 지혜에 대한 헛된 탐구

창조주의 의식인 하나됨(oneness) 이외에 궁극적인 지혜는 없습니다. 물론 여러분이 지구와 같은 행성에 육화하고 있는 한, 그런 창조주의 의식을 경험하기는 어렵습니다. 우리가 말할 수 있는 것은, 지혜는 여러분의 미상승 구체를 창조하는 데 사용된 자질 중 하나로, 형태를 가지고 있다는 사실입니다. 만일 그 지혜에 아무런 형태도 없다면, 어떻게 그것을 형태를 가진 세계를 창조하는 데 사용할 수 있었을까요? 분명한 점은, 이 지혜는 여러분이 지구에서 사용하는 언어와 표현들에 한정되지 않는다는 것입니다.

상승 마스터들과 신성한 지혜의 자질에 연결되는 첫 단계는, 여러 시대를 통해 영성과 종교와 정치와 과학에 종사하는 사람들이 궁극적인 지식과 이해, 궁극적인 지혜를 찾아내고 규정하기 위해 오랜 탐구를 해왔음을 인식하는 것입니다. 물론 여러분이 처음 영적인 여정을 발견했을 때, 이 오랜 탐구의 영향을 받았다는 것을 우리는 이해합니다. 여러분은 이런 탐구를 영적인 여정으로도 옮겨와서, 영적인 가르침의 목적이 궁극적인 형태의 지혜를 주는 것이라고 생각합니다. 이것이 바로, 수많은 영적인 사람들이 그들의 구루와 영적인 조직과 가르침이, 실제로 세상과 영적인 영역이 어떻게 작동하는지에 대한 최상의 지혜와 이해와 표현을 제시하고 있다는 사고방식에 갇히게 되는 이유입니다. 영적인 여정의 특정한 수준에서는 이해할 만한 현상이기는 하지만, 이런 사고방식은 성장을 방해하는 비건설적인 지점으로 이어지게 됩니다.

사람들의 의식을 높여주는 실용적인 길

붓다가 육화해서 직접 가르쳤던 시대가 있었습니다. 그리고 오늘날 많은 사람은 붓다의 탄생과 삶, 가르침에 특별한 상황이 많이 있었으므로, 붓다는 깨달은 존재였을 뿐만 아니라 궁극적인 깨달음을 성취한 존재였다는 이미지를 투사하고 싶어 합니다. 그들은 붓다가 최상의 가르침을 주었으며, 붓다 자신과 그 가르침이 모든 질문에 답을 줄 수 있었다는 이미지를 투사하고 싶어 합니다. 하지만 이들은 불교의 역사를 연구한 사람들은 아닐 겁니다. 실제로 붓다가 대답하기를 거부한 질문들이 있었기 때문입니다.

그런 예 중 하나가 '자아[19]가 존재하는가? 혹은 존재하지 않는가?'에 대한 질문입니다. 이것은 붓다가 대답하기를 거부한 질문입니다. 그런데, 왜 그랬을까요? 붓다의 목표는 모든 질문에 답할 수 있는 궁극적인 지식을 주는 것이 아니었기 때문입니다. 붓다의 목표는 사람들의 의식을 높여줄 수 있는, 단순하고 단계적인 여정을 제시하는 것이었습니다. 역사적으로 볼 때 이것은 힌두교 베다 교단과 브라민의 전통과 극명한 대조를 이룹니다. 붓다의 시대에는 힌두교와 브라민 내부에 여러 다른 그룹들, 서로 다른 방향을 가진 그룹들이 존재하던 시기였습니다. 그 그룹들은 전체적인 틀은 같았지만, 가르침에 있어서는 조금씩 달랐습니다. 그래서 무엇이 궁극적인 이해이고, 무엇이 자아에 대한 궁극적인 가르침인지, 자아는 어떤 것인지 등에 대해 논쟁하는 데 상당한 시간을 보냈습니다.

그러나 붓다는 깨달음을 얻은 후, 이 모든 논쟁이 인간의 마음, 즉 지적이고 분석적이고 선형적인 마음에서 나온 것임을 보았습니다. 아무리 정교한 논증과 설명이라도, 이 모든 것이 실제로는 사람들을 특정한 의식 수준에 가둬버리는 것을 보았습니다. 붓다는 자신이 이 논쟁에 참여한다면, 이 서커스 링에 뛰어들어 논쟁하기 시작한다면, 아무것도 성취할 수 없음을 알았습니다. 또한 선형적이고 지적인 마음으로는 대답할 수 없는 질문이 있음을 깨달았습니다. 왜냐하면 우리가 설명했듯이, 이 마음은 그 어느 것에 대해서도 찬성하거나 반대하는 논쟁을 할 수 있기 때문입니다. 어떤 사람들은 마음을 사용해 자아가 있다고 확신할 수 있고, 다른 사람은 지적인 마음을 사용해 자아가 없다고 확신할 수 있습니다. 두 그룹이 상대적인 논쟁을 펼치면서, 모두 자신의 주장이 궁극적인 것이라고 절대적으로 확신한다면, 두 그룹의 마음이 어디서 만날 수 있을까요?

---

[19] 여기서는 아트만을 의미함

붓다는 이원론적 사고방식에서는 모든 주장이 상대적이기 때문에 이러한 사고방식을 가진 사람들에게서는 최종 결론이 나올 수 없음을 보았으며, 이것이 바로 쌍의 개념을 만든 이유였습니다. 붓다는 어떻게 했을까요? 그는 자신의 미션을 위해 특정한 상승 마스터들과 일하고 있었기 때문에, 그 대신 이렇게 말하려고 했습니다. "인간의 지적이고 선형적인 마음의 수준에서 추론하지 맙시다. 사람들에게 의식을 높일 수 있는 단순한 여정을 알려줍시다. 사람들이 의식을 일정 수준 이상으로 높이면 실제로 진정한 지혜를 얻기 시작할 것이고, 선형적인 마음으로 결정할 수 없는 이런 질문에 대한 답을 얻을 수 있을 것입니다." 붓다는 자기 미션의 목표가 사람들의 의식을 높이는 것이지, 시대를 초월하는 어떤 뛰어난 지혜나 경전을 내놓는 것이 아님을 깨달았습니다.

끝없는 지적 논쟁들

이제 현대의 불교도들은 붓다가 완전히 깨달은 존재였기 때문에 그의 가르침은 궁극적인 진리일 수밖에 없다고 말하며, 이에 반박할 것입니다. 그렇다면 왜 불교 자체가 여러 분파로 나뉘게 된 것일까요? 전체적인 틀에는 동의가 있었지만, 세부적인 주장과 가르침이 다르고, 사상과 의식(儀式)이 달라서 많은 부분에서 합의가 이루어지지 않았습니다. 이를 중립적으로 본다면, 붓다가 육화를 벗어난 후, 불교에서도 힌두교에서 일어난 것과 같은 일이 일어났음을 알 수 있습니다.

교단의 분화 과정이 진행되었고, 불교는 다양한 방향과 다양한 분파들로 나뉘었습니다. 이 다양한 분파들은 지적인 논쟁을 벌이며 붓다의 말씀과 그 의미에 대해 지적인 해석을 시작했습니다. 만일 붓다의 가르침이 절대적인 최상의 가르침이라면, 어떻게 이견과 해석들이 있을 수 있겠습니까? 궁극적인 지혜가 있다면, 그것을 읽는 모든 사람이 궁극적인 의식 수준에 도달해야 하지 않을까요? 그리고 그것이 최상의 궁극적인 지혜라면, 이견이 없어야 합니다. 이견이 있다면 붓다의 가르침조차도, 붓다의 결함이 아닌 그 가르침을 받아들이는 사람들의 결함 때문에, 궁극적인 지혜가 아니었다고 추론할 수 있지 않을까요?

영적인 가르침에 대한 실용적인 접근법

결국 불교의 목표는 사람들을 고통의 상태인 삼사라의 바다보다 높은 경지로 끌어올리는 것이라고 불교에서 분명히 말하고 있지 않습니까? 또한 불교의 가르침이 궁극적인 의식 상태에 있지 않은 사람들에게 주어진 것이라는 사실도 분명히 밝히고 있습니다. 그렇다면 붓다께서 궁극적인 지혜를 전할 수가 없었을 것이라고 추론할 수 있습니다. 왜냐하면 낮은 의식 상태에 있는 사람들이 그처럼 높은 지혜를 어떻게 파악하고 활용할 수 있었겠습니까? 그렇다면 한 단계 더 나아가, 붓다의 가르침이든, 예수의 가르침이든, 베다의 가르침이든, 다른 영적인 가르침이든, 지상의 그 어느 가르침도 궁극적인 것이 아님을 알 수 있지 않을까요?

지적이고 선형적이고 분석적인 마음은, 어떤 영적인 가르침에 대해서도, 왜 이 해석이 저 해석보다 나은지에 대한 다양한 해석과 논쟁을 펼칠 수 있습니다. 선형적인 마음은 틀림없이 더 나은 해석이나 궁극적인 해석이 있을 것이라고 투사할 수 있습니다. 그렇다면, 이 패턴에 빠지는 사람들이 특정한 수준의 의식에 있다는 사실을 볼 수 있지 않나요? 그리고 진정한 영적인 가르침의 목표는 이런 의식 수준에 있는 사람들의 해석을 검증하는 것이 아니라, 사람들을 그 의식 수준 위로 끌어올리는 것이 아닐까요? 이 사실을 깨닫기가 정말 그렇게 어렵나요?

우리가 말할 수 있는 것은, 지구 행성에서는 궁극적이거나 최종적인 영적인 가르침을 전해주려는 시도가 결코 없었다는 것입니다. 영적인 가르침의 창시자들인 상승 마스터들은 지구의 상황을 충분히 알고 있기 때문입니다. 우리는 집단의식과 여러 집단에 속한 사람들이 가진 한계를 명확히 알고 있습니다. 우리는 불가능한 일을 시도하기보다는 실제로 가능한 일, 즉 특정 그룹의 사람들을 더 높은 가르침을 파악할 수 있는 수준으로 끌어올릴 수 있는 가르침을 전해주고자 하며, 서서히 이런 점진적인 계시를 가져오려고 합니다. 물론 선형적인 마음은 이렇게 말할 것입니다. "그럼 궁극적인 가르침은 언제 나올까요? 궁극적인 가르침이 반드시 있을 텐데요."

모든 것에 대한 궁극적인 가르침

세계가 어떻게 작동하는지에 대한 궁극적인 이론이나 깨달음, 만물의 이론을 찾기 위한 이러한 추구는, 수 세기는 아니더라도 수십 년 동안 과학에 의해 더 강화되어 왔습니다. 모든 것에 대한 지혜, 모든 것에 대한 가르침은 어디에 있을까요? 그것은 언제 나올까요? 글쎄요, 부분적으로는 지구가 몇 가지 심각한 한계를 가진, 우리가 비자연 행성이라고 부르는 수준에 있으므로, 지구에서 궁극적인 가르침은 결코 나오지 않을 것입니다. 또 다른 이유는 심지어 자연 행성에서도 궁극적인 가르침은 나올 수 없기 때문입니다. 그러면 무엇이 궁극적인 가르침이고, 무엇이 만물에 대한 가르침일까요? 모든 것에 대한 궁극적인 가르침에는 무엇이 포함되어야 할까요? 당연히, 이 가르침은 모든 것을 포괄해야 합니다. 이 형상 세계에 대한 궁극적인 가르침은 어디에서 찾을 수 있을까요? 바로 창조주의 마음 안입니다.

만물에 대한 가르침이, 창조주보다 낮은 수준에 있는 창조계에 어떻게 전달될 수 있겠습니까? 불가능합니다. 여러분은 오직 창조주의 마음과 하나가 되어야만 궁극적인 지혜의 수준에 도달할 수 있습니다. 그때야 궁극의 지혜를 알게 됩니다. 그러나 다른 접근 방식을 취해서 이렇게 말할 수도 있습니다. "궁극적인 가르침을 언제 지구로 가져올 수 있을까요? 지구와 같은 행성을 위한 궁극적인 가르침은 무엇일까요?" 그것은 지구상의 의식 수준을 초월하는 방법에 대한 가르침입니다. 여러분은 어느 수준이든 현재 위치에서 시작해서, 지구에서 가능한 의식 수준들을 통과하여 올라가 가장 높은 수준에 도달할 수 있으며, 그런 다음 그 수준을 초월해 더 높은 상태로 들어갈 수 있습니다. 그것을 열반, 깨달음, 상승한 상태 등 무엇이라 부르든, 여러분은 지구 학교를 졸업할 수 있습니다.

어떤 의미에서, 지구 학교를 졸업하게 해주는 가르침은 지구의 특정한 상태나 상황, 기본적으로 집단의식의 수준이나 밀도를 고려해서 나올 수 있는 궁극적인 가르침입니다. 그런 관점에서 우리는 이미 궁극적인 가르침은 다양한 형태로 나와 있다고 말할 수 있습니다. 왜냐하면 붓다의 가르침은 사람들이 지구에서 가능한 의식 수준들을 초월할 수 있게 해주는 가르침이기 때문입니다. 그리스도의 가르침이나 다른 많은 종교적, 신비적 가르침도 마찬가지입니다. 이것은 자동으로 결과를 가져오는 궁극적인 가르침에 대해 생각하는 문제가 아닙니다. 나는 그런 생각이 바로 선형적인 마음의 결함이라고 말하고 있습니다. 선형적인 마음은 바로 이렇게 말할 것이기 때문입니다. "글쎄요, 내가 궁극적인 가르침을 받은 다음, 그것을 공부하고 그 의미를 이해했다면, 반드시 궁극적인 의식 수준에 도달해야 합니다. 그래서 깨달음을 얻거나 깨어나거나 상승해야 합니다."

가르침을 이해하는 것과 의식을 끌어올리는 것

그러나 가르침을 이해했다고 해서 자동적이고 기계적으로 깨달음을 얻게 해주는 가르침은 가능하지 않습니다. 왜 이것이 불가능할까요? 영적인 여정의 목적은, 의식을 지구에서 가능한 수준 너머로 높여서 상승 영역의 의식으로 도약하는 것이기 때문입니다. 그 목적은 여러분의 의식을 위로 전환시키는 것이지, 여러분의 이해를 위로 끌어올리는 것이 아닙니다. 물론 이 말은 다양한 전통의 많은 영적인 사람들에게 충격을 줄 것입니다. 심지어 시대를 거슬러 올라가더라도 많은 사람이 이 말에 충격을 받을 것입니다. 왜냐하면 그들은, '이해'가 '의식 수준'과 같은 것이라 생각하기 때문입니다. 즉 "주어진 가르침을 완전히 이해하기 위해서는 반드시 최상의 의식 수준에 도달해야 하며, 그렇지 않으면 어떻게 그 가르침을 이해할 수 있을까요?"라고 생각합니다.

그러나 외적인 가르침을 이해하는 것과, 그 가르침을 내면화해서 의식을 높이는 것 사이에는 차이가 있습니다. 가르침을 이해하는 것과 의식을 높이는 것은 같지 않습니다. 왜냐하면 무언가를 이해한다는 것이 무슨 의미인가요? 그것은 멀리서 관찰한다는 의미입니다. 불경이든 성서든 다른 어떤 경전이든, 외적인 가르침을 받아들일 때, 여러분은 지적이고 분석적이고 선형적인 마음으로 그것을 평가합니다. 그것을 파악하고 이해하려고 노력하지만, 여전히 그것을 자기 밖에 있는 무엇으로 보고 있습니다. 여러분은 영적인 영역을 이해하려 애쓰고 있을 것입니다. 상승 마스터들이 어떤 존재인지 이해하려 애쓰면서, 만일 로드 란토를 이해한다면 란토와 연결될 것이라고 생각할 수도 있습니다. 하지만 연결은 그런 식으로 이루어지지 않습니다.

경험하는 것과 멀리서 아는 것

이해는 인식하는 자와 인식 대상 사이의 거리를 의미합니다. 거리를 두고 있는 한, 여러분이 어떻게 의식을 높일 수 있을까요? 로드 란토와 지혜 광선에 어떻게 연결될 수 있을까요? 만일 그것이 지성으로 파악할 수 있는 것이 아니고, 자기 바깥에 있는 것이 아니며, 반드시 도달해야 하는 어떤 이해라고 생각하지 않는다면 어떨까요? 궁극적으로 여러분은 (나와 여러분 사이에) 아무런 거리가 없음을 깨닫고 경험함으로써 연결을 이룰 수 있습니다. 여러분은 나를 이해하려고 노력하지 않게 됩니다. 왜냐하면 여러분이 아무리 지성적으로 나를 잘 이해한다 해도 그것을 통해 나와 연결되는 것은 아니기 때문입니다. 비유적으로 말하자면, 나는 신성한 지혜를 이해하려고 애쓰는 학생 바로 옆에 서 있을 때가 많습니다. 나는 학생의 어깨를 톡톡 치며 이렇게 말합니다. "나는 바로 여기에 있어요." 하지만 학생은 경전을 보며 지성으로 이해하려고 애쓰고 있습니다. "란토는 저 밖에 있을 거야. 저 멀리 있을 거야."

어떤 사람들은 이렇게 생각하기도 합니다. "멀리 떨어져 있을수록 이해하는데 더 큰 노력이 필요하므로, 멀리 있는 마스터를 이해할 수 있다면 나는 더 우월하고 더 특별해." 나는 지금도 여전히 여기 있으니까, 그냥 고개를 돌려서 나를 보세요. 하지만, 그 사람은 책과 경전만 들여다보고 있습니다. 그의 지성으로 이렇게 저울질하면서 말이죠: "이 해석이 더 나은가, 아니면 저 해석이 더 나은가? 내가 더 나은 해석을 찾기만 하면, 반드시 란토가 나타날 거야." (메신저가 마이크를 세 번 두드리며) 나는 여전히 여기 있습니다. 왜 고개를 들지 않나요? 고개를 들면 어쩌다 나를 볼 수도 있지 않을까요? 하지만 그는 그렇게 하지 않습니다. "나는 책에 집중하고 있어요. 로드 란토가 페이지의 글자 사이에 숨어 있을 것이기 때문이죠. 그가 어디 다른 데 있겠어요?" 여러분이 보다시피, 이것은 하나의 게임이며, 경험의 단순함 대신 지성의 우월함을 추구하는 한 무한히 즐길 수 있는 게임입니다. 지혜란 무엇인가요? 말로 정의될 수 있는 것일까요? 아니요. 지혜는 경험입니다. 지혜는 현존(Presence)입니다. 여러분은 현존을 오직 경험할 수만 있습니다. 현존을 이해할 수는 없습니다. 이것이 바로, 여러분이 자신의 아이앰 현존을 이해할 수는 없고, 오직 경험할 수만 있는 이유입니다.

자아는 존재하는가?

붓다가 대답을 거부한 질문으로 돌아가 보겠습니다. 자아는 존재하는가? 아니면 존재하지 않는가? 브라민들은 이 문제에 대해 끝없이 토론했습니다. 일부는 아직도 논쟁을 하고 있습니다. 오늘날 몇몇 사람들은 이런 고대의 가르침을 현대적으로 재해석해서 새로운 해석을 내놓았습니다. 그들은 여전히 논쟁 중입니다. "자아가 존재하는가? 아니면 무아(無我)의 상태가 존재하는가? 우리는 영원하고 변하지 않는 자아, 즉 아트만이라는 궁극적인 자아에 도달하기 위해 노력해야 하는가?" 하지만 잠시만요. 붓다는 그런 자아는 없다고 말씀하셨습니다. 그렇다면 우리는 그 반대편으로 가서, 이렇게 말해야 합니다. "이것은 자아가 전혀 없다는 의미입니다. 영원한 자아도 없고, 다른 어떤 종류의 자아도 없습니다. 우리는 그런 무아의 상태를 성취하기 위해 노력해야 하고, 자신이 그 어떤 자아든 가지고 있다는 것을 부정해야 합니다. 그래야만 브라만의 궁극적이고 무한한 의식과 다시 하나가 될 수 있습니다."

베다의 가르침에 따르면 궁극적인 자아, 하나의 자아, 영원하고 변하지 않고 나뉘지 않는 자아인 아트만이 있습니다. 리쉬들[20]이 이렇게 말한 것이 완전히 틀린 것일까요? 그렇기도 하고 아니기도 합니다. 상승 마스터들이 준 가르침으로 이 문제에 대해 좀 더 다른 시각을 가질 수 있을까요? 그렇기도 하고 아니기도 합니다. 우리는 그것을 설명할 수 있고, 말로 설명하려고 시도할 수 있습니다. 하지만 사람들이 그것을 이해할 수 있을까요? 아니면 끝없는 논쟁에 빠져서 우리가 주는 가르침을 가지고 새로운 주장, 새로운 해석, 새로운 공상적이고 지적인 해석을 내놓는 데 사용할까요?

---

[20] rishi: 힌두 전통에서 현인, 또는 성자를 가리키는 말. 고대의 리쉬들이 베다 문헌들을 작성했다고 알려져 있다.

그리스도 의식의 두 가지 측면

자, 그럼 내가 무언가를 알려드리겠습니다. 베다의 리쉬들이 아트만에 대해 틀린 건가요? 글쎄요, 우리가 이 가르침에서 사용한 개념과 말에서는, 실제로 그렇지 않다고 말할 수 있습니다. 우리는 창조주가 자신의 존재, 자신의 의식, 자신의 자아로부터 모든 것을 창조했다고 말했습니다. 그리고 창조주가 창조한 첫 번째 것, 즉 첫아들은 창조주와 그 창조물 사이의 하나됨(unity)을 부여하는 그리스도 의식이었습니다. 그리스도 의식은 자각을 지닌(self-aware) 창조주의 확장체들이 형태 속에서 영원히 상실되지 않도록 하기 위한 것이었습니다. 그리스도 의식의 한 측면인 우주적(universal) 그리스도 의식은, 경전에서 말하는 것처럼 어제도 오늘도 그리고 영원히 동일하다고 말할 수 있습니다. 그것은 아무 특성도 없고, 분화되지도 않았고, 형상도 없고, 시간을 초월합니다. 따라서 그것은 실제로 변화할 수 없습니다. 그것은 형상 세계에서 생각할 수 있는 모든 것을 초월해 있기 때문입니다.

한편, 이 우주적 그리스도 의식은 어디에서 창조되어 나왔을까요? 바로 창조주의 존재, 창조주의 의식으로부터 나왔습니다. 그런데 창조주는 끊임없이 자신을 초월하지 않나요? 창조주가 창조하는 이유는, 창조를 경험하기 위해서, 자각을 지닌 창조주의 확장체인 여러분을 통해 내면에서 자신의 창조를 경험하기 위해서가 아닐까요? 그렇다면 그리스도 의식은 정말 변화하지 않는 것일까요? 아니면 두 가지 측면을 가지고 있는 것일까요? 하나는 창조주와의 지속적인 하나됨이고, 다른 하나는 그리스도 의식의 다른 측면으로서, 끊임없이 변화하면서 사람들이 만드는 환영에 적응하고, 그들에게 그 환영을 벗어나 다시 하나됨으로 돌아갈 수 있는 길을 제공하는 것입니다.

베다의 리쉬들은 이것을 완전히 파악했을까요? 아닙니다. 그들은 동전의 양면, 즉 반대 극이 있어야 한다는 지성적인 추론에 갇혀 있었습니다. 모든 것이 끊임없이 변화하고 움직이는 세상에는 전혀 변하지 않는 반대 극이 있어야 한다고 그들은 추론했습니다. 그렇다면 이 리쉬들이 받은 가르침은 이미 분리된 의식 수준에서, 어떤 의미에서 이원성 의식 수준에서 주어진 것일까요? 여기서 알 수 있는 것은, 바로 이것이 지성이나 선형적인 마음의 특징이라는 사실입니다. 선형적인 마음은 일반적으로 이 세상에서 관찰할 수 있는 어떤 상태를 취한 다음, 이것에 기반해서 위로 거슬러 올라가며 영적인 영역과 창조의 기원을 추론합니다.

선형적인 마음은 항상, 관찰할 수 있는 모든 것에는 반드시 그 반대 극이 있다고 추론합니다. 이 세상의 모든 것이 변화하고 움직인다는 것을 관찰한다면, 변화하지 않는 반대 극이 반드시 존재할 것이며, 이것이 바로 어떤 우월한 지혜라고 투사합니다. 리쉬들은 변하지 않는 영원한 자아, 아트만이 있으며, 모든 사람은 그 아트만에서 나온다고 말합니다. 그리고 그들이 아트만과 분리되어 있다는 환영에서 깨어날 때, 그들은 아트만 속으로 사라지고 아트만과 하나가 된다는 것입니다. 다른 한편, 붓다는 모든 내적인 성찰을 해보았지만 자신 안에서 불변하는 영원한 자아를 결코 찾을 수 없었다고 말했습니다. 붓다가 틀린 걸까요? 아니면 리쉬들이 틀린 걸까요?

영속적으로 스스로를 초월하는 자아

사실 붓다는 말로 충분히 표현될 수 없는 진리를 표현하는 데 더 많이 접근했습니다. 왜냐하면 여러분이 자신의 기원을 추적해서 올라가면, 먼저 외적인 자아 너머에 있는 의식하는 자아로 거슬러 올라갈 수 있고, 그다음에는 상승 마스터의 확장체인 여러분의 아이엠 현존에게로 거슬러 올라가며, 그 상승 마스터를 내보낸 또 다른 상승 마스터들에게로 올라가고, 그런 다음 상승한 구체들을 거쳐서 창조주까지 도달할 수 있기 때문입니다. 이렇듯 여러분은 창조주가 창조한 창조계의 일부이며, 창조계 안에는 항상 변화와 이동이 있습니다. 창조계는 한 상태에서 다른 상태로 끊임없이 변화하고 있습니다. 그렇다면 정말 변하지 않는 자아, 변하지 않는 개인적인 자아가 있을까요?

우리는 여러분이 공동창조자로서 창조되었다고 설명했습니다. 공동창조자란 무엇인가요? 그것은 점과 같은 자아감에서 시작하여 창조주의 자기-의식에 도달할 때까지 점차 자아감을 확장해가는 존재입니다. 그러나 이것은 여러분이 나온 창조주 속으로 다시 사라지는 것이 아니라, 여러분 자신의 권리로 여러분이 창조주가 됨을 의미합니다. 여러분은 계속 이동하며 스스로를 초월하는 존재로 창조되었으며, 이 과정은 무한히 지속될 수 있습니다. 그렇다면 결코 변하지 않는 자아, 아트만은 어디에 있을까요? 그런 것은 존재하지 않습니다.

외적인 자아가 없는 상태

그리스도 의식의 한 측면인 우주적인 그리스도 마음에는 지구에 육화한 인간도 경험할 수 있는 어떤 측면이 있습니다. 끊임없이 움직이는 행성에서 그리스도 의식을 경험할 때, 끊임없이 움직이는 것에 비해 움직이지 않는 바위처럼 보이기 때문에 그것은 움직이지 않는 자아라고 해석되었습니다. 그러나 이것은 지구 행성과 같은 형상 세계에서 바라본 해석입니다. 여러분은 이렇게 말할 수 있습니다. "붓다는 자아가 없는(no-self) 상태에 대해 얘기하지 않았나요? 그렇다면 붓다가 의미한 자아는 무엇이었을까요?" 현대 불교도 중에는 팔정도 수행의 목표가 모든 자아를 포기하고 자아가 없어진 상태에 도달하는 것이라고 생각하는 사람들이 있습니다. 서구의 논리적이고 선형적인 사고방식을 받아들여 영적인 여정의 목표가 자아를 근절하는 것이라고 생각하는 서구인들도 있습니다. 누가 옳고, 누가 틀렸을까요?

그것은 어떤 자아에 대해 얘기하고 있는지에 달려 있습니다. 만일 여러분이 분리된 자아, 이원성 의식에서 생겨난 에고적인 자아에 대해 얘기하고 있다면, 맞습니다. 붓다는 그러한 에고적인 자아나 외적인 자아가 없는 상태에 도달하는 것에 대해서 얘기하고 있습니다. 그러나 자아가 전혀 없는 상태라는 말과는 다릅니다. 왜냐하면 여러분이 더 이상 그런 에고적인 자아와의 동일시에 갇혀 있지 않다면, 여러분은 자신이 상위자아, 아이엠 현존의 확장체이며, 여러분의 아이엠 현존은 영적인 부모들인 상승 마스터들이 부여한 개성을 가지고 있음을 발견하기 때문입니다. 그리고 여러분은 그 개성이 성장함에 따라 그 개성을 더 확장하고, 초월하고, 그 이상의 존재가 되어야 합니다.

여러분이 영적인 여정의 목표가 자아가 전혀 없는 상태, 즉 여러분이 근본적으로 존재하지 않는 상태로 들어가는 것이라고 추론한다면, 여러분은 다시 선형적인 마음을 사용하여 모든 것에 양극성이 있어야 한다고 말하고 있는 것입니다. 그리고 이것은 그 추론하는 마음의 결함을 다시 드러내 줍니다. 의식하는 자아가 외적인 자아와 외적인 인격에서 벗어나면, 여러분은 상위자아인 아이엠 현존과 그것의 개성을 발견하게 되며, 그 개성을 표현하기 시작합니다.

자아가 없는(no-self) 상태

그렇다면 자아가 없는 상태를 경험했거나 경험했다고 주장하는 사람들이 있다는 것은 무엇을 의미할까요? 이것이 어떻게 가능할까요? 아주 오랜 기간에 걸쳐, 네 번째 구체에서 추락한 타락한 존재들이, 우리가 집단적 영체, 집단적 자아, 집단적 야수라고 부르는 무(nothingness)의 상태, 자아가 없는 상태와 같은 것을 만들었기 때문입니다. 따라서 지구에서 타락한 존재들은 자아에 대한 두 가지 일을 하고 있습니다. 그 하나는 그들의 자아가 너무 정교하기 때문에 신이 자신들을 하늘나라에 들여보내거나 우주를 책임지게 해야 한다고 생각하며 자신들을 궁극적인 위치로 높이려는 것입니다. 다른 극단에서, 그들은 자아가 없는 이러한 상태를 만들었는데, 그들은 무엇을 하려는 것일까요? 그들은 특히 영적인 사람들을 이 두 가지 방향 중 하나로 끌어들이려고 합니다. 자아를 아주 정교하게 만들어 하늘나라에 들어가려 하게 만들거나, 아니면 자아가 있다는 것을 부정하고 자아가 없다고 생각하는 이 어중간한 상태(limbo), 중간 지대(no man's land[21]), 무자아의 상태(no-self-land)로 들어가게 만드는 것입니다.

그리고 자아를 극복했으므로 자아가 죽었다고 믿는 사람들이 있습니다. 그들은 무아, 비이원성의 경지를 성취한 스승들이 있다고 투사합니다. 그러나 자신이 이런 무아 상태에 들어섰다는 것을 어떻게 알 수 있을까요? 사람들이 "나는 자아가 없고, 비이원성을 성취했다."라고 말할 때, 이 말을 하는 '나'는 무엇일까요? 그것은 자아가 아닌가요? "나는 자아가 아니다."라고 말하는 자아가 있을 때, 정말 자아에서 벗어난 걸까요? 아니면 영적인 길에서 자신이 어떤 궁극적인 상태에 도달했다고 스스로를 속이는 환영에 빠진 걸까요?

지속적인 자기-초월

적어도 이 지구에서, 영적인 여정의 궁극적인 상태는 무엇일까요? 그것은 여러분이 공동창조자임을 깨닫는 것입니다. 그렇습니다. 여러분은 창조주의 존재에서 나왔고, 그것을 브라만이든 무한한 의식이든 원하는 대로 부를 수 있습니다. 그러나 여러분은 지구 같은 행성에 수천 번 육화해서 온갖 고통을 겪다가, 어느 날 깨어나 자신이 나왔던 무(無)로 다시 사라지게 되어 있는 것은 아닙니다. 그것은 창조의 목적이 아닙니다. 창조의 목적은 자기-초월, 무한하고 영원하고 지속적인 자기-초월입니다. 그것이 최고의 지혜입니다. 궁극의 지혜라고 말하지는 않았지만, 그것은 지구 같은 행성에 주어질 수 있는 가장 높은 지혜입니다. 만일 여러분이 이를 깊이 이해하여 초월하고 또 초월하기를 계속할 수 있다면, 지구의 수준을 넘어선, 지구에서는 주어

---

[21] 소속감이나 정체성을 잃어버린 상태를 말함

질 수 없는 지혜, 지구에서 경험할 수 없는 무한히 높은 형태의 지혜를 경험할 수 있게 됩니다. 그리고 여러분은 오직 상승 마스터가 되었을 때만 지구를 초월한 수준을 진실로 경험할 수 있습니다.

베다 전통이 오해했던 것

베단타, 혹은 아드바이타 베탄타, 혹은 다른 무엇이라 부르든, 전체 베다 전통에 있어서 치명적인 오해 중 하나는 - 분명히 나는 도발적인 의미에서 '치명적'이라는 표현을 쓰고 있습니다 - 이원성이 무엇을 의미하는지 이해하지 못했다는 것입니다. 베다 전통에서 흔히 인용되는 선언이 있습니다. "오직 브라만만이 유일한 실재이며, 세상은 환영이다." 따라서 그들은 다음과 같이 생각하고 추론하게 되었습니다. 즉 오직 브라만만이 실재하며, 따라서 하나의 자아로서의 여러분은 실재하지 않는다는 것입니다. 그 자아는 실재하지 않습니다. 그 자아는 분리된 자아입니다. 그것은 비실재이기 때문에, 그들이 최고의 목표로 여기는 비이원성을 성취하고 이원성에서 해방되려면, 그 자아를 극복해야 합니다. 왜냐하면 그 자아는 이원성일 수밖에 없기 때문이라는 것입니다.

하지만 이 말을 숙고해 보세요. "오직 브라만만이 실재하고, 세상은 환영이다." 이 진술에는 이원성이 있습니다. 만약 브라만이 실재하고 유일하게 존재하는 것이라면, 이 세상은 어디에서 나왔을까요? 그것은 브라만으로부터 나왔음이 틀림없습니다. 그 외의 다른 것은 없습니다. 브라만에서 나왔고 브라만에 의해 창조되었다면 어떻게 세상이 환영일 수 있을까요? 세상은, 그 자신을 세상으로 나타내고 있는 브라만 자신입니다. 오직 브라만만이 실재한다면, 어떻게 그 자신을 형상으로 구현하고 있는 브라만이 환영을 창조할 수 있습니까? 세상도 또한 브라만인데, 대체 무엇이 환영이겠습니까?

환영은 바로, 세상이 브라만과 분리되어 있다는 그 생각입니다. 브라만은 실재하고 세상은 환영이라고 말함으로써, 그들은 세상을 브라만과 분리시키지 않았나요? 이 선언이 이원성을 초월한 것이라 주장하면서 그들이 오히려 이원성을 창조한 것이 아닌가요? 여기서 여러분은 추론하는 마음의 속임수를 보고 있습니다. 세상은 환영이 아닙니다. 세상은 자신이 창조주 존재의 확장체임을 알고 경험하는 상승한 존재들로부터 창조되었습니다. 그것을 브라만 또는 창조주 또는 다른 무엇으로든 부르세요. 우리는 자신이 어디에서 왔는지 알고 있고, 창조주가 자신의 존재로부터 우리를 창조했다는 것을 알고 있으므로, 우리의 존재는 환영이 아닙니다. 우리는 실재하고 이 세상도 실재합니다. 비록 여러분이 비상승 영역에 있다고 해도, 형상 세계에도 어떤 실재성이 있습니다. 여기에는 여전히 실재하는 구조들이 있습니다. 그것이 모두 환영은 아닙니다.

자 숙고해 보세요: 브라만이 실재하는 모든 것이고 브라만이 세상을 창조한다면, 분명 브라만은, 세상이 브라만이라는 것을 알고 있습니다. 그렇다면 어디에 환영이 있을 수 있을까요? 브라만의 마음 안에 환영이 있을 수 있을까요? 그것이 정말 이치에 맞는 말인가요? 그러면 환영은 어디에 있을까요? 단지 근원에서 분리된 마음 안에만 있습니다. 브라만을 멀리서 바라보고, 이해하려고 하고, 그 위에 이미지를 투사하는 마음 안에만 존재합니다. 베다와 베다의 리쉬들로 거슬러 올라가는 이 전통은 여전히 이원성에 기반을 두고 있습니다.

형태의 분화는 이원성이 아닙니다

우리가 여러분에게 무엇을 주었습니까? 다른 조망입니다. 베다의 리쉬들은 이것이 원시적이고 낮은 수준의 이해라고 말할 것입니다. 그들은 오직 브라만만이 실재한다고 말할 것입니다. 브라만과는 다른 어떤 것으로 분화할 때마다 여러분은 이원성을 갖게 된다고 말할 것입니다. 하지만 내가 조금 전에 뭐라고 말했습니까? 만일 브라만만이 실재라면, 모든 것이 브라만으로부터 창조되었으므로 세상은 여전히 브라만입니다. 이원성이 어디에 있나요? 이원성은 형상 세계에 있지 않습니다. 이원성은 현실에 있지 않습니다. 이원성은 오직 마음 안에만, 분리된 마음 안에만, 자신을 분리된 존재라고 보는 마음 안에만 존재합니다.

그렇습니다. 영적인 여정의 목적은 그 분리된 마음을 극복하는 것이지만, 여러분은 아무런 자아가 없는 상태가 됨으로써 분리된 마음을 극복하는 것이 아닙니다. 여러분이 하나의 마음에서 분리되어 나온 분리된 자아가 될 수 있다는 환상을 극복함으로써 분리된 마음을 극복합니다. 그리고 자신을 분리된 자아로 보는 그 환상을 극복할 때, 여러분은 사라지는 것도 아니고, 무아의 상태로 들어가는 것도 아닙니다. 여러분은 자신의 아이엠 현존을 발견합니다. "아, 내가 바로 그것이다. 나는 여기 아래에 있는 내가 아니라, 바로 그것(아이엠 현존)이다! 오, 아이엠 현존은 저것에서 나왔고, 저것은 그 위의 것에서 나왔고, 그 위의 것은 창조주로부터 나온 것이구나!" 여러분은 하나의 미분화된 창조주를 보는 것이 아니라, 창조주에 이르기까지 여러 수준의 존재들이 사슬처럼 연결된 계층 구조를 보게 됩니다.

타락한 마음의 함정: 분리된 자아의 우월성 또는 자아가 없는 상태

베단티스트들은 이런 개념을 만들었습니다. "오직 브라만과 세상만이 존재한다. 오직 무한한 의식과 세상만 있을 뿐이다. 세상은 환영이다. 당신이 환영에서 깨어나면 브라만 속으로 되돌아간다." 그러나 이것은 타락한 사고방식이 만들어낸 거짓말입니다. 여러분이 분리되어 있다는 환영에서 깨어나면, 여러분은 자신의 근원인 실재를 깨닫게 되고, 자신이 그 확장체이며, 자기-의식 안에서 성장하게 되어 있음을 깨닫게 됩니다. 여러분은 사라지거나 무(無)가 됨으로써 창조주께 돌아가는 것이 아닙니다. 여러분은 창조주의 모든 것이 되고, 그 의식을 성취함으로써 창조주께 돌아갑니다. 이것이 창조주가 우리 모두를 자기-의식을 지닌 개별 존재로 창조한 이유입니다. 우리 모두는 기꺼이 우리의 근원으로 돌아가는 여정에 있지만, 우리의 근원은 무(無)가 아닙니다. 우리의 기원은 창조주이며, 창조주는 우리가 계속 더 높은 수준으로 확장되는 의식과 자아감을 가지고 의식적으로 그 여정을 걷기를 원합니다. 그래서 우리는 모든 단계에 있는 창조주의 창조물에 감사하며 공동창조를 돕습니다. 이것이 창조주가 원하는 것입니다. 이것은 분리된 자아의 우월성이나 자아가 없는 상태를 지향하는 잘못된 여정이 아닙니다.

사랑하는 여러분, 마스터 모어와 다른 상승 마스터들이 말했듯이, 우리는 때때로 여러분이 감당할 수 있는 것보다 더 많은 것을 준다는 것을 알고 있습니다. 그러나 여러분이 계속 자신을 초월한다면 그것을 감당할 수 있는 시점이 올 것입니다. 그리고 점진적인 계시가 현재 수준에서 감당할 수 있는 것만 준다면 어떻게 점진적으로 나아갈 수 있겠습니까?

로드 란토와 연결되기

이 모든 내용이 연결과 무슨 관련이 있을까요? 나는 지금까지 여러분의 아이앰 현존에 대한 힌트를 주었습니다. 그리고 진정한 지혜에 대한 힌트를 주었습니다. 여러분은 로드 란토와 지혜의 현존에 어떻게 연결되나요? 내 현존을 체험함으로써입니다. 나는 여전히 여러분 바로 옆에 있습니다. (톡톡 어깨를 두드리는 소리) 그냥 보세요. 편견 없는 마음으로 바라보세요. 초심자의 마음으로 바라보세요. 어린아이 같은 마음으로 보면 나를 발견할 것입니다. 지혜의 현존을 경험하기를 원한다면, 나는 바로 여기 있습니다. 나는 아무 데도 가지 않습니다. 여러분은 어디로 가고 있나요? 그렇다면 나에게 더 가까운 곳이길 바랍니다. 내가 항상 여기에 있었다는 것을 깨닫는 지점으로 더 가까이 오기를 바랍니다.

　이것으로 여러분의 인내에 감사하며, 지성과 선형적인 마음을 넘어서는, 내가 보여준 신성한 지혜의 현존에 여러분을 봉인하겠습니다.

　나는(I AM) 란토입니다.

7-1
선형적인 마음 너머의 신성한 지혜를 기원합니다

I AM THAT I AM, 예수 그리스도의 이름으로 나는 란토를 부르며, 진실로 내가 선형적인 마음의 한계를 보고 선형적인 마음을 초월한 실재를 체험하도록 도와달라고 요청합니다...
(여기에 개인적인 요청을 추가하세요)

파트 1

1. 란토여, 지혜는 일종의 유한한 지식이며, 말로 혹은 수학과 같은 과학의 언어로 표현될 수 있다는 환영을 놓아버립니다.

마스터 란토여, 황금빛 지혜로,
우리 안에서 에고의 거짓말을 드러내소서.
마스터 란토여, 의지를 갖추고,
우리는 자신의 통달을 성취하겠습니다.

**마스터 란토, 지혜의 원천이시여,
헤아릴 수 없는 축복을 부어주시며,
지구를 위한 당신의 빛을 발하시니,
오 당신의 황금빛 지혜는 너무나 찬란합니다.**

2. 란토여, 나는 창조주의 의식인 하나됨 외에는 궁극적인 지혜가 없음을 경험하겠습니다. 지혜는 지구에서 사용되는 말이나 표현에 한정될 수 없음을 압니다.

마스터 란토여, 모든 것에서 균형을 이루소서.
우리는 지혜의 균형을 요청합니다.
마스터 란토여, 균형이야말로,
황금의 열쇠임을 알게 하소서.

마스터 란토, 지혜의 원천이시여,
헤아릴 수 없는 축복을 부어주시며,
지구를 위한 당신의 빛을 발하시니,
오 당신의 황금빛 지혜는 너무나 찬란합니다.

3. 란토여, 나는 어떤 궁극적인 지식과 궁극적인 이해, 궁극적인 지혜를 찾아내고 규정하려는 탐구를 놓아버립니다. 나는 영적인 가르침의 목적이 어떤 궁극적인 형태의 지혜를 주는 것이라는 환영을 놓아버립니다.

마스터 란토여, 상위 영역에서 흘러오는,
분별력 있는 사랑을 요청합니다.
마스터 란토여, 사랑은 눈멀지 않았으며,
우리는 사랑을 통해 신의 비전을 발견합니다.

마스터 란토, 지혜의 원천이시여,
헤아릴 수 없는 축복을 부어주시며,
지구를 위한 당신의 빛을 발하시니,
오 당신의 황금빛 지혜는 너무나 찬란합니다.

4. 란토여, 나의 구루와 영적인 조직과 영적인 가르침이 실제로 세상

과 영적인 영역이 어떻게 작동하는지에 대한 최고의 지혜와 최고의 이해, 최고의 표현을 가지고 있다고 생각하는 사고방식을 놓아버립니다.

마스터 란토여, 우리는 순수하며
우리의 의도는 그리스도의 양처럼 순수합니다.
마스터 란토여, 초월하며 나아갈 때,
가속은 우리의 가장 진실한 친구입니다.

마스터 란토, 지혜의 원천이시여,
헤아릴 수 없는 축복을 부어주시며,
지구를 위한 당신의 빛을 발하시니,
오 당신의 황금빛 지혜는 너무나 찬란합니다.

5. 란토여, 상승 마스터들의 목표는 사람들에게 모든 질문에 답할 수 있는 궁극적인 지식을 주는 것이 아님을 압니다. 그 목표는 사람들의 의식을 높여줄 수 있는 단순한 여정을 제시하는 것입니다.

마스터 란토여, 우리는 완전한 전체이며,
우리 영혼에는 더 이상 분리가 없습니다.
마스터 란토여, 치유의 화염이여,
당신의 신성한 이름으로 모두가 균형을 이룹니다.

마스터 란토, 지혜의 원천이시여,
헤아릴 수 없는 축복을 부어주시며,
지구를 위한 당신의 빛을 발하시니,
오 당신의 황금빛 지혜는 너무나 찬란합니다.

6. 란토여, 나는 선형적이고 지적인 마음으로는 대답할 수 없는 질문들이 있다는 것을 깨닫습니다. 왜냐하면 이 마음은 어떤 점에 대해서

도 찬성하거나 반대하는 논쟁을 할 수 있기 때문입니다. 이원적 사고 방식에서는 모든 주장이 상대적이기 때문에, 논쟁이 끝날 수가 없음을 압니다.

마스터 란토여, 모든 생명에 봉사하며,
우리는 내면의 투쟁을 모두 초월합니다.
마스터 란토여, 진정한 생명을 원하는 모두에게,
당신은 평화를 부어줍니다.

마스터 란토, 지혜의 원천이시여,
헤아릴 수 없는 축복을 부어주시며,
지구를 위한 당신의 빛을 발하시니,
오 당신의 황금빛 지혜는 너무나 찬란합니다.

7. 란토여, 나는 인간의 지적이고 선형적인 마음 수준에서 논쟁하는 대신, 내 의식을 높이는 데 집중하겠습니다. 그러면 나는 진정한 지혜를 얻게 되고, 선형적인 마음으로 결정할 수 없는 질문에 답할 수 있게 됩니다.

마스터 란토여, 균형 잡힌 창조를 통해,
자유를 얻습니다.
마스터 란토여, 우리는 당신의 균형을,
기쁨의 열쇠로 사용합니다.

마스터 란토, 지혜의 원천이시여,
헤아릴 수 없는 축복을 부어주시며,
지구를 위한 당신의 빛을 발하시니,
오 당신의 황금빛 지혜는 너무나 찬란합니다.

8. 란토여, 붓다의 가르침이든, 예수의 가르침이든, 베다의 가르침이든,

다른 어떤 영적인 가르침이든, 지구의 그 무엇도 궁극적인 것이 아님을 깨닫습니다. 선형적인 마음은 어떤 영적인 가르침에 대해서도 다른 해석과 주장을 제시할 수 있기 때문입니다.

마스터 란토여, 모든 것에서 균형을 이루소서.
당신은 일곱 광선을 모두 균형 잡습니다.
마스터 란토여, 우리가 높이 날아오르니,
삼중 불꽃이 찬란하게 빛납니다.

마스터 란토, 지혜의 원천이시여,
헤아릴 수 없는 축복을 부어주시며,
지구를 위한 당신의 빛을 발하시니,
오 당신의 황금빛 지혜는 너무나 찬란합니다.

9. 란토여, 진정한 영적인 가르침의 목표는 특정한 의식 수준에 있는 사람들의 해석을 검증하는 것이 아니라, 그들을 현재의 의식 수준 위로 끌어올리는 것임을 깨닫습니다.

사랑하는 란토여, 당신의 현존은,
내면의 구체를 충만히 채워줍니다.
삶은 이제 신성한 흐름이 되며,
우리는 모두에게 신성한 지혜를 부여합니다.

마스터 란토, 지혜의 원천이시여,
헤아릴 수 없는 축복을 부어주시며,
지구를 위한 당신의 빛을 발하시니,
오 당신의 황금빛 지혜는 너무나 찬란합니다.

파트 2

1. 란토여, 지구를 위한 궁극적인 가르침은, 지구상의 의식 수준들을 초월해서 지구에서 가능한 최상의 의식 수준으로 올라갈 수 있는 방법에 대한 가르침임을 깨닫습니다.

마스터 란토여, 황금빛 지혜로,
우리 안에서 에고의 거짓말을 드러내소서.
마스터 란토여, 의지를 갖추고,
우리는 자신의 통달을 성취하겠습니다.

마스터 란토, 지혜의 원천이시여,
헤아릴 수 없는 축복을 부어주시며,
지구를 위한 당신의 빛을 발하시니,
오 당신의 황금빛 지혜는 너무나 찬란합니다.

2. 란토여, 나는 자동으로 결과를 가져오는 궁극적인 가르침이 있다는 환영을 놓아버립니다. 내가 궁극적인 가르침을 받은 다음 그것을 공부하고 이해하면, 반드시 궁극적인 의식 수준에 도달하게 되어 깨달음을 얻거나 깨어나게 된다는 생각을 놓아버립니다.

마스터 란토여, 모든 것에서 균형을 이루소서.
우리는 지혜의 균형을 요청합니다.
마스터 란토여, 균형이야말로,
황금의 열쇠임을 알게 하소서.

마스터 란토, 지혜의 원천이시여,
헤아릴 수 없는 축복을 부어주시며,
지구를 위한 당신의 빛을 발하시니,
오 당신의 황금빛 지혜는 너무나 찬란합니다.

3. 란토여, 영적인 가르침의 목적은 내 의식을 높이며 전환하는 것이

지 내 이해를 끌어올리는 것이 아님을 받아들입니다. 이해는 의식 수준과 같은 것이 아님을 압니다.

마스터 란토여, 상위 영역에서 흘러오는,
분별력 있는 사랑을 요청합니다.
마스터 란토여, 사랑은 눈멀지 않았으며,
우리는 사랑을 통해 신의 비전을 발견합니다.

마스터 란토, 지혜의 원천이시여,
헤아릴 수 없는 축복을 부어주시며,
지구를 위한 당신의 빛을 발하시니,
오 당신의 황금빛 지혜는 너무나 찬란합니다.

4. 란토여, 외적인 가르침을 이해하는 것과, 그 가르침을 내면화해서 내 의식을 높이는 것 사이에는 차이가 있음을 압니다. 가르침을 이해한다는 것은 거리를 두고 관찰한다는 의미이므로 의식을 높이는 것과는 다릅니다.

마스터 란토여, 우리는 순수하며
우리의 의도는 그리스도의 양처럼 순수합니다.
마스터 란토여, 초월하며 나아갈 때,
가속은 우리의 가장 진실한 친구입니다.

마스터 란토, 지혜의 원천이시여,
헤아릴 수 없는 축복을 부어주시며,
지구를 위한 당신의 빛을 발하시니,
오 당신의 황금빛 지혜는 너무나 찬란합니다.

5. 란토여, 상승 마스터들이 어떤 존재인지 이해하려고 애쓰면서, 만일 로드 란토를 이해하면 그와 연결될 수 있다고 생각하는 접근 방식을

놓아버립니다. 연결은 이해를 통해 이루어지지 않음을 받아들입니다.

마스터 란토여, 우리는 완전한 전체이며,
우리 영혼에는 더 이상 분리가 없습니다.
마스터 란토여, 치유의 화염이여,
당신의 신성한 이름으로 모두가 균형을 이룹니다.

마스터 란토, 지혜의 원천이시여,
헤아릴 수 없는 축복을 부어주시며,
지구를 위한 당신의 빛을 발하시니,
오 당신의 황금빛 지혜는 너무나 찬란합니다.

6. 란토여, 만일 상승 마스터들의 존재를 지성으로 파악할 수 있고, 내 바깥에 있으며, 이해해야 하는 어떤 대상으로 생각한다면, 나는 로드 란토와 2광선의 지혜에 연결될 수 없음을 압니다.

마스터 란토여, 모든 생명에 봉사하며,
우리는 내면의 투쟁을 모두 초월합니다.
마스터 란토여, 진정한 생명을 원하는 모두에게,
당신은 평화를 부어줍니다.

마스터 란토, 지혜의 원천이시여,
헤아릴 수 없는 축복을 부어주시며,
지구를 위한 당신의 빛을 발하시니,
오 당신의 황금빛 지혜는 너무나 찬란합니다.

7. 란토여, 궁극적으로 내가 (자신과 상승 마스터 사이에) 거리가 없음을 알게 됨으로써 연결된다는 것을 받아들입니다. 나와 상승 마스터 사이에 거리가 없음을 기꺼이 경험하겠습니다.

마스터 란토여, 균형 잡힌 창조를 통해,
자유를 얻습니다.
마스터 란토여, 우리는 당신의 균형을,
기쁨의 열쇠로 사용합니다.

마스터 란토, 지혜의 원천이시여,
헤아릴 수 없는 축복을 부어주시며,
지구를 위한 당신의 빛을 발하시니,
오 당신의 황금빛 지혜는 너무나 찬란합니다.

8. 란토여, 나는 당신을 이해하려고 애쓰지 않겠습니다. 내가 당신을
지성으로 아무리 잘 이해한다 해도, 당신과 연결되지 않을 것이기 때
문입니다.

마스터 란토여, 모든 것에서 균형을 이루소서.
당신은 일곱 광선을 모두 균형 잡습니다.
마스터 란토여, 우리가 높이 날아오르니,
삼중 불꽃이 찬란하게 빛납니다.

마스터 란토, 지혜의 원천이시여,
헤아릴 수 없는 축복을 부어주시며,
지구를 위한 당신의 빛을 발하시니,
오 당신의 황금빛 지혜는 너무나 찬란합니다.

9. 란토여, 당신이 멀리 떨어져 있을수록 당신을 이해하는 데 더 큰
노력이 요구되므로, 멀리 떨어져 있는 마스터를 이해할 수 있다면 내
가 더 우월한 것이라는 환상을 놓아버립니다.

사랑하는 란토여, 당신의 현존은,
내면의 구체를 충만히 채워줍니다.

삶은 이제 신성한 흐름이 되며,
우리는 모두에게 신성한 지혜를 부여합니다.

마스터 란토, 지혜의 원천이시여,
헤아릴 수 없는 축복을 부어주시며,
지구를 위한 당신의 빛을 발하시니,
오 당신의 황금빛 지혜는 너무나 찬란합니다.

파트 3

1. 란토여, 나는 당신이 어떤 책이나 경전 속에 숨어 있다는 생각을
놓아버립니다. 나는 지성의 우월성을 추구하는 이 게임을 포기하고,
그 대신 경험의 단순함을 추구합니다.

마스터 란토여, 황금빛 지혜로,
우리 안에서 에고의 거짓말을 드러내소서.
마스터 란토여, 의지를 갖추고,
우리는 자신의 통달을 성취하겠습니다.

마스터 란토, 지혜의 원천이시여,
헤아릴 수 없는 축복을 부어주시며,
지구를 위한 당신의 빛을 발하시니,
오 당신의 황금빛 지혜는 너무나 찬란합니다.

2. 란토여, 나는 지혜가 현존임을 기꺼이 경험하겠습니다. 나는 오직
현존을 경험할 수만 있을 뿐, 이해할 수는 없습니다. 나는 내 아이앰
현존을 이해할 수는 없고, 오직 경험할 수만 있습니다.

마스터 란토여, 모든 것에서 균형을 이루소서.
우리는 지혜의 균형을 요청합니다.

마스터 란토여, 균형이야말로,
황금의 열쇠임을 알게 하소서.

마스터 란토, 지혜의 원천이시여,
헤아릴 수 없는 축복을 부어주시며,
지구를 위한 당신의 빛을 발하시니,
오 당신의 황금빛 지혜는 너무나 찬란합니다.

3. 란토여, 내 기원을 추적해서 올라간다면, 나는 먼저 외적인 자아 너머에 있는 의식하는 자아에 도달하고, 그런 다음 상승 마스터들의 확장체인 아이앰 현존에 도달하며, 결국은 창조주에 이르게 된다는 것을 경험하겠습니다.

마스터 란토여, 상위 영역에서 흘러오는,
분별력 있는 사랑을 요청합니다.
마스터 란토여, 사랑은 눈멀지 않았으며,
우리는 사랑을 통해 신의 비전을 발견합니다.

마스터 란토, 지혜의 원천이시여,
헤아릴 수 없는 축복을 부어주시며,
지구를 위한 당신의 빛을 발하시니,
오 당신의 황금빛 지혜는 너무나 찬란합니다.

4. 란토여, 나는 팔정도(八正道)의 목표가 모든 자아를 포기하고 자아가 없는(no self) 상태에 도달하는 것이라는 환상을 놓아버립니다. 영적인 여정의 목표가 자아를 근절하는 것이란 환상을 놓아버립니다.

마스터 란토여, 우리는 순수하며
우리의 의도는 그리스도의 양처럼 순수합니다.
마스터 란토여, 초월하며 나아갈 때,

가속은 우리의 가장 진실한 친구입니다.

마스터 란토, 지혜의 원천이시여,
헤아릴 수 없는 축복을 부어주시며,
지구를 위한 당신의 빛을 발하시니,
오 당신의 황금빛 지혜는 너무나 찬란합니다.

5. 란토여, 나는 분리된 자아, 이원성 의식에서 생겨난 에고적 자아를 놓아버립니다. 나는 자신이 아이엠 현존의 확장체이며, 내 아이엠 현존은 개성을 가지고 있다는 것을 경험하겠습니다. 나는 그 개성을 확장하고 그 이상의 존재가 되어야 합니다.

마스터 란토여, 우리는 완전한 전체이며,
우리 영혼에는 더 이상 분리가 없습니다.
마스터 란토여, 치유의 화염이여,
당신의 신성한 이름으로 모두가 균형을 이룹니다.

마스터 란토, 지혜의 원천이시여,
헤아릴 수 없는 축복을 부어주시며,
지구를 위한 당신의 빛을 발하시니,
오 당신의 황금빛 지혜는 너무나 찬란합니다.

6. 란토여, 영적인 여정의 목표가 기본적으로 내가 존재하지 않는 무아 상태로 들어가는 것이라는 환상을 놓아버립니다. 그 대신 나는 외적인 자아로부터 나 자신을 분리하고, 내 아이엠 현존과 그 개성을 발견하겠습니다.

마스터 란토여, 모든 생명에 봉사하며,
우리는 내면의 투쟁을 모두 초월합니다.
마스터 란토여, 진정한 생명을 원하는 모두에게,

당신은 평화를 부어줍니다.

마스터 란토, 지혜의 원천이시여,
헤아릴 수 없는 축복을 부어주시며,
지구를 위한 당신의 빛을 발하시니,
오 당신의 황금빛 지혜는 너무나 찬란합니다.

7. 란토여, 나는 무(nothingness)의 상태, 자아가 없는(no-self) 상태와 같은 집단적 야수와의 연결을 모두 끊어버립니다. 내 자아들을 어떤 궁극의 위치로 끌어올리려는 욕망을 놓아버립니다. 나는 자아가 없는 상태를 놓아버립니다. 즉 자아가 있다는 것을 부정하고 나에게 아무런 자아도 없다고 생각하며 무-자아의 나라(no-self-land)로 들어가려는 경향을 놓아버립니다.

마스터 란토여, 균형 잡힌 창조를 통해,
자유를 얻습니다.
마스터 란토여, 우리는 당신의 균형을,
기쁨의 열쇠로 사용합니다.

마스터 란토, 지혜의 원천이시여,
헤아릴 수 없는 축복을 부어주시며,
지구를 위한 당신의 빛을 발하시니,
오 당신의 황금빛 지혜는 너무나 찬란합니다.

8. 란토여, 내가 공동창조자임을 기꺼이 경험하겠습니다. 나는 지구 같은 행성에 육화해서 수천 번의 육화를 거치다가, 어느 날 깨어나 자신이 나왔던 무(無)로 돌아가 사라져버릴 운명이 아닙니다.

마스터 란토여, 모든 것에서 균형을 이루소서.
당신은 일곱 광선을 모두 균형 잡습니다.

마스터 란토여, 우리가 높이 날아오르니,
삼중 불꽃이 찬란하게 빛납니다.

마스터 란토, 지혜의 원천이시여,
헤아릴 수 없는 축복을 부어주시며,
지구를 위한 당신의 빛을 발하시니,
오 당신의 황금빛 지혜는 너무나 찬란합니다.

9. 란토여, 나는 창조의 목적이 자기-초월, 무한하고 영원하며 지속적인 자기-초월임을 기꺼이 경험하겠습니다. 나는 지구에서는 주어질 수 없는 무한히 높은 형태의 지혜를 경험할 수 있도록, 당신이 나를 지구 수준 너머로 데려갈 수 있도록 계속 초월해가겠습니다.

사랑하는 란토여, 당신의 현존은,
내면의 구체를 충만히 채워줍니다.
삶은 이제 신성한 흐름이 되며,
우리는 모두에게 신성한 지혜를 부여합니다.

마스터 란토, 지혜의 원천이시여,
헤아릴 수 없는 축복을 부어주시며,
지구를 위한 당신의 빛을 발하시니,
오 당신의 황금빛 지혜는 너무나 찬란합니다.

파트 4

1. 란토여, 오직 브라만만이 실재하며, 따라서 하나의 자아로서의 나는 실재하지 않는다는 환상을 놓아버립니다. 나는 실재하지 않는 것은 분리된 자아임을 압니다. 분리된 자아는 이원성일 수밖에 없으므로, 비이원성을 성취하기 위해서는 분리된 자아를 극복해야 합니다.

마스터 란토여, 황금빛 지혜로,
우리 안에서 에고의 거짓말을 드러내소서.
마스터 란토여, 의지를 갖추고,
우리는 자신의 통달을 성취하겠습니다.

마스터 란토, 지혜의 원천이시여,
헤아릴 수 없는 축복을 부어주시며,
지구를 위한 당신의 빛을 발하시니,
오 당신의 황금빛 지혜는 너무나 찬란합니다.

2. 란토여, 세상은 창조주로부터 나왔으므로, 세상은 환영이 아니라는
것을 경험하겠습니다. 세상은, 그 자신을 세상으로 나타내고 있는 브
라만 자신입니다. 오직 브라만만이 실재한다면, 어떻게 그 자신을 형
상으로 구현하고 있는 브라만이 환영을 창조할 수 있습니까? 세상도
또한 브라만인데, 대체 무엇이 환영이겠습니까?

마스터 란토여, 모든 것에서 균형을 이루소서.
우리는 지혜의 균형을 요청합니다.
마스터 란토여, 균형이야말로,
황금의 열쇠임을 알게 하소서.

마스터 란토, 지혜의 원천이시여,
헤아릴 수 없는 축복을 부어주시며,
지구를 위한 당신의 빛을 발하시니,
오 당신의 황금빛 지혜는 너무나 찬란합니다.

3. 란토여, 세상이 브라만과 분리되어 있다는 바로 그 생각이 환영임
을 압니다. 세상은, 자신이 창조주에게서 나온 확장체임을 알고 경험
하고 있는 상승한 존재들로부터 창조되었습니다.

마스터 란토여, 상위 영역에서 흘러오는,
분별력 있는 사랑을 요청합니다.
마스터 란토여, 사랑은 눈멀지 않았으며,
우리는 사랑을 통해 신의 비전을 발견합니다.

마스터 란토, 지혜의 원천이시여,
헤아릴 수 없는 축복을 부어주시며,
지구를 위한 당신의 빛을 발하시니,
오 당신의 황금빛 지혜는 너무나 찬란합니다.

4. 란토여, 브라만의 마음 안에는 아무런 환영도 없음을 압니다. 환영은 단지 근원에서 분리된 마음 안에만 존재할 수 있습니다. 분화(differentiation)는 이원성이 아님을 압니다. 이원성은 형상 세계 안에 있지 않습니다. 이원성은 오직 마음 안에만, 분리된 마음 안에만, 자신을 분리된 존재라고 보는 마음 안에만 존재합니다.

마스터 란토여, 우리는 순수하며
우리의 의도는 그리스도의 양처럼 순수합니다.
마스터 란토여, 초월하며 나아갈 때,
가속은 우리의 가장 진실한 친구입니다.

마스터 란토, 지혜의 원천이시여,
헤아릴 수 없는 축복을 부어주시며,
지구를 위한 당신의 빛을 발하시니,
오 당신의 황금빛 지혜는 너무나 찬란합니다.

5. 란토여, 아무런 자아가 없는 상태로 들어감으로써 분리된 마음을 극복하는 것이 아님을 압니다. 내가 하나의 마음에서 떨어져 나온 분리된 자아가 될 수 있다는 환영을 극복함으로써 분리된 마음을 극복합니다.

마스터 란토여, 우리는 완전한 전체이며,
우리 영혼에는 더 이상 분리가 없습니다.
마스터 란토여, 치유의 화염이여,
당신의 신성한 이름으로 모두가 균형을 이룹니다.

마스터 란토, 지혜의 원천이시여,
헤아릴 수 없는 축복을 부어주시며,
지구를 위한 당신의 빛을 발하시니,
오 당신의 황금빛 지혜는 너무나 찬란합니다.

6. 란토여, 내가 분리된 자아와의 동일시를 극복할 때, 나는 사라지는 것도 아니고 무아의 상태로 들어가는 것도 아님을 압니다. 나는 내 아이엠 현존을 발견하고, 여러 수준을 거쳐 창조주에 이르기까지 사슬처럼 연결된 계층 구조를 보게 됩니다.

마스터 란토여, 모든 생명에 봉사하며,
우리는 내면의 투쟁을 모두 초월합니다.
마스터 란토여, 진정한 생명을 원하는 모두에게,
당신은 평화를 부어줍니다.

마스터 란토, 지혜의 원천이시여,
헤아릴 수 없는 축복을 부어주시며,
지구를 위한 당신의 빛을 발하시니,
오 당신의 황금빛 지혜는 너무나 찬란합니다.

7. 란토여, 나는 사라지거나 무(無)가 됨으로써 창조주께 돌아가는 것이 아님을 경험하겠습니다. 나는 창조주의 모든 것이 되고 그 의식을 성취함으로써 창조주께 돌아갑니다.

마스터 란토여, 균형 잡힌 창조를 통해,

자유를 얻습니다.
마스터 란토여, 우리는 당신의 균형을,
기쁨의 열쇠로 사용합니다.

마스터 란토, 지혜의 원천이시여,
헤아릴 수 없는 축복을 부어주시며,
지구를 위한 당신의 빛을 발하시니,
오 당신의 황금빛 지혜는 너무나 찬란합니다.

8. 란토여, 나는 내 근원으로 돌아가는 여정에 기꺼이 참여하겠습니다.
내 근원이 무(無)가 아님을 압니다. 내 기원은 창조주이며, 창조주는
내가 계속 더 높은 수준으로 확장되는 의식과 자아감을 가지고 의식
적으로 그 여정을 걷기를 원합니다. 나는 모든 단계에 있는 창조주의
창조물에 감사하며 공동창조를 돕습니다.

마스터 란토여, 모든 것에서 균형을 이루소서.
당신은 일곱 광선을 모두 균형 잡습니다.
마스터 란토여, 우리가 높이 날아오르니,
삼중 불꽃이 찬란하게 빛납니다.

마스터 란토, 지혜의 원천이시여,
헤아릴 수 없는 축복을 부어주시며,
지구를 위한 당신의 빛을 발하시니,
오 당신의 황금빛 지혜는 너무나 찬란합니다.

9. 란토여, 나는 당신의 현존을 경험하겠습니다. 나는 편견 없는 마음
으로 바라보고, 초보자의 마음으로 바라보고, 어린아이 같은 마음으로
바라보겠습니다. 나는 지혜의 현존을 경험하기를 열망합니다. 그리고
당신이 바로 여기에 계심을 알고 있습니다.

사랑하는 란토여, 당신의 현존은,
내면의 구체를 충만히 채워줍니다.
삶은 이제 신성한 흐름이 되며,
우리는 모두에게 신성한 지혜를 부여합니다.

마스터 란토, 지혜의 원천이시여,
헤아릴 수 없는 축복을 부어주시며,
지구를 위한 당신의 빛을 발하시니,
오 당신의 황금빛 지혜는 너무나 찬란합니다.

봉인
신성한 어머니의 이름으로, 나는 대천사 미카엘과 아스트레아와 쉬바
께 나의 영적인 스승들과 아이앰 현존과 나와의 연결을 봉인해 주시
기를 요청합니다. I AM THAT I AM의 이름으로, 이것이 이루어졌습니
다! 아멘.

8
여러분은 이미 그리스도 의식입니다

나는(I AM) 상승 마스터 예수 그리스도입니다. '영적인 스승들과 연결하기'라는 컨퍼런스 주제를 생각해 보세요. 지구의 모든 사람이 가장 쉽게 연결할 수 있는 영적인 스승은 누구일까요? 그는 바로 나, 상승 마스터 예수입니다.

그리스도 의식은 모든 것 안에, 모든 사람 안에 있습니다

이 말을 들으면 많은 사람이 깜짝 놀랄 것입니다. 물론 그리스도교인이 아닌 사람들은 "우리가 예수와 무슨 상관이 있나요?"라고 할 것입니다. 그리고 많은 그리스도교인도 나와 연결하기가 매우 어렵다고 느낄 것입니다. 그런데 왜 내가 자신을 가장 연결하기 쉬운 스승이라고 말할까요?

나는 지구의 모든 사람에게 그리스도 의식을 나타내는(represent) 마스터이기 때문입니다. 그리스도 의식이란 무엇입니까? 성서에서는 뭐라고 합니까? "그가 없이는 아무것도 만들어지지 않았을 것입니다." 라고 말하고 있습니다. 따라서 그리스도 의식은 보편적인(universal) 의식, 즉 만물에 편재하는 통일되고 연합된 하나의 의식이며, 모든 창조물이 그에게서 나왔습니다.

이 말이 무슨 의미일까요? 그것은 그리스도 의식이 모든 것 안에, 모든 사람 안에 있다는 뜻입니다. 그러므로 지구의 물질층 어디에 있든, 행성의 밀도가 아무리 높든, 여러분 지역의 밀도가 얼마나 높든, 여러분 의식이 아무리 낮든, 심지어 여러분이 지구에서 가능한 최저 수준의 의식에 있더라도, 여러분은 여전히 그리스도 의식 안에 있습니다.

여러분은 그리스도 의식에서 벗어날 수 없습니다. 그리스도 의식에서 달아날 수 없습니다. 그리고 내가 그 편재하는 우주적 그리스도 의식을 인격적인 형태로 나타내는 마스터임을 감안할 때, 나는 항상 여러분과 함께 할 뿐만 아니라 언제 어디서나 여러분과 함께하기 때문에 가장 연결되기 쉬운 마스터입니다.

물론 타락한 존재들은, 사람들이 상승한 예수 그리스도인 나와 연결되는 것을 막기 위해 가능한 모든 일을 다 해왔습니다. 타락한 존재들이 이 목적을 위해 사용한 주요 도구는 무엇일까요? 그것은 그리스도교라는 종교입니다. 그리스도교가 영적인 스승들이나 보편적인 그리스도 의식과 사람들이 연결되는 것을 막기 위해, 지상의 다른 어떤 것보다 더한 노고를 쏟아부었다는 것은 개탄스러운 사실입니다.

인격을 통해 구현된 보편적인 그리스도 의식

물론, 지금 대부분의 사람은 보편적인 우주적 그리스도 의식과 연결을 이루지 못합니다. 그렇기 때문에 그들에게는 인격을 통해 구현된(personification) 그리스도 의식이 필요합니다. 그래서 물고기자리 시대 초기에 "나와 내 아버지는 하나이다."라고 할 수 있는 의식 상태를 모든 사람에게 예시해주기 위해 내가 육화한 것입니다. 여기서 아버지(The Father)는 보편적인 우주적 그리스도 의식이며, 창조주와 상승한 존재들을 뜻합니다. 애초에 그것은 보편적인 그리스도 의식이지만, 신의 아들이자 신의 태양(S-U-N)인 여러분은 그 의식과 하나가 될 수 있으며, 그럼으로써 이곳 지구에서 그 의식을 표현하고 예시해 줄 수 있습니다.

그리고 이것이 바로 내가 육화한 목적입니다. 즉 모든 이들에게 그들이 물리적으로 어디에 있든 어떤 의식 수준에 있든, 그 보편적인 그리스도 의식과 연결되고 정말로 하나가 될 수 있음을 보여주고, 그럼으로써 내가 그리스도 의식을 인격 안에서 구현했듯이 그들도 그리스도 의식을 인격을 통해 구현할 수 있게 해주기 위해서였습니다.

그리스도 마음 근본에 놓인 실재

그리스도교는 가톨릭 교회가 시작된 바로 초기부터, 인간들은 나의 모범을 따를 수 없고, 그리스도 의식을 입거나 그리스도 의식과 하나가 되거나 표현할 수 없다는 이미지를 투사하는 도구로 이용되었습니다. 예수는 아주 특별한 존재였으므로 오직 예수만 그렇게 할 수 있었다는 이유였습니다. 하지만 그리스도 의식 안에서는 아무도 '특별하지' 않습니다.

왜 내가 아무도 특별하지 않다고 할까요? 왜냐하면 모든 존재가 그리스도 의식이라는 하나의 마음과 창조주의 마음에서 나오기 때문에, 그 어느 존재도 다른 존재보다 더 특별하지 않기 때문입니다. 모든 존재가 창조주의 존재로부터 나온다면 어떻게 어느 한 존재가 특별할 수 있겠습니까? 이것이 그리스도 마음의 논리로 보는 방식입니다.

그러나 근원적인 바탕을 이루고 있는 이 실재를 가리기 위해, 타락한 존재들은 이원성 의식을 무수히 많은 방식으로 이용했습니다. 여러분이 낭송한 기원문과 요청에서 보았듯이, 그들의 주된 수단은 일부 사람들을 자신이 특별하다고 느끼도록 만드는 것입니다.

그들은 자신들이 인간의 법칙 위에, 심지어 신의 법칙 위에 있다고 생각하면서, 그 법칙에 아랑곳하지 않고 원하는 대로 뭐든 할 수 있고, 그 법칙을 피할 수 있다고 생각합니다. 대부분의 사람들에게 적용되는 결과가 자신들에게는 적용되지 않는다는 것입니다.

이런 예를 많이 볼 수 있습니다. 여러분이 특별해지고 싶은 의식 상태로 들어간다면 예수 그리스도와 연결될 수 없습니다. 나는 다른 사람들을 아래로 누름으로써 어떤 사람들을 특별하게 만들려고 여기에 있는 것이 아니기 때문입니다.

나와 그리스도 의식은 모든 사람을 신의 나라로 끌어올리기 위해 있습니다. 그리고 이것이 여러분이 내면의 그리스도와 연결되어 자신이 지상에 육화한 그리스도임을 받아들이는 지점에 도달한 의식 상태입니다.

이것이 개인적 기반에서 구현된 신의 나라입니다. 임계수치의 충분한 사람들이 그러한 의식을 구현하면, 지상에 신의 나라가 이루어질 것입니다.

물론 타락한 존재들은 이것을 지연시키기 위해 할 수 있는 모든 일을 해왔지만, 영원히 지연시킬 수는 없습니다. 그들은 이것을 중단시킬 수도 없는데, 너무 많은 사람이 더 높은 실재와 비전(vision)에 열려 있기 때문입니다. 이런 비전은 공식적인 그리스도교와 다른 모든 철학, 즉 과학적 물질주의, 공산주의, 마르크스주의 등을 넘어섭니다. 이런 사상들은 모든 생명의 근본적인 하나됨을 숨기면서 사람들을 분열시키고, 다른 그룹들을 짓누름으로써 일부만 특별한 그룹으로 설정하기 위해 고안된 것들입니다.

이것은 매우 많은 위장된 방식들 안에서 볼 수 있는 패턴입니다. 그것은 항상 이원성 의식에서 나오며, 궁극적으로 그 뒤에 있는 타락한 의식과 타락한 존재, 우리가 반-그리스도 세력, 심지어 반-그리스도 마음이라고 부르는 것에서 나옵니다.

그리스도교가 내세운 거짓된 그리스도 이미지

영적인 스승들과 연결하는 방법이 주제인 컨퍼런스에서, 왜 내가 이 말을 언급하고 있을까요? 여러분이 이번 생에 그리스도교적 배경을 가지고 있다면, 자신이 가진 특정한 버전의 그리스도교가 영적인 존재인 나(예수)에게 어떤 이미지를 투사했는지 생각해 볼 필요가 있기 때문입니다. 왜냐하면 그 이미지들이 무엇이든, 나와 연결되는 것을 방해할 수 있기 때문입니다.

여러분은, "글쎄요, 나는 이번 생에 그리스도교 배경을 가지고 있지 않아요."라고 말할 수도 있습니다. 하지만 전생들은 어떠했을까요? 정말 지난 2,000년 동안 이 행성에 육화하면서, 그리스도교와 거짓된 그리스도 이미지의 영향을 받지 않고 육화한 생들이 있을 수 있다고 생각합니까?

확신하건대, 그럴 가능성은 그리 높지 않습니다. 그러므로 여러분 모두는 그리스도교가 나에게 부여한 그리스도 이미지가 무엇인지 생각해 보고, 그 이미지를 깨 버리고, 그 이미지를 붙잡고 있는 분리된 자아를 발견함으로써 유익을 얻을 수 있습니다. 그런 이미지들은 어떤 결과를 낳습니까?

예수는 신의 독생자이기 때문에 특별했다는 이미지가 여러분에게 제시되면, 의식적으로 이것을 깨달든 아니든, 의식하는 자아(Conscious You)인 여러분은 이것이 사실일 수 없고 맞지 않다는 것을 느낍니다. 왜냐하면 의식하는 자아는 자신도 역시 신의 자녀이며 한 마음(One mind)으로부터 나왔다는 어떤 감각을 가지고 있기 때문입니다.

따라서 이런 매우 강력한 주장이나 거짓 이미지가 제시될 때, 여러분은 어떻게든 그것에 반응할 수밖에 없습니다. 그래서 여러분은 내면의 갈등을 해결할 수 있는 무의식적인 자아를 만들어, 그 의문을 억압하는 방식으로 반응합니다. 그래서 그런 거짓 이미지들과 함께 지내면서, 왜 신께서 한 아들만 그렇게 특별하게 창조하고 다른 모든 인간은 더 낮은 수준으로 창조했는지를 이해하지 못하는 갈등에 빠져

들지 않으려 합니다.

여러분은 자신 안에서 이런 자아를 살펴보고 들춰냄으로써 유익을 얻을 수 있습니다. 그리고 우리가 제공한 많은 가르침과 도구들, 내가 제공한 일부 책들을 활용하여 여러분에게 제시된 그리스도와 그리스도의 이미지에 대한 자신의 반응을 발견할 수 있습니다.

그래서 여러분이 이런 자아를 보게 되었을 때 자신에게서 그 자아를 분리하고 놓아버린다면, 의식하는 자아인 여러분은 자신이 창조주의 확장체라는 것을 받아들일 수 있습니다.

외면의 자아들과 에고는 창조주의 확장체가 아닙니다. 하지만 여러분은 일단 자신이 창조주의 확장체임을 경험하기 시작하면, 이러한 분리된 자아들을 더 빨리 극복하여 여러분이 나 예수와 연결될 자격이 있고, 나 예수와 연결될 능력이 있다는 것을 받아들일 수 있습니다. 그리고 물론, 여러분은 나 예수와 연결할 것인지, 아니면 다른 상승 마스터들과 연결할 것인지 결정할 수 있습니다.

물론 나는 이에 전혀 상관하지 않으며, 어떤 식으로든 여러분에게 충성을 요구하지 않습니다. 여러분의 가슴에 더 가깝게 느껴지는 다른 상승 마스터가 있다면 그 마스터에게 집중하면 됩니다.

하지만 그리스도에 대한 우상숭배적인 이미지를 극복해야 그 마스터와 더 쉽게 연결될 수 있습니다. 사람들은 우리를 그들이 닿을 수 없는 곳에 있는 존재로 보면서, 우상숭배적인 이미지를 상승 마스터에게 옮기는 경향이 있기 때문입니다. 여러분이 닿을 수 없는 곳에 있다고 여기는 존재와 연결되는 것은 매우 어려운 일입니다. 그렇지 않나요?

"나는 이미 그리스도 의식이다."

그 간격을 좁히는 데 무엇이 도움이 될까요? 일단 여러분이 그리스도교에 반응했던 분리된 자아를 생각해 보고 이를 극복했다면, 한 걸음 더 나아갈 수 있습니다. 내가 무슨 말로 시작했었죠? '그가 없이는, 그리스도 의식 없이는 아무것도 만들어지지 않았을 것입니다.'라고 했습니다.

그리스도 의식이 없었다면 어떤 개별적인 존재도 만들어질 수 없었습니다. '만들어졌다는(made)' 말보다는 '태어났다는(begotten)' 말이 더 좋겠군요. 여러분도 기억할 것입니다. 니케아 신조는, '나는 만들어진 것이 아니라 아버지의 독생자로 태어났다.'라고 말합니다. 하지만 이것은 나, 예수 그리스도가 아니었습니다. 이것은 물론 그리스도 의식이었습니다.

여기서 진실은, 여러분 모두가 신으로부터 태어났고, 모두 그리스도 의식으로부터 나왔다는 것입니다. 그런데 이것이 무엇을 의미할까요? 이것의 의미는 매우 심오해서, 파악하려면 깊이 숙고할 필요가 있습니다.

여러분이 무엇인가요? 의식하는 자아(Conscious You)지요? 여러분은 무엇으로 만들어졌나요? 여러분은 무엇으로 만들어졌나요? 여러분은 그리스도 의식으로 만들어졌습니다. 그렇지 않다면 어떻게 자기-의식(self-awareness)을 가질 수 있겠습니까?

오직 우주에 편재하는 그리스도 마음만이 자기-의식을 가지고 있으므로, 여러분은 이미 그리스도 마음에서 나왔고, 여러분은 그리스도 마음이며, 그 그리스도 마음과 연결되어 있습니다. 여러분은 그리스도의 마음과 하나입니다.

여러분이 그것을 어떻게 보기를 원하든 상관없습니다. 여러분은 자신이 무언가와 연결된 것으로 보기 시작해서 점차 더 큰 하나됨을 향해 나아갈 수 있습니다. 하지만 여러분이 충분한 수의 분리된 자아를 극복했을 때 할 수 있는 전환은, 여러분이 이렇게 깨닫는 것입니다. "나는 그리스도 의식이다. 그리스도 의식 외에 다른 아무것도 존재하지 않기 때문이다. 내가 형상의 세계에서 보는 어떤 형상이든, 그 모든 형상 배후에, 모든 형상 안에 그리스도 의식이 있다. 그리고 의식하는 자아(Conscious You)는 외면의 자아도 아니고, 에고도 아니며, 외면의 인격도 아님을 깨달을 때, 나는 순수의식으로서의 나 자신을 경험할 수 있다. 그 순수의식이란 무엇인가? 그리스도 의식이 아니라면 달리 무엇이겠는가? 그리스도 의식 외에 다른 의식은 없다."

여러분은, "그렇다면 분리된 정체성, 타락한 존재들, 이원성 의식은 무엇인가?"라는 의문을 가질 수 있습니다. 그러나 타락한 의식은 자각을 지닌 의식(awareness)이 아닙니다. 잠들어 있는 무자각의 의식입니다. 여러분은 모든 생명의 하나됨을 깨닫지 못하고 있습니다. 그러나 여전히 여러분 안에는 그리스도 의식이 있습니다. 왜냐하면 여러분은 그리스도 의식을 벗어날 수 없기 때문입니다. 여러분은 마음속에 환영을 만들 수 있지만, 그 환영은 오직 마음속에만 존재합니다.

더 높은 단계의 개인적 그리스도 의식

이번 생(生)에 그 수준에 도달할 수 있거나 이미 도달한 사람들은 이것을 묵상하고 자신이 이미 그리스도 의식임을 깨달음으로써 유익을 얻을 수 있습니다. 의식하는 자아가 바로 그리스도 의식입니다.

자, 유의해서 들으세요. 나는 여러분이 그리스도라고 말하는 것이 아니라, 그리스도 의식이라고 말하고 있습니다. 여러분이 그리스도 의식이라는 것을 완전히 깨달을 때까지, 이 말을 숙고해 보는 것이 중요합니다.

그러고 나면 "나는 그리스도이다. 나는 육화한 살아 있는 그리스도이며, 나는 아이엠 현존과 상승 마스터들의 열린 문이 되기 위해 그리고 나를 통해 흐르는 성령의 열린 문이 되기 위해 여기에 있다."라는 것을 받아들일 수 있습니다.

하지만 이것이, 여러분이 자아감, 즉 개성을 잃는다는 의미는 아닙니다. 왜냐하면 여러분은 그 흐름을 지휘(direct)하고 있기 때문입니다.

여러분은 그 흐름을 지휘하는 데 있어 점점 더 중립적으로 될 수 있습니다. 그리고 중립적으로 되고 자신을 통과하는 그 흐름이 만들어내는 특정한 결과에 집착이 없어짐에 따라, 여러분은 점점 더 큰 기쁨을 느끼게 될 것입니다.

여러분은 그 흐름이 자신을 통해 어떻게 흐르고, 세상으로 들어가서 어떤 효과를 만들어내는지 경험하는 것을 즐깁니다. 사랑하는 이들이여, 이것은 더 높은 단계로서, 개인적인 그리스도 신성(personal Christhood), 행동하는 그리스도로 존재하는 것입니다. 이때 여러분은 흐름에 열려 있습니다. 이것은 마치 여러분이 그냥 그 흐름을 지켜보고 있는 것과 같습니다. 왜냐하면 여러분은, "외면의 자아인 나 자신으로서는 아무것도 할 수 없다."라는 것을 깨닫기 때문입니다. 더 나아가 여러분은 이렇게 깨닫게 됩니다. "나는 의식하는 자아로서도 아무것도 할 수 없다. 왜냐하면 그 흐름은 상위 영역으로부터 흘러와 그냥 나를 통해 흐르기만 하는 것이기 때문이다. 그러나 그것은 내가 그리스도 의식이므로 나를 통해 흐르는 것이고, 따라서 나는 그리스도 의식이 흐를 수 있게 해주는 이 세상의 초점(focal point)이다."

그리스도로부터 분리되었다는 환영을 극복하기

이것은 숙고해봐야 할 중요한 전환입니다. 여러분 모두가 이런 전환을 할 준비가 되었다고 말하는 것은 아닙니다. 아직 준비되지 않은 사람들도 있을 것이며, 이는 지극히 당연한 일입니다. 여러분은 계속 도구를 사용하면서 장애가 되는 자아를 제거해 나갈 수 있습니다.

하지만 여전히 명심해야 할 중요한 점은, 더 깊은 측면에서, 여러분이 지금 자신이 아닌 무언가로 되어가는 것은 아니라는 사실입니다.

우리는 48단계에서 96단계의 의식 수준으로 향하는 여정에 대한 이미지와 가르침을 주었습니다. 우리는 그리스도의 마음을 입고, 개인적인 그리스도 신성을 성취하고, 살아 있는 그리스도가 되는 것에 대해 말했습니다.

그러나 이것들은 조금 전에 말한 그 전환을 할 준비가 되지 않은 수준의 여정에 맞춰 주어진 내용입니다. 왜냐하면 그 수준의 학생들은 수많은 분리된 자아들을 가지고 있고, 그 자아들은 의식하는 자아를 끌어당겨 그들과 동일시하게 하고, 그들을 통해서 세상을 인식하도록 만들기 때문입니다.

그러나 96단계에 접근하고 그 너머로 올라감에 따라, 여러분은 지금의 전환이 본래 자신이 아니었던 어떤 존재로 되어가는 것이 아니라는 점을 숙고해야 합니다. 그리스도 의식이 모든 것 안에 있고 그리스도 의식 없이는 아무것도 만들어지지 않았는데, 어떻게 여러분이 그리스도가 된다는 말입니까?

여러분이 어떻게 이미 그리스도가 아니었다는 말입니까? 여러분이 어떻게 어디에나 있고 모든 것 안에 있는 그리스도와 분리될 수 있었겠습니까?

그것은 실제로 거리를 극복하고 변화를 거치는 문제가 아닙니다. 거리가 있다는 환영에서 깨어나, 자신이 이미 그리스도이고, 항상 그 그리스도 의식이었다는 사실을 깨닫는 문제입니다.

물론 여정의 낮은 수준에서도 이를 지적(知的)으로 이해할 수 있습니다. 하지만 여러분에게 여전히 필터를 통해 세상과 자신을 보게 하는 자아들이 너무 많다면, 내가 말하는 의식의 전환을 이룰 수 없습니다.

다시 말하지만, 도구를 사용하면서 계속 여정을 가다 보면 언젠가는 전환이 일어나는 지점에 도달할 것입니다. 여러분은 그 전환을 일어나게 만들 수 없고, 강제할 수도 없습니다. 하지만, 이런 자아들을 극복하고 여러분을 반응으로 끌어당기는 에너지를 변화시키면 분명히 그 지점을 향해 나아갈 수 있습니다.

다른 마스터들께서 여정의 수수께끼에 대해 말한 것처럼, 이것은 또 다른 수수께끼입니다. 여정의 특정한 수준에서 여러분은, 지금의 자신이 아닌 다른 존재로 되어가고 있다는 이미지를 가질 필요가 있습니다. 왜냐하면 그 지점에서는, 자신을 그리스도로 볼 수 없기 때문입니다. 여러분은 이미지를 가지고, 여정을 걷습니다. 에너지를 변화시키고, 분리된 자아들을 소멸합니다. 그리고 48단계 수준에 있는 자아들을 없애면 49단계, 그리고 그다음 단계로 올라가는 식입니다.

여러분은 여정을 가고 있습니다. 하지만 여정의 더 높은 단계에 이르면, 이제 중요한 문제는, 여러분이 실제로 해나가고 있는 작업이 분리의 환영, 자신이 분리되어 있다는 환영을 극복하기 위한 것임을 깨닫는 일입니다. 왜냐하면 분리는 환영이기 때문입니다.

내가 여러 번 언급했듯이, 그리스도 의식이 없었다면 아무것도 만들어지지 않았을 것입니다. 따라서 그리스도 의식은 모든 것과 모든 사람 안에 있습니다. 실제로 분리란 존재하지 않습니다. 존재할 수도 없고 존재했을 수도 없습니다. 그러므로 분리는 자유의지를 지닌 자기-의식하는 존재의 마음속에만 존재할 수 있는 환영입니다. 자유의지를 가진 존재들은 이원성 의식을 사용하기로 선택하여, 모든 생명의 근본적인 하나됨을 숨기는 스크린이나 필터, 차폐막을 마음속에 만들었습니다. 그리고 이런 필터들은, 그 존재들을 분리된 존재로 보게 하면서, 분리된 자아들과 물리적 몸에 집중하게 만들었습니다.

그리고 이전에 말했듯이, 이것은 자유의지의 법칙에 속합니다. 자유의지의 법칙에서는 사람들이 분리된 존재로서 자유의지를 사용하는 경험을 할 수 있으며, 이것은 전적으로 허용될 수 있는 일입니다.

물론 여러분이 분리된 존재로서 의지를 사용할 때 그 의지는 자유롭지 않습니다. 분리를 기반으로 더 많은 선택을 할수록 자신의 의지를 더 제한하게 되고, 선택의 폭은 더 제한됩니다. 여러분은 십자가에 못 박혀 더 이상 움직일 수 없을 때까지 자신의 카르마에 짓눌리게 됩니다.

그리스도를 부인하는 일

그럼에도 불구하고, 이것은 지구와 같은 행성에서 허용되는 경험의 일부이며, 사실 현재 단계에서는 사람들에게 그런 경험을 제공하는 것이 지구의 목적 중 하나입니다.

여러분이 낭송한 기원문에도 있듯이, 세상의 많은 사람이 자신은 특별하다는 느낌을 구축했습니다. 이들은 종종 어떤 개인이나 가톨릭 교회 같은 일종의 독재체제에 의해 인도되었습니다. 그러한 독재체제는 그 체제를 따르고 복종하는 사람들이 그러지 않는 사람들에 비해 자신이 특별한 사람이라는 느낌을 갖게 만듭니다.

그러나 알다시피, 그리스도는 지구상의 어떤 것에도 굴복하지 않습니다. 이것이 바로 내가 2,000년 전에 예증한 것입니다. 여러분은 굴복할 필요가 없습니다. 굴복할 의무도 없습니다.

사실, 여러분은 굴복하지 않을 권리, 어떤 독재에도 맞설 권리가 있습니다. 그리고 그들이 여러분에게 무슨 짓을 하든 그대로 두어서, 그들 스스로 그리스도의 심판을 불러오도록 합니다.

그리고 이것은 많은 사람이 해온 일입니다. 오늘날에도 많은 사람이 하고 있는 일입니다. 어떤 형태로든 독재에 항거하는 사람들은 행동하는 그리스도로 존재하고 있습니다. 설령 그들에게 행동하는 그리스도라는 개념이 없더라도 말입니다. 그럼에도, 그들은 그리스도로 행동하고 있는 것입니다.

그들은 독재자들에게 맞서서 그들에게 심판을 가져올 뿐만 아니라, 사람들을 억압하려는 반-그리스도 세력들에게도 맞설 수 있다는 것을 사람들에게 보여주고 있습니다.

사람들을 억압하는 방법이 무엇일까요? 오직 자신 안에 그리스도가 있다는 것을 부인하게 만드는 방법뿐입니다. 사람들이 자신을 근원적인 하나됨인 그리스도와 분리된 존재로 여길 때만, 사람들을 억압하고 통제할 수 있습니다. 따라서 타락한 존재들이 항상 해온 일은, 사람들이 자신이 그리스도가 될 자격이 있음을 부인하도록, 자신이 이미 그리스도이며 이 세상에서 그것을 표현할 자격이 있음을 부인하도록 만드는 것이었습니다.

그들이 그리스도라는 용어를 사용하지 않을 수도 있습니다. 하지만 종교, 정치 철학, 그리고 과학적 물질주의를 보세요. 그것들은 모두 여러분 안에 그리스도가 있다는 것을 부인합니다. 또는 그들은 그리스도라는 것이 있다는 것, 물질세계 너머에 무언가가 있다는 것을 부인합니다. 이것은 (그리스도에 대한) 부인(denial)입니다. 여러분은 항상 이런 부인을 보게 될 겁니다. 독재정권이 있는 곳에는 항상 엘리트가 있습니다. 독재자와 그 주변인들이 특별하지 않다는 독재체제가 어떻게 있을 수 있습니까? 그렇다면 그것은 독재체제가 아니라 민주주의 체제일 것입니다.

독재체제에는, 일부만 특별하고 대다수는 낮은 계층이라는 인식, 그래서 그들은 엘리트에 반대할 수 있는 선택권조차 가지고 있지 않다는 인식이 항상 존재합니다. 그들에게는 행동하는 그리스도가 될 권한이나 권리가 없다는 것입니다.

그리고 내가 말했듯이, 사람들이 내면의 그리스도를 부인하게 만드는 주요 기관은 그리스도교입니다. 이에 대해 여러분은 그 종교에 대한 심판을 올바르게 요청했습니다. 그리고 나 역시 여러 차례 심판을 선언해왔습니다. 이런 요청을 하는 것이 필요합니다. 왜냐하면 그렇게 할 때마다, 더 많은 어둠의 세력들이 결박되고 점점 더 많은 사람이 자유로워져서 그리스도교에 의해 어릴 때부터 주입된 그리스도의 이미지를 재고할 수 있기 때문입니다.

그 그리스도의 이미지는 실제로 반-그리스도의 마음에서 나온 것입니다. 가톨릭 교회가 처음부터 반-그리스도의 세력에 의해 지배되고 통제되었으며 오늘날까지도 그렇다는 것은 부인할 수 없는 사실입니다. 그리고 이것은, 가톨릭 교회가 스스로 개혁할 수 없다는 사실로 입증됩니다. 소아성애 스캔들을 비롯한 온갖 추문에도 불구하고 가톨릭 교회는 스스로를 개혁하지 못하고 있습니다.

사랑하는 이들이여, 그리스도 의식은 스스로를 쇄신할 수 있습니다. 왜냐하면 그리스도 의식은 어제와 오늘이 같지 않으며, 영원히 동일하지 않을 것이기 때문입니다. 그리스도 의식은 자기 초월의 지속적인 힘입니다.

삶의 목적이 무엇인가요? 그것은 우리가 말했듯이, 점(點)과 같은 자아감으로 시작하여 점차 그것을 초월하는 것입니다. 그래서 점점 더 높은 수준의 자아에 도달하여, 그리스도의 마음과 하나라는 감각에 이릅니다. 자신이 모든 생명과 하나이며, 하늘에 계신 아버지와 하나라는 감각에 이릅니다. 지구라는 작은 행성의 매우 국소적인 영역에 갇혀 있는 분리된 작은 자아라는 환영을 극복합니다. 그 대신 여러분은 모든 생명의 하나됨인 그리스도 의식과의 연결을 경험합니다.

타락한 존재들이 스스로 부인한 것이 바로 이것입니다. 그들이 다른 모든 사람도 부정하게 하려는 것이 이것입니다. 그러나 우리의 직계 학생인 여러분은 그 환영을 극복하고, 그 사례를 예증하여, 사람들에게 대안이 있다는 것을 보여줄 잠재력을 가지고 있습니다. 대안이 있다는 것을 말입니다.

그럼으로써 사람들은 내가 2000년 전에 이 땅에 온 실제 이유와 내가 보여준 것이 무엇인지 알게 되고, 따라서 예수 그리스도가 예외적인 존재가 아니라는 것을 알 수 있습니다.

예수 그리스도는 모든 사람을 위한 본보기입니다. 그들이 그리스도교 문화에서 자랐든 아니든 상관없습니다. 따라서 여러분은 사람들이 그리스도를 부인하는 것을 극복하도록 도울 수 있습니다. 그리고 그리스도를 부인하는 것은 사실 자기 자신을 부인하는 것이며, 자신이 누구인지를 부인하는 것입니다.

그리스도는 여러분 내면에 있습니다

이 컨퍼런스의 주제와 여러분의 개인적인 여정으로 다시 돌아가 보겠습니다. 여러분은 그리스도입니다. 그렇기 때문에 여러분은 나, 예수와의 하나됨을 경험할 수 있습니다. 그것은 나와 '연결'하는 문제가 아닙니다. 왜냐하면 여러분은 이곳 지상에 있고 나는 저곳 하늘에 있다고 생각하는 한, 여러분은 나와 연결되지 못할 것이기 때문입니다. 나는 하늘에 있지 않으니까요. 나는 어디에나 있습니다. 나는 여러분과 함께 여기 있습니다. 여러분이 저 밖을 보고 있는 한, 어떻게 나를 볼 수 있겠습니까? 눈앞에 쌍안경을 대고 먼 거리에서 나를 찾는다면, 심지어 내가 여러분 옆이 아니라 여러분 내면에 있다는 것을 어떻게 볼 수 있겠습니까?

신의 왕국에서 그리스도는 어디에 있습니까? 신의 왕국은 어디에 있나요? 그것은 여러분 내면에 있습니다. 여러분이 나를 발견할 곳은 바로 그곳입니다. 나는 여러분을 피해 숨지 않습니다.

"내"가 "여러분"으로부터 숨는 것이 아니라, 여러분이 자신으로부터 숨는 것입니다. 나는 여러분에게 숨기를 그만두라고 강요하지 않을 것입니다. 단지 여러분이 숨을 만큼 실컷 숨어 본 다음, 여러분은 자신 안에서 나를 발견하게 될 것이라고 말합니다. 여러분이 그리스도인 자신을 부인하지 않을 때, 상승 마스터 예수 그리스도인 나를 발견하게 될 것입니다.

사랑하는 이들이여, 나는 이제 여러분을 내 존재인 기쁨(the joy that I AM) 안에 봉인합니다. 그 기쁨은 불행과 대비되는 인간적인 기쁨이 아니라, 반대 극이 없는 신성한 기쁨입니다. 모든 곳에 존재하는 신성한 기쁨에 어떻게 반대 극이 있을 수 있겠습니까?

실제로 그리스도에게는 반대 극이 없습니다. 반-그리스도는 그리스도의 반대 극이 아닙니다. 반-그리스도는 또 다른 이원적 환영인 이원적 그리스도 이미지의 반대 극입니다. 반-그리스도가 반대할 수 있는 것은 바로 그 이원적인 이미지입니다. 반-그리스도는 진정한 그리스도에 반대할 수 없습니다.

따라서 여러분은 타락한 존재들이 무슨 일을 해왔는지 알겠나요? 그들은 거짓된 그리스도 이미지와 그 그리스도에 반대되는 악마의 이미지, 양자를 다 만들었습니다. 그러나 그 둘 다 비실재입니다. 그리스도 없이는 아무것도 만들어진 것이 없기 때문에 실제로 분리가 있을 수 없습니다. 이것으로, 여러분을 그리스도의 기쁨 안에 봉인하며, 여러분이 그 기쁨을 세상으로 가져오기를 희망합니다.

8-1
그리스도 의식을 기원합니다

I AM THAT I AM, 예수 그리스도의 이름으로 나는 예수님을 부르며, 내가 이미 그리스도 의식임을 받아들이고 경험하는 것을 방해하는 분리된 자아들을 모두 극복하게 해달라고 요청합니다...
(여기에 개인적인 요청을 추가하세요)

파트 1

1. 예수님, 나는 당신이 가장 연결하기 쉬운 스승임을 경험하겠습니다. 당신은 지구상의 모든 사람에게 그리스도 의식을 나타내는 존재이기 때문입니다.

오 예수님, 내 축복받은 형제시여,
나는 당신이 그려주는 길을 갑니다.
우리 모두의 위대한 본보기시여,
나는 이제 내면에서 당신의 부름을 따릅니다.

오 예수님, 환희의 불꽃이,
악마의 교묘한 계책을 불태우게 하소서.
우리의 지구 행성은 변형되어,
황금시대의 탄생을 가져올 것입니다.

2. 예수님, 그리스도 의식은 보편적인 의식, 통일되고 연합된 하나의 의식이며, 그로부터 모든 창조물이 나왔음을 경험하겠습니다.

오 예수님, 내면의 눈을 열어주소서.
에고는 자신이 옳다는 것을 입증하려 하지만,
나는 더 이상 이를 따르지 않으며,
당신과 온전히 하나되기를 원합니다.

오 예수님, 환희의 불꽃이,
악마의 교묘한 계책을 불태우게 하소서.
우리의 지구 행성은 변형되어,
황금시대의 탄생을 가져올 것입니다.

3. 예수님, 그리스도 의식은 모든 것과 모든 사람 안에 있음을 경험하겠습니다. 내가 지구의 어디에 있든, 행성의 밀도가 아무리 높든, 내 지역의 밀도가 아무리 높든, 의식이 아무리 낮든, 나는 여전히 그리스도 의식 안에 잠겨 있습니다.

오 예수님, 내게 주어진 대 지혜의 열쇠를,
이제는 명료하게 깨닫습니다.
이에 내가 그리스도 자아를 받아들이니,
당신의 평화가 내면에 넘칩니다.

오 예수님, 환희의 불꽃이,
악마의 교묘한 계책을 불태우게 하소서.
우리의 지구 행성은 변형되어,
황금시대의 탄생을 가져올 것입니다.

4. 예수님, 당신이 항상 나와 함께하시고, 언제 어디서나 나와 함께하심을 경험하겠습니다. 나는 그 보편적인 그리스도 의식과 하나가 되

어, 나도 그리스도 의식을 인격 안에서 구현하는 존재가 되기를 원합니다.

오 예수님, 뱀의 거짓말을 드러내시고,
내 눈의 들보를 보게 해주소서.
당신이 나에게 그리스도의 분별력을 주시니,
나는 영원히 하나됨 안에 거합니다.

오 예수님, 환희의 불꽃이,
악마의 교묘한 계책을 불태우게 하소서.
우리의 지구 행성은 변형되어,
황금시대의 탄생을 가져올 것입니다.

5. 예수님, 모든 존재가 그리스도 의식이라는 하나의 마음과 창조주의 마음에서 나오므로, 그리스도 의식 안에서는 아무도 '특별하지' 않음을 경험하겠습니다. 모든 존재가 창조주의 존재로부터 나온다면 어떻게 어느 한 존재만 특별할 수 있겠습니까?

오 예수님, 나는 진실로 온유하며,
나의 다른 뺨도 내어줍니다.
핍박자가 나를 공격할 때,
나는 내면으로 들어가 당신과 하나가 됩니다.

오 예수님, 환희의 불꽃이,
악마의 교묘한 계책을 불태우게 하소서.
우리의 지구 행성은 변형되어,
황금시대의 탄생을 가져올 것입니다.

6. 예수님, 나는 자신이 특별하고, 인간의 법칙과 신의 법칙 위에 있으며, 그 법칙에 상관없이 원하는 것을 다 하더라도 그 법칙의 적용

을 피할 수 있다는 환영을 놓아버립니다.

오 예수님, 나는 에고를 죽게 놓아두며,
모든 지상의 속박을 내려놓습니다.
죽은 자는 죽은 자가 장사 지내게 하며,
나는 당신과 함께 걸어갑니다.

오 예수님, 환희의 불꽃이,
악마의 교묘한 계책을 불태우게 하소서.
우리의 지구 행성은 변형되어,
황금시대의 탄생을 가져올 것입니다.

7. 예수님, 당신이 모든 사람을 신의 나라로 끌어올려 주기 위해 이곳에 계심을 경험하겠습니다. 신의 나라는 진실로 내가 내면의 그리스도와 연결된 의식 상태입니다. 내가 지구에 육화해 있는 그리스도임을 받아들입니다.

오 예수님, 더 높은 사랑을 통해,
내가 악마의 시험을 넘어서게 하소서.
분리된 자아가 비실재임을 보여주시고,
형상을 초월한 내 현존을 드러내소서.

오 예수님, 환희의 불꽃이,
악마의 교묘한 계책을 불태우게 하소서.
우리의 지구 행성은 변형되어,
황금시대의 탄생을 가져올 것입니다.

8. 예수님, 나는 영적인 존재로서의 당신에게 그리스도교가 투사해온 모든 이미지를 놓아버립니다. 그러한 이미지가 당신과 연결되는 것을 막아버린다는 것을 알기 때문입니다. 예수님은 신의 유일한 아들이고

나는 죄인이라는 이미지를 붙잡고 있는 분리된 자아들을 볼 수 있도록 도와주소서.

오 예수님, 내게 속한 모든 것을,
나는 다 놓아버리고 당신을 따릅니다.
이로써 나는 모든 시험을 통과하고,
당신과 함께 영원한 휴식을 발견합니다.

오 예수님, 환희의 불꽃이,
악마의 교묘한 계책을 불태우게 하소서.
우리의 지구 행성은 변형되어,
황금시대의 탄생을 가져올 것입니다.

9. 예수님, 나는 창조주 존재의 확장체이므로 분리된 자아들을 극복할 수 있다는 것을 경험하겠습니다. 내가 당신과 연결될 가치가 있고 당신과 연결될 수 있다는 것을 받아들입니다.

오 예수님, 불꽃 같은 나의 마스터시여,
지금 내 가슴은 당신의 가슴 안으로 녹아듭니다.
가슴과 마음과 영혼을 다하여,
내 지고의 목표인 신을 사랑합니다.

오 예수님, 환희의 불꽃이,
악마의 교묘한 계책을 불태우게 하소서.
우리의 지구 행성은 변형되어,
황금시대의 탄생을 가져올 것입니다.

파트 2

1. 예수님, 그리스도 의식 없이는 어떤 개별 존재도 만들어지거나 태

어날 수 없었다는 것을 경험하겠습니다. 아버지 신의 독생자란 바로 그리스도 의식입니다.

오 예수님, 내 축복받은 형제시여,
나는 당신이 그려주는 길을 갑니다.
우리 모두의 위대한 본보기시여,
나는 이제 내면에서 당신의 부름을 따릅니다.

오 예수님, 환희의 불꽃이,
악마의 교묘한 계책을 불태우게 하소서.
우리의 지구 행성은 변형되어,
황금시대의 탄생을 가져올 것입니다.

2. 예수님, 내가 신에게서 태어나고 그리스도 의식에서 나온 존재임을 경험하겠습니다. 나는 그리스도 의식으로 만들어졌습니다. 그렇지 않다면 어떻게 자기-의식을 지닐 수 있겠습니까?

오 예수님, 내면의 눈을 열어주소서.
에고는 자신이 옳다는 것을 입증하려 하지만,
나는 더 이상 이를 따르지 않으며,
당신과 온전히 하나되기를 원합니다.

오 예수님, 환희의 불꽃이,
악마의 교묘한 계책을 불태우게 하소서.
우리의 지구 행성은 변형되어,
황금시대의 탄생을 가져올 것입니다.

3. 예수님, 오직 우주에 편재하는 그리스도 마음(universal Christ mind)만이 자기-의식을 지니고 있으므로, 나는 이미 그리스도 마음에서 나왔고, 나는 그리스도 마음이며, 그리스도 마음과 연결되어 있음을 경

험하겠습니다. 나는 그리스도 마음과 하나입니다.

오 예수님, 내게 주어진 대 지혜의 열쇠를,
이제는 명료하게 깨닫습니다.
이에 내가 그리스도 자아를 받아들이니,
당신의 평화가 내면에 넘칩니다.

오 예수님, 환희의 불꽃이,
악마의 교묘한 계책을 불태우게 하소서.
우리의 지구 행성은 변형되어,
황금시대의 탄생을 가져올 것입니다.

4. 예수님, 그리스도 의식 외에는 다른 아무것도 존재하지 않기에 내가 그리스도 의식임을 경험하겠습니다. 내가 형상의 세계에서 보는 어떤 형상이든, 그 모든 형상 배후에, 모든 형상 안에 그리스도 의식이 있습니다.

오 예수님, 뱀의 거짓말을 드러내시고,
내 눈의 들보를 보게 해주소서.
당신이 나에게 그리스도의 분별력을 주시니,
나는 영원히 하나됨 안에 거합니다.

오 예수님, 환희의 불꽃이,
악마의 교묘한 계책을 불태우게 하소서.
우리의 지구 행성은 변형되어,
황금시대의 탄생을 가져올 것입니다.

5. 예수님, 의식하는 자아(Conscious You)는 외면의 자아도 아니고, 에고도 아니며, 외면의 인격도 아닙니다.

오 예수님, 나는 진실로 온유하며,
나의 다른 뺨도 내어줍니다.
핍박자가 나를 공격할 때,
나는 내면으로 들어가 당신과 하나가 됩니다.

오 예수님, 환희의 불꽃이,
악마의 교묘한 계책을 불태우게 하소서.
우리의 지구 행성은 변형되어,
황금시대의 탄생을 가져올 것입니다.

6. 예수님, 나는 순수의식(Pure awareness)으로서의 나 자신을 경험하 겠습니다. 순수의식은 그리스도 의식입니다. 왜냐하면 그리스도 의식 외에 다른 의식(awareness)은 존재하지 않기 때문입니다.

오 예수님, 나는 에고를 죽게 놓아두며,
모든 지상의 속박을 내려놓습니다.
죽은 자는 죽은 자가 장사 지내게 하며,
나는 당신과 함께 걸어갑니다.

오 예수님, 환희의 불꽃이,
악마의 교묘한 계책을 불태우게 하소서.
우리의 지구 행성은 변형되어,
황금시대의 탄생을 가져올 것입니다.

7. 예수님, 내가 이미 그리스도 의식임을 경험하겠습니다. 의식하는 자 아가 바로 그리스도 의식입니다. 내가 아직 그리스도는 아닐 수 있지 만, 나는 그리스도 의식입니다.

오 예수님, 더 높은 사랑을 통해,
내가 악마의 시험을 넘어서게 하소서.

분리된 자아가 비실재임을 보여주시고,
형상을 초월한 내 현존을 드러내소서.

오 예수님, 환희의 불꽃이,
악마의 교묘한 계책을 불태우게 하소서.
우리의 지구 행성은 변형되어,
황금시대의 탄생을 가져올 것입니다.

8. 예수님, 나는 자신이 그리스도임을 받아들일 수 있는 지점으로 나아가겠습니다. 나는 육화한, 살아 있는 그리스도이며, 아이엠 현존과 상승 마스터들의 열린 문이 되기 위해, 나를 통해 흐르는 성령의 열린 문이 되기 위해 여기에 있습니다.

오 예수님, 내게 속한 모든 것을,
나는 다 놓아버리고 당신을 따릅니다.
이로써 나는 모든 시험을 통과하고,
당신과 함께 영원한 휴식을 발견합니다.

오 예수님, 환희의 불꽃이,
악마의 교묘한 계책을 불태우게 하소서.
우리의 지구 행성은 변형되어,
황금시대의 탄생을 가져올 것입니다.

9. 예수님, 내가 하나됨 안에서 내 자아감이나 개성을 잃는 것이 아님을 경험하겠습니다. 왜냐하면 나는 그 흐름을 지휘하고 때문입니다. 나는 그 흐름을 지휘하는 것에 점점 더 중립적으로 되고 있습니다.

오 예수님, 불꽃 같은 나의 마스터시여,
지금 내 가슴은 당신의 가슴 안으로 녹아듭니다.
가슴과 마음과 영혼을 다하여,

내 지고의 목표인 신을 사랑합니다.

오 예수님, 환희의 불꽃이,
악마의 교묘한 계책을 불태우게 하소서.
우리의 지구 행성은 변형되어,
황금시대의 탄생을 가져올 것입니다.

파트 3

1. 예수님, 나는 영의 흐름에 대해 중립적으로 될 것이며, 나를 통해 그 영의 흐름이 만들어내는 특정한 결과에 집착하지 않겠습니다.

오 예수님, 내 축복받은 형제시여,
나는 당신이 그려주는 길을 갑니다.
우리 모두의 위대한 본보기시여,
나는 이제 내면에서 당신의 부름을 따릅니다.

오 예수님, 환희의 불꽃이,
악마의 교묘한 계책을 불태우게 하소서.
우리의 지구 행성은 변형되어,
황금시대의 탄생을 가져올 것입니다.

2. 예수님, 나는 성령이 나를 통해 어떻게 흐르고, 세상으로 들어가서 어떤 효과를 만들어내는지를 즐기며 경험하겠습니다.

오 예수님, 내면의 눈을 열어주소서.
에고는 자신이 옳다는 것을 입증하려 하지만,
나는 더 이상 이를 따르지 않으며,
당신과 온전히 하나되기를 원합니다.

오 예수님, 환희의 불꽃이,
악마의 교묘한 계책을 불태우게 하소서.
우리의 지구 행성은 변형되어,
황금시대의 탄생을 가져올 것입니다.

3. 예수님, 나는 그런 성령의 흐름에 열려 있으면서 행동하는 그리스도가 되는, 더 높은 단계의 개인적 그리스도 의식을 경험하겠습니다.

오 예수님, 내게 주어진 대 지혜의 열쇠를,
이제는 명료하게 깨닫습니다.
이에 내가 그리스도 자아를 받아들이니,
당신의 평화가 내면에 넘칩니다.

오 예수님, 환희의 불꽃이,
악마의 교묘한 계책을 불태우게 하소서.
우리의 지구 행성은 변형되어,
황금시대의 탄생을 가져올 것입니다.

4. 예수님, 나는 "외면의 자아인 나 자신으로는 아무것도 할 수 없다."라는 것을 깨달으며, 그냥 성령의 흐름을 지켜보겠습니다."

오 예수님, 뱀의 거짓말을 드러내시고,
내 눈의 들보를 보게 해주소서.
당신이 나에게 그리스도의 분별력을 주시니,
나는 영원히 하나됨 안에 거합니다.

오 예수님, 환희의 불꽃이,
악마의 교묘한 계책을 불태우게 하소서.
우리의 지구 행성은 변형되어,
황금시대의 탄생을 가져올 것입니다.

5. 예수님, 나는 의식하는 자아로서도 아무것도 할 수 없다는 것을 경험하겠습니다. 왜냐하면 그 흐름은 상위 영역으로부터 흘러와 그냥 나를 통해 흐르기만 하는 것이기 때문입니다.

오 예수님, 나는 진실로 온유하며,
나의 다른 뺨도 내어줍니다.
핍박자가 나를 공격할 때,
나는 내면으로 들어가 당신과 하나가 됩니다.

오 예수님, 환희의 불꽃이,
악마의 교묘한 계책을 불태우게 하소서.
우리의 지구 행성은 변형되어,
황금시대의 탄생을 가져올 것입니다.

6. 예수님, 내가 그리스도 의식이기 때문에 그것이 나를 통해 흐른다는 것을 경험하겠습니다. 나는 그리스도 의식이 흐를 수 있게 해주는 이 세상의 초점입니다.

오 예수님, 나는 에고를 죽게 놓아두며,
모든 지상의 속박을 내려놓습니다.
죽은 자는 죽은 자가 장사 지내게 하며,
나는 당신과 함께 걸어갑니다.

오 예수님, 환희의 불꽃이,
악마의 교묘한 계책을 불태우게 하소서.
우리의 지구 행성은 변형되어,
황금시대의 탄생을 가져올 것입니다.

7. 예수님, 내가 실제로 자신이 아닌 무언가로 되어가는 것이 아님을 경험하겠습니다. 그리스도 의식이 모든 것 안에 있고 그리스도 의식

없이는 아무것도 만들어지지 않았는데, 내가 어떻게 그리스도가 된다는 것입니까? 내가 어떻게 이미 그리스도가 아닐 수 있겠습니까? 내가 어떻게 어디에나 있고 모든 것 안에 있는 그리스도와 분리될 수 있었겠습니까?

오 예수님, 더 높은 사랑을 통해,
내가 악마의 시험을 넘어서게 하소서.
분리된 자아가 비실재임을 보여주시고,
형상을 초월한 내 현존을 드러내소서.

오 예수님, 환희의 불꽃이,
악마의 교묘한 계책을 불태우게 하소서.
우리의 지구 행성은 변형되어,
황금시대의 탄생을 가져올 것입니다.

8. 예수님, 그것은 거리를 극복하고 변화를 거치는 문제가 아님을 경험하겠습니다. 그것은 거리가 있다는 환영에서 깨어나, 내가 이미 그리스도 의식이고 항상 그 그리스도 의식이었음을 깨닫는 문제입니다.

오 예수님, 내게 속한 모든 것을,
나는 다 놓아버리고 당신을 따릅니다.
이로써 나는 모든 시험을 통과하고,
당신과 함께 영원한 휴식을 발견합니다.

오 예수님, 환희의 불꽃이,
악마의 교묘한 계책을 불태우게 하소서.
우리의 지구 행성은 변형되어,
황금시대의 탄생을 가져올 것입니다.

9. 예수님, 내가 실제로 해나가고 있는 작업은 분리의 환영, 내가 분

리되어 있다는 환영을 극복하는 것입니다. 분리는 환영이기 때문입니다.

오 예수님, 불꽃 같은 나의 마스터시여,
지금 내 가슴은 당신의 가슴 안으로 녹아듭니다.
가슴과 마음과 영혼을 다하여,
내 지고의 목표인 신을 사랑합니다.

오 예수님, 환희의 불꽃이,
악마의 교묘한 계책을 불태우게 하소서.
우리의 지구 행성은 변형되어,
황금시대의 탄생을 가져올 것입니다.

파트 4

1. 예수님, 실제로 분리란 없다는 것을 경험하겠습니다. 분리는 있을 수 없고, 있을 수 있었던 적도 없습니다. 분리는 모든 생명의 근본적인 하나됨을 숨기는 필터를 가진 마음에만 존재할 수 있는 환영입니다.

오 예수님, 내 축복받은 형제시여,
나는 당신이 그려주는 길을 갑니다.
우리 모두의 위대한 본보기시여,
나는 이제 내면에서 당신의 부름을 따릅니다.

오 예수님, 환희의 불꽃이,
악마의 교묘한 계책을 불태우게 하소서.
우리의 지구 행성은 변형되어,
황금시대의 탄생을 가져올 것입니다.

2. 예수님, 그리스도는 지구상의 어떤 것에도 굴복하지 않음을 경험하겠습니다. 나는 어떤 독재에도 맞서고, 그들이 나에게 무슨 짓을 하든 그대로 두어서 그들 스스로 그리스도의 심판을 불러오도록 하겠습니다.

오 예수님, 내면의 눈을 열어주소서.
에고는 자신이 옳다는 것을 입증하려 하지만,
나는 더 이상 이를 따르지 않으며,
당신과 온전히 하나되기를 원합니다.

오 예수님, 환희의 불꽃이,
악마의 교묘한 계책을 불태우게 하소서.
우리의 지구 행성은 변형되어,
황금시대의 탄생을 가져올 것입니다.

3. 예수님, 나는 사람들을 억압하고 있는 반-그리스도 세력에 맞서는 것이 가능함을 사람들에게 보여주겠습니다.

오 예수님, 내게 주어진 대 지혜의 열쇠를,
이제는 명료하게 깨닫습니다.
이에 내가 그리스도 자아를 받아들이니,
당신의 평화가 내면에 넘칩니다.

오 예수님, 환희의 불꽃이,
악마의 교묘한 계책을 불태우게 하소서.
우리의 지구 행성은 변형되어,
황금시대의 탄생을 가져올 것입니다.

4. 예수님, 나는 타락한 존재들이 고안한 모든 환영을 놓아버립니다. 그것은 내가 그리스도가 될 자격이 있음을 부인하게 만들고, 내가 이

미 그리스도이며 이 세상에서 그리스도를 표현할 자격이 있음을 부인하게 만듭니다.

오 예수님, 뱀의 거짓말을 드러내시고,
내 눈의 들보를 보게 해주소서.
당신이 나에게 그리스도의 분별력을 주시니,
나는 영원히 하나됨 안에 거합니다.

오 예수님, 환희의 불꽃이,
악마의 교묘한 계책을 불태우게 하소서.
우리의 지구 행성은 변형되어,
황금시대의 탄생을 가져올 것입니다.

5. 예수님, 내가 그리스도 마음과 하나이고 모든 생명과 하나라는 감각에 도달할 때까지, 나는 점점 더 높은 수준의 자아에 도달하겠습니다. 나는 자신이 분리되어 있고, 행성의 매우 국소적인 영역에 갇혀 있는 작은 자아로 존재한다는 환영을 놓아버립니다.

오 예수님, 나는 진실로 온유하며,
나의 다른 뺨도 내어줍니다.
핍박자가 나를 공격할 때,
나는 내면으로 들어가 당신과 하나가 됩니다.

오 예수님, 환희의 불꽃이,
악마의 교묘한 계책을 불태우게 하소서.
우리의 지구 행성은 변형되어,
황금시대의 탄생을 가져올 것입니다.

6. 예수님, 나는 모든 생명의 하나됨인 그리스도 의식과의 연결을 경험하겠습니다. 나는 그리스도 의식을 예시해줌으로써 사람들이 대안

을 볼 수 있게 해줄 것입니다.

오 예수님, 나는 에고를 죽게 놓아두며,
모든 지상의 속박을 내려놓습니다.
죽은 자는 죽은 자가 장사 지내게 하며,
나는 당신과 함께 걸어갑니다.

오 예수님, 환희의 불꽃이,
악마의 교묘한 계책을 불태우게 하소서.
우리의 지구 행성은 변형되어,
황금시대의 탄생을 가져올 것입니다.

7. 예수님, 나는 그리스도입니다. 그러므로 나는 당신과의 하나됨을 경험할 수 있습니다. 나는 내면에 있는 신의 나라에서 그리스도를 경험하기 때문입니다.

오 예수님, 더 높은 사랑을 통해,
내가 악마의 시험을 넘어서게 하소서.
분리된 자아가 비실재임을 보여주시고,
형상을 초월한 내 현존을 드러내소서.

오 예수님, 환희의 불꽃이,
악마의 교묘한 계책을 불태우게 하소서.
우리의 지구 행성은 변형되어,
황금시대의 탄생을 가져올 것입니다.

8. 예수님, 나는 당신의 존재인 기쁨을 경험하겠습니다. 그 기쁨은 불행과 대비되는 인간적인 기쁨이 아니라, 반대 극이 없는 신성한 기쁨입니다. 당신의 존재인 신성한 기쁨은 어디에나 편재하는데, 모든 곳에 있는 기쁨에 어떻게 반대 극이 있겠습니까?

오 예수님, 내게 속한 모든 것을,
나는 다 놓아버리고 당신을 따릅니다.
이로써 나는 모든 시험을 통과하고,
당신과 함께 영원한 휴식을 발견합니다.

오 예수님, 환희의 불꽃이,
악마의 교묘한 계책을 불태우게 하소서.
우리의 지구 행성은 변형되어,
황금시대의 탄생을 가져올 것입니다.

9. 예수님, 실제로 그리스도에게는 반대 극이 없음을 경험하겠습니다. 반-그리스도는 그리스도의 반대 극이 아닙니다. 반-그리스도는 또 다른 이원적 환영인 이원적 그리스도 이미지의 반대 극입니다. 반-그리스도가 반대할 수 있는 것은 바로 그 이원적인 이미지입니다. 반-그리스도는 진정한 그리스도에 반대할 수 없습니다.

오 예수님, 불꽃 같은 나의 마스터시여,
지금 내 가슴은 당신의 가슴 안으로 녹아듭니다.
가슴과 마음과 영혼을 다하여,
내 지고의 목표인 신을 사랑합니다.

오 예수님, 환희의 불꽃이,
악마의 교묘한 계책을 불태우게 하소서.
우리의 지구 행성은 변형되어,
황금시대의 탄생을 가져올 것입니다.

봉인
신성한 어머니의 이름으로, 나는 대천사 미카엘과 아스트레아와 쉬바께 나의 영적인 스승들과 아이앰 현존과 나와의 연결을 봉인해 주시기를 요청합니다. I AM THAT I AM의 이름으로, 이것이 이루어졌습니

다! 아멘.

▶ 아이앰 출판사 연락처
· 이 책의 오류 및 아래 내용과 관련된 문의 사항은 메일로 해주세요.
· biosoft@naver.com (아이앰출판사 대표 메일)

▶그리스도 의식 카페 안내
용어집: cafe.naver.com/christhood/2411 (그리스도 의식을 추구하며 카페)
이 책에 나오지 않는 용어는 카페의 용어집을 참조하거나 카페에서 검색을 하면 다양한 정보를 얻을 수 있습니다. 카페 회원 가입시 상승 마스터 가르침과 관련된 개인적인 질문, 답변도 가능합니다.

▶온라인, 오프라인 모임 및 행사 안내
· **공부 모임**: 서울, 분당, 대전, 대구, 부산 등에서 매달 온/오프라인 모임
(공부를 하기 위한 진지한 목적으로는 누구나 참여 가능함)

· **온라인 기원문 낭송**: 카페에서 매주 1~2회 저녁에 공동 기원문 낭송

· **성모 마리아 500 세계 기원**: 매월 마지막 일요일 개최
(오후 3시~7시 또는 8시~12시. 전 세계적으로 같은 시간에 진행)

· **상승 마스터 국제 컨퍼런스 및 웨비나**: 한국에서 매년 또는 정기적 개최
(한국, 유럽, 러시아, 미국 등에서 매년 개최함)

· 더 상세한 내용은 네이버 카페 공지사항을 참조하시기 바랍니다.
(cafe.naver.com/christhood)

▶ 자아통달 과정

상승 마스터들은 2012년부터 매년 한 광선에 해당하는 자아통달 시리즈의 책을 킴 마이클즈를 통해서 전해주었습니다. 이 과정은 책만 구입하면 별도의 비용이 들지 않고 개인적으로 누구나 수행할 수 있습니다. 처음 수행하는 분은 비영리 단체인 '그리스도 의식을 추구하며' 카페에서 진행과 관련하여 도움을 받을 수 있습니다.

· 단계별로 아래의 책을 구입 후 개인적으로 수행을 해도 됩니다.
  (카페에서 번역서 구입 가능. 일부 책은 yes24 등의 전국 온라인 서점에서 구입 가능)
· 초기에는 온/오프라인 모임과 카페의 '자아통달' 메뉴에서 도움을 받을 수 있습니다.
· 각 과정은 책을 읽고 기원문을 낭송하는 방식으로 진행됩니다.
· 수행 시간은 매일 약 20분~40분 내외입니다.

자아통달 시리즈 책

한글 서적 명	번역서	시리즈
'영원한 나'를 찾아가는 여정	**출판됨**	1
내면의 창조적인 힘 (1광선)	**출판됨**	3
'신성한 지혜'를 찾아가는 여정 (2광선)	**출판됨**	4
'조건 없는 사랑'을 찾아가는 여정 (3광선)	**출판됨**	5
'영적인 순수함'을 찾아가는 여정 (4광선)	**출판됨**	6
'초월적인 비전'을 찾아가는 여정 (5광선)	**출판됨**	7
'내면의 평화'를 찾아가는 여정 (6광선)	**출판됨**	8
'영원한 자유'를 찾아가는 여정 (7광선)	**출판됨**	9
생명의 강과 함께 흐르기 (8광선) (내면의 영체들을 초월하기)	**출판됨**	2

주의 사항: 상승 마스터 가르침을 처음 접하면, 몇 권의 책을 읽고, 기원문을 일정 기간 낭송하면서 자신에게 적합한지 살펴본 후에 이 과정을 시작하세요. 이 과정 전체를 마치려면 약 2년의 기간이 소요됩니다.

▶ 그리스도 의식 과정

이 과정은 '그리스도 의식에 이르는 여정(Master Keys to Personal Christhood) 1~3권' 및 '그리스도 의식 기원문' 책으로 진행합니다.

이 책에는 2008년 예수님이 킴 마이클즈를 통해 전해주신 17개의 핵심적인 담화가 담겨 있습니다.

그리스도 의식으로 안내하는 이 17개의 담화를 읽고, 이 내용의 체화를 돕는 기원문을 33일간 낭송하는 방식으로 공부해 나가도록 되어 있습니다.

그리스도 의식 시리즈 책

한글 서적 명	번역서	시리즈
그리스도 의식에 이르는 열쇠 1권 Master Keys to Personal Christhood	**출판됨**	1
그리스도 의식에 이르는 열쇠 2권 Master Keys to Personal Christhood	**출판됨**	2
그리스도 의식에 이르는 열쇠 3권 Master Keys to Personal Christhood	**출판됨**	3
그리스도 의식 기원문	**전자책**	4

주의 사항: 상승 마스터 가르침을 처음 접하면, 몇 권의 책을 읽고, 기원문을 일정 기간 낭송하면서 자신에게 적합한지 살펴본 후에 이 과정을 시작하세요. 이 과정 전체를 마치려면 약 2년의 기간이 소요됩니다.

▶ 아바타 과정

'예수와 함께했던 나의 생애들' 책은 지구에 육화한 어느 존재의 수많은 전생 이야기를 통해 지구 문명과 예수 그리스도의 사명과 악의 기원에 대해 깊은 통찰을 제시하는 자서전적 소설입니다.

'힐링 트라우마' 책은 소설 '예수와 함께했던 나의 생애들'과 짝을 이루는 수행서(workbook)입니다. 그 소설은 많은 영적인 사람이 자원자나 아바타로 지구에 오게 되었다는 개념을 소개합니다. 우리는 그때 지구에서 겪은 경험의 결과로 깊은 영적인 트라우마를 받았습니다.

아래의 책들은 이러한 개념에 대한 더 많은 가르침을 포함하고 있습니다. 또한, 여러분이 그 트라우마들을 치유하고, 이 행성에서의 삶의 태도에서 모든 부정성을 극복할 수 있도록 도울 수 있는, 실제적인 도구들을 포함하고 있습니다. 이 책을 활용하기 전에 우선 '예수와 함께했던 나의 생애들' 소설을 읽어볼 것을 권합니다. 그 소설이 여러분이 치유 과정을 시작하도록 도울 수 있는 중요한 가르침을 많이 포함하고 있기 때문입니다.

· 단계별로 아래의 책을 구입 후 개인적으로 수행을 해도 됩니다.
  (카페에서 번역서 구입 가능. 일부 책은 yes24 등의 전국 온라인 서점에서 구입 가능)
· 초기에는 오프라인 모임, '힐링 과정' 메뉴에서 도움을 받을 수 있습니다.
· 책을 읽고 기원문을 낭송하는 방식으로 진행됩니다.

아바타 시리즈 책

한글 서적 명	번역서	시리즈
예수와 함께했던 나의 생애들	**출판됨**	1
힐링 트라우마	**출판됨**	2
신성한 계획 완성하기	**출판됨**	3
최상의 영적인 잠재력 구현하기	**출판됨**	4
지구에서 평화롭게 존재하기	**출판됨**	5

▶ 상승 마스터 가르침 책 구입 안내

· 아이앰 출판사에서 출간된 모든 책은 네이버 '아이앰출판사' 스토어에서 구입할 수 있습니다.

네이버 서적 구입용 QR

· 종이책 구입처: 네이버, yes24, 알라딘 및 전국 대형 서점, 카페에서 판매
· 전자책(eBook) 구입처: 네이버, 리디북스, yes24, 알라딘, 카페에서 판매

그리스도 의식 시리즈 책

한글 서적 명	번역서	시리즈
그리스도 의식에 이르는 열쇠 1권 Master Keys to Personal Christhood	**출판됨**	1
그리스도 의식에 이르는 열쇠 2권 Master Keys to Personal Christhood	**출판됨**	2
그리스도 의식에 이르는 열쇠 3권 Master Keys to Personal Christhood	**출판됨**	3
그리스도 의식 기원문	**전자책**	4

아바타 시리즈 책

한글 서적 명	번역서	시리즈
예수와 함께했던 나의 생애들 My Lives with Lucifer, Satan, Hitler and Jesus	**출판됨**	1
힐링 트라우마 Healing Yout Spiritual Trauma	**출판됨**	2
신성한 계획 완성하기 Fulfilling Your Divine Plan	**출판됨**	3
최상의 영적인 잠재력 구현하기	**출판됨**	4

Fulfilling Your Highest Spiritual Potential		
지구에서 평화롭게 존재하기 Making Peace with Being on Earth	출판됨	5

초월 툴박스(힐링, 심리 치유) 시리즈 책

한글 서적 명	번역서	시리즈
생명의 강과 함께 흐르기 (내면의 영체들을 초월하기) Flowing with the River of Life (Freedom from Internal Spirits)	출판됨	1
생명의 노래 – 힐링 매트릭스 Song of Life – Healing Matrix	출판됨	2
가슴으로 소통하는 방법 How to Communicate from the Heart	출판됨	3
차크라를 치유함으로써 자신을 치유하기 Healing Yourself by Clearing the Chakras	출판됨	4
모든 것을 용서함으로써 치유하기 Heal Your Life by Forgiving Everything	출판됨	5
무조건 믿지는 마세요 Don't Drink Your Own Kool-Aid Second Edition	출판됨	
영적이지 않은 사회에서 영적으로 존재하기 Being Spiritual in an Anti-Spiritual Society	미정	
원하는 삶을 경험하세요 Getting the Life Experience You Want	예정	

풍요 시리즈 책

한글 서적 명	번역서	시리즈
물질을 넘어선 마음 Mind Over Matter	예정	1
풍요를 위한 인생 계획 Your Lifes Plan for Abundance	예정	2
삶에 대한 사랑 표현하기 Expressing Your Love for Life	예정	3
풍요 시리즈 기원문 모음	출판됨	4

한국 컨퍼런스/웨비나 시리즈 책

한글 서적 명	번역서	시리즈
한국의 미래를 위한 신성한 선물 (2016)	**출판됨**	1
통일 한국의 황금시대를 위한 신성한 지혜 (2017)	**출판됨**	2
독재를 부르는 우리 안의 심리 (2019)	**출판됨**	3
지구 행성을 위한 열린 문이 되기 (2021)	**출판됨**	4
여성의 영적인 자유 상/하 The Spiritual Liberation of Women	**출판됨**	5
영적인 스승들과 연결하기 Connecting with Your Spiritual Teachers	**출판됨**	

예수의 가슴으로부터 시리즈 책

한글 서적 명	번역서	시리즈
예수의 신비주의 가르침 The Mystical Teachings of Jesus	예정	1
예수님의 신비 여정을 걷기 Walking the Mystical Path of Jesus	미정	2
신비 여정에서 더 높이 오르기 Climbing Higher on the Mystical Path	미정	3
에고 환영에서 벗어나기 Freedom from Ego Illusions	예정	4
에고 게임에서 벗어나기 Freedom from Ego Games	예정	5
에고 드라마에서 벗어나기 Freedom from Ego Dramas	예정	6
신비주의가 과학과 종교를 통합하는 방법 How Mystics Can Unify Science and Religion	미정	7
예수님은 그리스도교에 대해 뭐라고 말할까요? What Would Jesus Say about Christianity	미정	8

세계 영성화 시리즈 책

한글 서적 명	번역서	시리즈
세상의 변화를 돕는 방법 How You Can Help Change the World	미정	1
상승 마스터들과 함께 전쟁 없는 지구를 만들기 Help the Ascended Masters Stop War ➔ 은하문명에서 "전쟁과 세계경제조작 배후의 영적인 원인과 그 해법"으로 출간됨	**출판됨**	2
사람들이 과거를 극복하도록 돕기 Help People Overcome the Past	미정	3
성 저메인의 황금시대 수용하기 Accepting Saint Germain's Golden Age	예정	4
성 저메인의 황금시대 구상하기 Envisioning Saint Germain's Golden Age	예정	5
성 저메인의 황금시대 구현하기 Manifesting Saint Germain's Golden Age	예정	6
미국 문제의 영적인 해법 Spiritual Solutions to America's Problems	미정	7
미국을 위한 영적인 정화 A Spiritual Clearance for America	미정	8
독재를 부르는 우리 안의 심리 Ending the Era of Dictatorships	**전자책**	9
광신주의 시대를 끝내기 Ending the Era of Fanaticism	미정	10
엘리트주의 시대를 끝내기 Ending the Era of Elitism	미정	11
여성의 영적인 자유 상/하 The Spiritual Liberation of Woman	**출판됨**	12
이념의 시대를 끝내기) Ending the Era of Ideology	미정	13

기타 책들

한글 서적 명	번역서
예수님의 선문답 The Jesus Koans	**출판됨**
영적인 자유에 이르는 길 33 Master Keys to Spiritual Freedom	**출판됨**
지구 어머니 치유하기 Healing Mother Earth	예정
악의 우주론 Cosmology of Evil	**전자책**
악의 심리학 Psychology of Evil	**전자책**

은하문명 출판사 책들

한글 서적 명	번역서
성모의 메시지 - 너희의 행성을 구하라	**출판됨**
그리스도는 여러분 내면에서 탄생한다	**출판됨**
빛을 향한 내면의 길	**출판됨**
여러분 자신을 구원하라	**출판됨**
전쟁과 세계경제조작 배후의 영적인 원인과 그 해법	**출판됨**
풍요로운 삶에 이르는 핵심 열쇠	**출판됨**